JN045322

ジャニーズ帝国60年の興亡

鹿砦社編集部 編

鹿砦社

祇園精舎の鐘の声
諸行無常の響きあり
沙羅双樹の花の色
盛者必衰の理をあらわす
おごれる者は久しからず
只春の夜の夢のごとし
たけき者も遂にはほろびぬ
偏に風の前の塵に同じ

はじめに

2023年3月7日、一つのドキュメント映像が放映され、わが国芸能界のみならず社会的にも大きな波紋を広げている——私たちが長年ウォッチングしてきた、わが国トップクラスのモンスター芸能プロダクション「ジャニーズ事務所」が今、それまでの栄華とは一転苦境に立たされている。誰がこうした事態を予想したであろうか。

このドキュメントの話は3年ほど前に極秘に持ち込まれ、私たちも協力し、これが完成し世の中に放映されたあかつきには、一定の反響はあるだろうことは予期した。

しかし、これまで幾度となくジャニー喜多川による未成年性虐待に関する出版や報道がなされ、一定の話題となっても、今回ほどの大きな社会問題とはならなかった。例えばジャニーズ事務所二番目にデビューした人気グループ「フォーリーブス」の北公次が『光GENJIへ　元フォーリーブス北公次の禁断の半世紀』（データハウス刊）を出版しベストセラーになっても、その後、『週刊文春』が連続して未成年性虐待の実態を被害者の証言を基に追及しても、国会で審議しても、そこで止まり、いつのまにかうやむやになってきた。

私たちは、長年パイオニアの矜持を持って細々ながらジャニー喜多川、及びジャニーズ事務所の非道に対して追及して来た。もうジャニーズ帝国の崩壊はないのではないか、と諦めてきたが、かつてのベルリンの壁やソ連崩壊のように、いくら強固であっても、なにかのきっかけで帝国は一気に崩壊することもある、歴史が変わることを、あらためて見知った。

ジャニーズ事務所と、ほぼ同時並行的に3件の訴訟を争っていた際、これは像と蟻の戦いで、蟻が像を倒すこともありえるのだ、あるいは巨大なダムも針の一穴から崩壊することもある等々と嘯いていたが、今やそれが現実のものとなろうとしていることに驚く。

今、多くのマスメディアがこの問題にヒトとカネを注ぎ込んで取り組んでいる。これはこれでいいとしても、なぜもっと早く、今のように取り組まなかったのか、マスメディアのご都合主義を嗤う。それも「死人に口なし」で、主犯のジャニー喜多川はとうに亡くなっている。「主犯が亡くなっていても罪は追及できる」などということか？　先駆的に追及してきたデータハウス、『噂の眞相』、そして私たち鹿砦社らの警鐘を、ジャニー喜多川存命中には蔑ろにしてきたことへの真摯な反省をまずもって行った上で、この問題に取り組んでいただきたいと切に願う。本文中でも採り上げたが、朝日新聞を中心とするマスメディアの記事やコメントを見ていると、まだまだ〝上から目線〟の尊大な態度が感じられる。それは9月7日のジャニーズ事務所の記者会見でも見られた。

本書は、これまで四半世紀余りにわたり、その都度、多くのライターらによって書き継いで来た私たちなりの〈総決算〉的な一冊である。特に第二部の年表は、ジャニーズの歴史を詳細にまとめた唯一無二のものである。

心して紐解いていただきたい。

ジャニーズ帝国60年の興亡　もくじ

在りし日のジャニー喜多川
（撮影 鹿砦社取材班）

I 苦境に立たされるジャニーズ

『PREDATOR』トップ画面

本項の概略は次の通りである。――

「2023年はジャニーズ帝国崩壊の歴史的一年となった！」

私たちが四半世紀も前にジャニーズ問題に取り組む経緯、3・7英BBC放送によるドキュメント放映に至る過程、放映後の展開についての私たちの想いなどを記述した。

「文春以前（1990年代後半）の鹿砦社のジャニーズ告発出版」

『週刊文春』がジャニー喜多川による未成年性虐待を告発する以前に精力的に展開した鹿砦社のジャニーズ告発の出版活動を、あらためて振り返る。古いこととはいえ現在にもつながる意味があろう。

「ジャニーズ・ホモセクハラ裁判」

『週刊文春』によるジャニー喜多川による未成年性虐待告発と、これに対する法廷闘争について同時代的にレポートした記録をスキャニングし復刻掲載した。当時の生々しい実態が伝わってくる。文春も裁判の記録を書籍で残していないので貴重な記録である。

当時は「ホモセクハラ」という表現が多かったが、当時の雰囲気を残すため、あえてそのままにしている。他には「性的児童虐待」という表現もあった。私たちも、あまり意識せず、どちらかの表現を使っていた。

現在、本件が広く報じられるようになって、「性加害」という言葉も出てきているが、本書においては「未成年性虐待」という表現で統一している。

初出は『紙の爆弾』の前身『スキャンダル大戦争』1号（02年6月）、4号（03年5月）、5号（03年8月）だが、これらを整理してまとめて収録した『芸能界スキャンダル大戦争』（04年5月）から復刻・再録した。

「資料　国会議事録」

あまり知られていないが、文春報道を受けて2000年4月13日、第147国会「青少年問題に関する特別委員会」にて阪上善秀議員（故人）が政府を質した。その議事録である。国会で審議までされているのに拡がらなかったのは遺憾だ。貴重ながら忘れられたA級資料である。のちに阪上は兵庫県宝塚市長に就くが、収賄容疑で逮捕。2019年、失意のうちに死去。

２０２３年はジャニーズ帝国崩壊の歴史的一年となった！

２０２３年３月７日、英公共放送ＢＢＣが遂にジャニー喜多川（故人）の未成年性虐待のドキュメントを全世界に向けて放映！　私たちが長年追及してきた問題がようやく国際的に採り上げられたのだ！

この波紋は、一定予想されたとはいえ、当初の予想を遙かに越え、今尚続き、これまで「ジャニーズ帝国」といわれ、わが国芸能界を支配してきたジャニーズ事務所が、創業者社長の生前の未成年性虐待によって、単なる芸能スキャンダルに終わらず、一気に崩壊へと向かい、芸能界のみならず社会的にも大きな衝撃となった。

１９９５年、初めての出版差し止め（発禁）攻撃にブチ切れた！

長年報道タブーとされていたジャニーズ事務所から出版差し止め（発禁）の仮処分（のちに本案訴訟）を起こされたのは、私たちが知る限り鹿砦社が初めてのことだった。１９９５年のことだ。書名は『ＳＭＡＰ大研究』、名義上の原告はジャニーズ事務所所属のＳＭＡＰのメンバー６名（当時。ジャニーズ事務所は訴外）と、これに付和雷同する学習研究社、扶桑社、マガジンハウス、主婦と生活社（のちにジャニーズと決裂、訴訟合戦を繰り広げる）らだった。日本の芸能界を代表する芸能事務所に加え日本を代表する大出版社vs一地方零細出版社の争いで、今でいうＳＬＡＰ訴訟のはしりである。

訴訟は、仮処分（東京地裁）、本訴（同）、控訴審（東京高裁）と続き鹿砦社敗訴で４６６万円（プラス金利）の賠償金を課せられた。ただし、ＳＭＡＰメンバーの請求（パブリシティ権・肖像権）は棄却、学習研究社ら出版社の請求（著作権）

のみが認容された。ジャニーズ事務所の目的は、むしろパブリシティ権・肖像権だったようだが、これは認められなかった。

この提訴を契機として、鹿砦社vsジャニーズ間で死闘が開始され、次いで『ジャニーズ・ゴールド・マップ』『ジャニーズおっかけマップ・スペシャル』と2件の出版差し止め訴訟を最高裁まで争うことになる。ジャニーズ事務所から3件もの出版差し止めを起こされ徹底抗戦したのは昔も今も鹿砦社だけだ。特に『ジャニーズ・ゴールド・マップ』出版差し止め事件では、本はおろかゲラも何もない中で裁判所は発行の事前差し止めの判断を下したが、判決内容には大いに疑問が残る。しかし、なぜかその2件の訴訟は、当初から賠償請求はなかった。判例集にも掲載されるほどの判決だったのだが。

わが国の代表的雑誌『週刊文春』がジャニー喜多川告発に登場！

そうした鹿砦社の闘いを継いで、次に『週刊文春』（文藝春秋）、かつては鹿砦社への提訴に名を連ね、カレンダー利権を持つほどジャニーズと親密な関係にあった『週刊女性』（主婦と生活社）が、よほど酷い仕打ちがあったのかカレンダー利権を棄て告発に走り、ジャニーズに対する報道タブーは解き放されたかと思われた。

しかし、ＢＢＣの取材班スタッフが首を傾げ、さらには国連人権監視委員会も声明に謳うように、ジャニーズに対する報道タブーはそれ以降もずっと続いてきた。ジャニー喜多川による未成年性虐待は、欧米では明確な犯罪なのに、なぜ日本では問題にならなかったのか、これをなぜ日本のメディアは報じなかったのか、ＢＢＣや国連の関係者は驚く。文春がせっかくシリーズで告発し（後に当時のレポートを復刻掲載）、国会でも審議され（後に議事録掲載）、社会的に一定の発信効果があったのに、いつのまにか忘れ去られていった。文春も、これはあえて批判するが、その裁判の記録を書籍などで残すこともしなかった。本書では当時のレポートを後に復刻掲載するが、文藝春秋という、わが国を代表する出版社が当事者として書籍などで残すのとでは全然効果が違う。海外に発信されたことも、部分的にはあったが、続かなかった。

ジャニーズ事務所創業者で「ジャニーズ帝国」といわれるほど事務所を拡大させたジャニー喜多川が死去した際には、文春訴訟で認定された未成年性虐待は語られず、逆に「日本の芸能界に大きな足跡を残した」とか「ジャニーさん、ありがとう」など、本質から離れた報道一色だった。そういう報道をしたメディア関係者の現在のコメントが欲しいものだ。ジャニー喜多川によって性被害に遭った、当時の少年らの想いはいかばかりだったか？　心が痛む。

実は新型コロナが襲来する前後、鹿砦社にはBBC関係者（日本のエージェント）の女性から内々に協力の打診があった。作品が出来上がるまで極秘にしてほしいという。私たちは当事者でも被害者でもないので、私たちがこれまで四半世紀に渡って取材し出版してきた体験から見知ったことをレクチャーしたり、資料、出版物を提供することぐらいしかできないが最大限の協力を約束した。

協力要請は、ジャニー喜多川による未成年性虐待を報じ、ジャニーズ事務所と熾烈な裁判闘争を展開した文春はじめ多方面に渡った。コロナ禍が長期化し、取材クルーが来日できず、企画はペンディングとなり、そのまま没になるのかと思っていたところ復活、遂に昨夏（２０２２年）取材クルーが遙々イギリスより来日して多くの人たちに調査・取材を行った。驚いたのは、『芸能人はなぜ干されるのか？――芸能界独占禁止法違反』（鹿砦社）という渾身の大著を出版し、この本が公正取引委員会（公取委）の目に留まり招かれ講義、これによって公取委はジャニーズ事務所に対し独占禁止法に触れると是正を指導したのである。公取委が芸能界の独占禁止法違反に立ち入ったのは前代未聞のことだった。BBCの取材班スタッフは、ここまで取材の範囲を広げ動いたのである。

そうした結果が、去る3月7日、ドキュメント番組として結実し全世界に向けて報じられたのである。期待通りの内容だった。これが、このかん報じられている、ジャニー喜多川のお気に入りで事務所副社長だった滝沢秀明離脱―別会社設立に代表されるジャニーズ事務所内の内紛にどう影響するのか、公取委に警告される日本の芸能界を変えるきっかけとなるのか――。

ところで、直接ジャニーズとは関係はないが、私たちは類似の事例を経験している。今回の事件に先立ち、パチンコ・パチスロ・ゲーム業界のガリバー企業「アルゼ」（現ユニバーサルエンターテインメント）の、フィリピンにおけるカジノ汚職疑惑を追っていたロイター通信から協力要請があり、持てる限りの資料を提供したり聴き取り取材にもたびたび応じた。この結果、パチンコ・パチスロ・ゲーム業界に君臨してきた創業者オーナー（当時公表されていた高額納税者名簿の総合1位になったこともある）を逮捕（香港で）に至らしめ、なんと実の息子、妻、子飼いの社長らによって、自らが作り育てた会社から放逐されるに至ったのだ。

鹿砦社は2003年、当時の大株主が入るビルが、アルゼと、これに買収され子会社となった老舗のゲーム機メーカー「SNK」との対立で差し押さえされ業務ができなくなり「この事情を出版し社会的に訴えてほしい」との依頼があった。当時アルゼはジャニーズ事務所同様メディア・タブーとなっており、予想されたリアクションを恐れず、4冊の本を世に送った。予想通りアルゼは反撃に出て、「名誉毀損」名目で出版差し止め（神戸地裁尼崎支部）や賠償請求3億円の巨額訴訟（神戸地裁尼崎支部）、刑事告訴（神戸地検）を行った。その結果、鹿砦社代表・松岡逮捕、半年余りの長期勾留、懲役1年2カ月（執行猶予4年）の有罪判決と600万円余の賠償金を課され一時は会社も壊滅的打撃を受けつつも、取引先、ライター、読者のみなさんのサポートで再興できた。

逆に、アルゼの告訴を受け連携して鹿砦社弾圧に加担し事件を指揮した当時の神戸地検特別刑事部長は別の汚職事件で逮捕され失職、その下で捜査を担当し松岡に手錠を掛けた主任検事（地元出身）も深夜泥酔し街中で暴れ市民の車を傷つけ降格の懲戒処分を受けている。

BBCからの協力要請があった際に、すぐに思い浮かべたのはこのことだった。図星だ。

時代は確かに変わってきている——全世界に放映された、日本の芸能界の暗部を抉る今回のBBCのドキュメントが、日本の芸能界関係者やマスメディアがどう捉えるのか、そしてジャニーズ事務所のみならずわが国芸能界全体、これまで黙過・黙認してきたマスメディア全般の改革のきっかけとなるのか、関心は尽きない。私たちの問題提起が、四半世紀を超えてようやく世界的なニュースとして採り上げられた。これからも引き続き注目いただきたい。

3月7日以後、ジャニー喜多川未成年性虐待問題はどう展開してきたのか？

本年3月7日に英公共放送BBCが、生前のジャニー喜多川による未成年性虐待の実態をドキュメンタリー映像として報じ、この反響が日本のメディアでも報じられている。

その後にNHK、朝日新聞、共同通信などから取材要請があり、NHKは記者2人がわざわざ東京からやって来た。その後NHKは『クローズアップ現代』で30分特集し放映、朝日も積極的な取材を続け幾度となく記事にしている。各社とも3月7日以降たびたび報じ今後も継続して取材を続けるとのことだ。時々あれを知らないか、これを教えてほしいとか連絡があるが、水面下でどう動いているのだろうか。四半世紀余り前、筆者が若かった頃とは違い、そうした若い記者が社の許諾の下、ヒトもカネもふんだんに使って調査報道に努めていただけるのであれば、もはや老兵がしゃしゃり出ることもなかろう。20数年前からパイオニア的にがんがんやったことで、私たちの使命は終わった。本書は、こうした私たちの長い出版活動の〈集大成〉なのである。

そうこうしているうちにGW前に「弁護士ドットコムニュース」からも取材協力要請があり、求められる書籍を送ったり取材を受けた。それが、5月12日の同サイトに筆者の発言と共に掲載されている。数回記事にしている。なかなか力の入った記事だった。

弁護士ドットコムの記者から指摘されて気づいたのだが、「ジャニーズの問題を追及する本を長年継続的に出しているのは鹿砦社だけですよ」ということだった。告発系、スキャンダル系だけでかなりの点数（増補版も入れてざっと30点ほど）を出している。ジャニーズ、あるいはジャニー喜多川のスキャンダルを知ろうとしても、普通だったらどこから始めたらいいのかわからないだろう。彼らが異口同音に言うところだが、例えば『ジャニーズ50年史』を紐解けばジャニーズの歴史の概略を知ることができる。『本当は怖いジャニーズ・スキャンダル』を読めば、最近のジャニーズ・タレントの不祥事やスキャンダルを知ることもできるだろう。だから、まず私たちに連絡してくるわけだ。思い返せば、１９９５年、出版差し止めされた『ＳＭＡＰ大研究』以来四半世紀余り、われながらよくやってきたものである。

たかが一地方小出版社がここまでやれたのだから、『週刊文春』以外の大手メディアも頑張ってほしいところだ。

しかし、ここは押さえておいてほしいのだが、鹿砦社や文春（それ以前のデータハウスや『噂の眞相』も含む）が頑張ったのはジャニー喜多川がピンピンしていた頃で、これだけでも価値があると自負している。ＢＢＣにしろＮＨＫ、朝日、共同通信にしろ、ようやく採り上げたのはジャニー喜多川の死後だ。ここは大きな違いで、現在マスメディアでこの問題を追っている記者らは、まずみずからが所属する組織が、これまでジャニー喜多川の未成年性虐待やジャニーズ事務所の芸能界支配、メディア支配に対する反省は常に持っておいていただきたい。「死人に口なし」で、直接本人に当たり真偽の確認や追及ができないので、下手したら、このままうやむやになりかねない。今後の動きに注目していきたい。

ジャニー喜多川による未成年性虐待問題に蠢く人たち――20年遅れで報じて恥じないマスメディアのご都合主義と、大学院生リンチ事件加害者側人脈の政治利用主義

『ジャニーズ帝国崩壊』とは四半世紀も前に鹿砦社が出版した書籍のタイトルである（本多圭・著、97年）。本年3月に放映された英国BBC放送が制作したドキュメント『PREDATOR』以降、まさに堰を切ったかのように、ジャニー喜多川による性虐待の証言、批判、そしてジャニーが創設し、今やわが国屈指の芸能プロダクション・ジャニーズ事務所に対する批判が溢れ返っている。ここ半世紀余り権勢を誇ったジャニーズ帝国が、今まさに崩壊の危機に瀕している。

私たち鹿砦社は1995年、『SMAP大研究』出版差し止め以降、対抗上、告発系、スキャンダル系の出版物を陸続と世に送ってきた。『週刊文春』がジュニアの告白を中心にキャンペーンを張る以前からであるが、その私たち以前の80年代から90年代にかけて、北公次著『光GENJIへ』はじめ一世を風靡したデータハウスも、この種の出版をやめている（これは同社の名誉のために付言しておくが、決してジャニーズ事務所などからの圧力や懐柔があったからではない）。ここでも何冊かの企画・製作に関わったとする人物らが、『SMAP大研究』出版差し止めに対し裁判闘争に打って出た鹿砦社に企画を持ち込んできた。

次項で詳述するが、以降鹿砦社は、原吾一『二丁目のジャニーズ』（1巻目95年。全3巻）、平本淳也『ジャニーズのすべて』（1巻目96年。全3巻）、本多圭『ジャニーズ帝国崩壊』（97年）、豊川誕『ひとりぼっちの旅立ち』、鹿砦社編集部『ジャニーズの欲望――アイドル資本主義の戦略と構造』『ジャニーズの憂鬱――アイドル帝国の危機』『ジャニーズの躓き――壊れ始めた少年愛ビジネス』、伊藤彩子『ジャニーズ・プロファイリング――犯罪心理捜査』などを文春のキャンペーンまでに出版し、ささやかながら世に警鐘を鳴らし続けた。この間に、社会的に大きな話題となった、いわゆる「おっかけマップ」シリーズがあり、このシリーズのうち『ジャニーズ・ゴールド・マップ』（事前差し止めのため未刊）、『ジャニーズおっかけマップ・スペシャル』が出版差し止めとなり、最高裁まで争われた。むしろ、こちらのほうは大きく報じられたが、告発系の書籍のほうは、私たちの広報力不足のため、残念ながら、大きな話題にはならなかった。

そうして、対ジャニーズ訴訟がほぼ収束するのを前後して文春のキャンペーンと訴訟が始まったのである。

今、それらの書籍を、あらためて紐解くと、当時の、そして今に至る私たちの〝奇妙な情熱〟が想起される。その後も細々ながら告発系、スキャンダル系の出版を続けてきた。かなりの数にのぼる。その中の一つ『ジャニーズの憂鬱』では関連会社まで調査していて、母親、叔父亡きあとジャニーズ事務所代表取締役社長を務めてきた藤島ジュリー景子は、98年の時点で、このうち4社で取締役に就き、「ジャニーズ・エンタテイメント」では代表取締役を務めていることが、あらためて判った。

そうした調査、取材、編集、出版の経験により、メディアの中心・東京から遠く離れ、現在のマスメディアの狂騒状態を冷静かつ客観的に見てくると、今では違和感を覚えるし、マスメディアのご都合主義には呆れ果てる。当時は一切といっていいほど（『噂の眞相』や、その後告発に踏み切った文春など一部を除いて）全く無視した。それでいて、今頃になって「猫も杓子も」状態である。私たちの警鐘を無視し、未成年性虐待を放置（隠蔽）してきた大手メディアの責任は重大であり、取材・編集・製作に関わった記者・スタッフらの矜持こそが、まずもって強く問われるのではないだろうか？

ところで、ジュリー前社長の動画での「謝罪」の翌々日の朝日新聞は社説で「ジャニーズ謝罪　これで幕引き許されぬ」と激しく批判している。いわく、

「多くの未成年が長期にわたって重大な人権侵害にさらされていた可能性のある深刻な事態である。広く大衆を相手に影響力の大きい事業を手がけてきたジャニーズ事務所には、ひときわ重い社会的責任が課せられていることを改めて自覚すべきだ。」

うむうむ、なるほど、えらい物言いだな。20年以上も、このように酷い未成年性虐待を放置しておいて、何を言ってんだよ。文春の告発キャンペーンと訴訟、それに至る私たち、データハウス、『噂の眞相』などの相次ぐスキャンダル暴露や告発――朝日（及びマスメディア）は、これらに真摯に耳を傾けて来たのか⁉　「ひときわ重い社会的責任が課せられていることを改めて自覚すべき」なのは、20数年も放置してきた朝日新聞（及びマスメディア）も同等だ。文春裁判でジャニー喜多川

朝日新聞　2023年(令和5年)5月16日(火)　14版　総合2　2

謝罪のジャニーズ 真相には背

ジャニーズ事務所が、創業者・ジャ……所属タレントらへの性加害疑惑の問題に海外メディアが報じて以降、真相を……謝罪に追い込まれた。一方、事務所側……ており、実態解明がなされていないと……

離反恐れ 追……

一連の問題をめぐる経緯

2004年	週刊文春の記事を巡る裁判で、ジャニー喜多川氏❶から所属タレントへのセクハラについての記事の重要部分を真実と認定した高裁判決が確定
19年7月	喜多川氏死去
23年3月	英BBCが喜多川氏の性加害疑惑を取り上げるドキュメンタリー番組を放送・配信
4月	12日、元ジャニーズJr.のカウアン・オカモトさんが会見し、喜多川氏からの被害を訴えた❷
	下旬、ジャニーズ事務所が、所属タレントらにヒアリングしたなどと説明する文書を取引先企業などに送ったことが判明
5月	11日、ファンらで作る団体が会見。第三者による検証・調査などを求める1万6125筆分の署名を郵送したと発表

「世の中を大きくお騒がせしておりますこと、心よりおわび申し上げます」。黒いジャケットに身を包んだ女性が苦渋に満ちた表情で、3度「おわび」を口にし頭を下げた。大手芸能事務……た創業者の性加……事務所が取った……喜多川氏のめい……

……を取り上げた約1……のドキュメンタリー……放映と、元ジャニーズ……のカウアン・オカモト……んによる被害の訴え……急速に真相解明を求……声が噴出。ジャニー……起用しつづけるか議……なければいけないフ……ズに来ている」。タ……トをCMに起用して……る企業の担当者は……明る。また、民放幹……タレントが出演……

……られない。そうした動き……が出るかどうかだ」と事……態を注視する。

また業界関係者による……と、現在、所属タレント……が出演するブロードウェ……ミュージカルの日本上……演が企画されているが、……「海外の権利関係者が……『ジャニーズのタレント……を起用するのなら、この……作品は上演させない』と……なる可能性もある」とジ……ャニーズ側が危機感を募……

……書を取引先企業に配布して沈静化を図ったが、報道で表に出て、対応の不十分さに批判が起きた。今回の問題を機に、ジャニーズ離れが加速するという指摘も出ていた。

さらにオカモトさんの「告発会見」を新聞などが報じ始め、その後、複数のテレビ局も報道。窮地に追い込まれていった。ただ、藤島社長と面識のある関係者が口をそろえるのは「まともな人だけど、口べたで会見は無理」「記者との受け答えには耐えられない」。事務所は、結果として動画上での謝罪を選んだ。「で……

……も語った。喜多川氏から性被害を受けていたと記者会見で語った元Jr.でミュージシャンのカウアン・オカモトさん(26)は、藤島社長と2時間ほど会って話したことを、13日にネットで配信した動画で明らかにしていた。

動画によると、社長側から面会の申し出があったといい、「申し訳ないという気持ちは伝わってきた」。一方で「私にも守らなければならないものがある」などと言われたことも語っている。ファンらでつくる「PENLIGHT……

朝日新聞(夕刊)　2023年(令和5年)　5月15日　月曜日　夕刊　50777号(日刊)

朝日新聞

囲碁・将棋　4
NEWS＋α　7
円・株 7　スポーツ　5 8
社会・総合　9
社会
TV・ラジオ　4.10

朝日新聞大阪本社

ジャニーズ社長 性被害問題で謝罪

動画と書面公表

大手芸能プロダクション「ジャニーズ事務所」の創業者、ジャニー喜多川氏(2019年に死去)から所属タレントが性被害を受けた疑いが浮上している問題で、事務所は14日夜、藤島ジュリー景子社長の動画と社長名の書面を公式サイトに公開した。約1分の動画で藤島社長は「何よりもまず被害を訴えられている方々に対して深く、深くお詫び申し上げます」と謝罪した。

事実認定「容易でない」

一方、書面では元ジャニーズJr.のカウアン・オカモトさんらが被害を訴えている点について、「当事者である喜多川に確認できない中で、私どもの方から個別の告発内容について『事実』と認める、認めないと一言で言い切ることは容易ではない」「憶測による誹謗中傷等の二次被害についても慎重に配慮しなければならない」などとつづり、明言を避けた。

書面は一問一答形式。喜多川氏の疑惑について知りうる立場になかったのかという点について藤島社長は、プロデュースを創業者の喜多川氏が、会社運営の全権を喜多川氏の姉の藤島メリー泰子氏(故人)が担い、「会社運営に関わるような重要な情報は、二人以外には知ることの出来ない状態が恒常化していた」と述べた。

第三者委の設置は見送り

再発防止策については「コンプライアンス委員会」を立ち上げたとし、また社外取締役を迎える方針も示した。第三者委員会による被害の実態究明については、「ヒアリングを望まない方々も対象となる可能性が大きい」「ヒアリングを受ける方それぞれの状況や心理的負荷に対しては、外部の専門家からも十分注意し、慎重を期する必要があると指摘を受けた」などとして、実施を見送ったと説明した。

その上で藤島社長は、一連の疑惑について「積極的に知ろうとしたり、追及しなかったことにおいて責任があると考えている」としつつ、自身の進退については「今すべきはこの問題から逃げることなく、被害を訴えておられる方々に向き合うこと、さらにこれから先、二度と同様の問題が起こらないよう、既に……

「決してすまされないが、知らなかった」

朝日新聞としては前代未聞、2023年5月15日、16日と2日にわたり大きく報道

事務所の見解・対応（全文）

ジャニーズ事務所の創業者、ジャニー喜多川氏（2019年に死去）から所属タレントが性被害を受けた疑いが浮上している問題で、事務所が公式サイトに見解や対応についてまとめた一問一答形式の書面を公表した。全文は以下の通り。

―なぜ、すぐに会見を行わなかったのか？

　まずは事実を確認し、責任を持って対応すべきだと考えました。

　個人のプライバシーにも関わる非常にデリケートかつセンシティブな問題であったため、カウンセラーや弁護士など専門家の協力を得ながら、声をあげられた方とのご対面、社内調査、具体的対応策についての協議等を慎重に進めておりましたことから、広く皆様にお伝えするまで時間が経ってしまいました。

　対応が遅くなった点に関しまして、お詫びいたします。

―BBCの番組報道、またカウアン・オカモトさんの告発について、どのように受け止めているのか？

　事実であるとすれば、まず被害を訴えておられる方々に対してどのように向き合うべきか、また事務所の存続さえ問われる、極めて深刻な問題だと受け止めました。あらためて事実確認をしっかりと行い、真摯に対応しなければならないと思いました。

―BBCの番組報道、またカウアン・オカモトさんの告発は事実か？

　当然のことながら問題がなかったとは一切思っておりません。加えて会社としても、私個人としても、そのような行為自体は決して許されることではないと考えております。

　一方で、当事者であるジャニー喜多川に確認できない中で、私どもの方から個別の告発内容について「事実」と認める、認めないと一言で言い切ることは容易ではなく、さらには憶測による誹謗中傷等の二次被害についても慎重に配慮しなければならないことから、この点につきましてはどうかご理解いただきたく存じます。

　とは言え、目の前に被害にあったと言われる方々がいらっしゃることを、私たちは大変重く、重く受け止めております。

―ジャニー喜多川氏の性加害を事務所、またジュリー社長は知らなかったのか？

　知らなかったでは決してすまされない話だと思っておりますが、知りませんでした。このことを説明する上では、当時のジャニーズ事務所がどのような意思決定で運営されていたかについて、ご説明する必要があると思います。

　週刊文春から取材のあった1999年の時点で、私は取締役という立場ではありましたが、長らくジャニーズ事務所は、タレントのプロデュースをジャニー喜多川、会社運営の全権をメリー喜多川が担い、この二人だけであらゆることを決定していました。

　情けないことに、この二人以外は私を含め、任された役割以外の会社管理・運営に対する発言は、できない状況でした。また管轄外の現場で起きたことや、それに対してどのような指示が行われていたのか等も、そもそも会社で共有されることはなく、取締役会と呼べるようなものも開かれたことはありませんでした。

　本件を含め、会社運営に関わるような重要な情報は、二人以外には知ることの出来ない状態が恒常化していました。

　振り返るまでもなく、その状態は普通ではなかったと思います。ただ、1962年の創業時からずっとこの体制で成長してきたこともあり、ジャニーとメリーの二人体制＝ジャニーズ事務所であることを、所属する全員が当然のこととして受け入れてしまっていたように思います。

　私自身その異常性に違和感を持つことができなかったわけで、ただただ情けなく、深く後悔しております。

―2003年の週刊文春との高裁判決で（事実上）敗訴しているが、その時点でもまだ、性加害の事実を認めなかったのか？　また何も対策をしなかったのか？

　この訴訟は、週刊文春の記事に対し「許しがたい虚偽である」とメリーが憤慨し、名誉毀損であるとしてジャニーズ事務所側が株式会社文藝春秋を訴えたものでしたが、その詳細については私には一切共有されておらず、恥ずかしながら今回の件が起こり、当時の裁判を担当した顧問弁護士に経緯確認するまで詳細を把握できておりませんでした。

　あくまで私の推測ですが、メリー自身もジャニーの問題とされている行為に対しては、心の底から「やっているはずがない、ありえない」そう思っていたからこそ、自ら民事裁判で訴えに出たのだと思っております。

　最終的に私どもが一部敗訴し、週刊文春の記事が名誉毀損とまでは言えないと判断されましたが、当時の裁判を担当した弁護士、裁判に関わった役員へのヒアリングによるとその時点でもジャニー本人は自らの加害を強く否定していたこともあり、結局メリー及び同弁護士から、ジャニーに対して「誤解されるようなことはしないように」と厳重注意をするにとどまったようです。

　いずれにせよ私個人としては、取締役という立場でありながら、積極的にその責務を果たせなかった点について、大きな落ち度があったと考えております。

―再発防止策をどのように考えているか？

　再発防止策を講じるにあたっては、初期の段階から弁護士をはじめ、様々な分野の有識者の方々から、会社としての問題点や改善策についてご指摘やご意見をいただいてまいりました。

　大前提として、私が代表に就任して以降は、エンタテインメント業界という世界が特殊であるという甘えを捨て、コンプライアンスの強化を進めており、「ホットライン（匿名相談窓口）の設置」「未成年に対する「保護者同伴の説明会の実施」、「コンプライアンス教育の実施」、「保護者宅からの活動参加」等を推進してまいりました。

　しかし今回の件を受け、二度と同じような事態を起こさないためにも、外部からの協力も得ながら「コンプライアンス委員会」を設置しており、これまで以上に取り組みを強化、徹底させてまいります。

　さらには、企業のあり方や社会的責任として不安な点がないか、社内外に適切なコミュニケーションが行われているか、また社内の価値観や常識だけで物事を判断していないか等、外部の厳しい目で指摘する役割として、社外取締役を迎え入れて経営体制を抜本的に見直すよう、現在人選、依頼を進めております。新しい社外取締役については、確定次第改めて発表させていただく予定です。

―何故、第三者委員会を設置して徹底調査をしないのか？

　当初よりこの問題は、社内のみで解決すべきではないとの観点で、第三者委員会の設置による実態の徹底究明のあり方についても、弁護士や外部の専門家・有識者を交えて検討いたしました。

　しかし調査段階で、本件でのヒアリングを望まない方々も対象となる可能性が大きいこと、ヒアリングを受ける方それぞれの状況や心理的負荷に対しては、外部の専門家からも十分注意し、慎重を期する必要があると指導を受けたこともあり、今回の問題については別の方法を選択するに至りました。

　既に告発された方、また今後あらたな相談をご希望される方のために、外部のカウンセラーや有識者、弁護士や医師の指導のもと、相談をお受けする外部窓口を月内に設置致します。相談者の秘匿性を守り、客観的にお話をお聞きするため、外部の専門家の協力を得る予定です。

―カウアン・オカモト氏とは会ったのか？　会ったのであれば何のために会ったのか？

　お会いしました。私が直接お会いして、長い時間お互いにお話をしました。今後このようなことが二度と起こってはならない。その為にも彼が声をあげられたということを深く理解しました。

　一方でご本人以外の他人のプライバシーに関わる問題や、憶測を助長するようなご発言に関しては、私の見解をお伝えさせていただきました。

　まだまだこれからではありますが、私たちが変わるきっかけを下さったと受け止めております。

―被害を訴えてきた方たちに対して、どのように向き合う予定か？

　デリケートな内容であり、詳細については検討中ではありますが、被害を訴えておられる方々、精神的に苦しんでおられる方々に対しては、カウンセラーをはじめ、専門家の力もお借りしつつ、誠実に向き合ってまいります。それをやらずして、私たちに未来はないと考えております。

―ご自身の経営責任をどう考えているか？　また責任がある場合どう責任を取るとお考えか？

　責任はあったと考えております。当時の私は、取締役とはいいながらも名ばかりとなっており、その職責を果たせていませんでした。また本件については自らも積極的に知ろうとしたり、追及しなかったことについて責任があると考えております。

　責任の取り方ですが、私が辞職する選択肢も考えました。ただ今すべきはこの問題から逃げることなく、被害を訴えてこられた方々に向き合うこと、さらにこれから先、二度と同様の問題が起こらないよう、既に着手し始めている経営改革、社内意識の抜本的改善をやり抜くことだと考えております。

　あらゆる厳しいご意見も真摯に受け止め、所属しているタレントたちの今、そして未来への想いを尊重しながら対話を重ねていく、それが自分にできる責任の取り方だと考えております。

　あらためまして心よりお詫び申し上げます。

2023年5月14日

株式会社ジャニーズ事務所

代表取締役社長　藤島ジュリーK．

5月14日夜に公表されたジャニーズ事務所の謝罪文全文。朝日は16日朝刊でこれをジャニーズ事務所のHPから全文転載、これもこれまでになかったことだ（本書ではこれを再転載した）

による未成年性虐待が明らかにされながら（文春や小なりと雖も鹿砦社らわずかなメディア以外に）放置（隠蔽）していた間にも性加害がなされていたことへの「ひときわ重い社会的責任が課せられていることを改めて自覚すべきだ」。今になって、あたかも、知りませんでした、初めて知りましたなどというような姿勢こそ、まずは改めるべきだろう。「これで幕引き許されぬ」？　この言葉は、ジャニーズ事務所と共に朝日新聞（及びマスメディア）にも鋭く問われているのだ。

これを含め朝日は、現在まで6度も社説で採り上げている（9月8日現在）。ここではタイトルだけ挙げておく。

4月15日　ジャニーズ「性被害」検証が必要だ
5月16日　ジャニーズ謝罪　これで幕引き許されぬ
6月16日　ジャニーズ　十分な調査は可能なのか
8月8日　ジャニーズ　取引ある企業にも責任
8月30日　ジャニーズ　加害認め迅速な対応を
9月8日　ジャニーズ　出直しと言えるのか

これまで朝日がこうした案件で6度も社説で採り上げたことがあっただろうか。異例だ。

「PENLIGHTジャニーズ事務所の性加害を明らかにする会」なる団体の正体と政治利用主義を弾該する！

いつの時代にも混乱に乗じ、これを利用しようとする徒輩はいるものだが、今回も同様である。突如、「ジャニーズファン」と称する4名で「PENLIGHTジャニーズ事務所の性加害を明らかにする会」なる団体を作り4月から署名活動を開始、たちまち1万6千筆余り（5月5日）を集めジャニーズ事務所に提出したという。

ところが、この「PENLIGHTジャニーズ事務所の性加害を明らかにする会」なる団体、単なる素人のジャニーズファンではできそうにもない手際の良さなどから、純然たるジャニーズファンによる団体ではなく、なんらかの政治的目的、つまり政治利用主義に基づくものである匂いがする。〝なにか臭う〟ので調べてみた。当初の署名を求めるアピールでは、

「賛同人
北原みのり（作家）／仁藤夢乃（一般社団法人Colabo代表）／太田啓子（弁護士）／辛淑玉／李信恵（フリーライター）／

安積遊歩／三井マリコ／小川たまか（ライター）／石田郁子／塚原久美／青木正美（医師）／坂井恵理（漫画家）／長田杏奈（ライター）／

賛同団体

フラワーデモ東京」

らの名前がずらり並んでいる。なあんだ、〝例の人たち〟か。「ジャニーズファン」と称する4人を表に出し、バック（慰安婦支援団体の主要メンバーが中心）に控えているのか。ネットでは記者会見に出た2人がジャニーズファンではないことや素性も暴露されたが、親共産党活動家や「しばき隊」といわれる連中によって引き起こされた「大学院生リンチ事件」（2014年師走に大阪北新地で発生。別称「しばき隊リンチ事件」。鹿砦社は被害者を支援し複数の裁判を争い、6冊の本を出版した）に連座した李信恵、彼女を支持した辛淑玉らが、いつからジャニーズ問題に関わったのか？　今話題になっているから？　ご都合主義、政治利用主義ではないのか。この点も、くだんの「大学院生リンチ事件」で被害者支援に関わった私たちだからこそ、批判できることもあるのだ。

いやしくも四半世紀余りに渡りジャニーズと創始者ジャニー喜多川の問題について追及してきた私たちからすれば噴飯物だ。

賛同人に名を連ねた人たち、仁藤夢乃、北原みのり、李信恵、辛淑玉らの名を見るだけでも、なんらかの政治的思惑があることが判る。

仁藤夢乃は、この問題に関わるより前にColabo問題（つまりいまだにすっきりしない公金の使途についてもっときちんとすべきだ）に真摯に向き合うべきだし、北原みのりは草津温泉の冤罪事件や「大学院生リンチ事件」などに謝罪、釈明すべきだろう。李信恵は「大学院生リンチ事件」の大阪高裁判決で判示された、リンチに連座した「道義的責任」について責を果たすべきだし、この姉貴分の辛淑玉も「大学院生リンチ事件」に対して血の通った人間としての誠実な対応が待たれる。こうしたことなくして、いくら死んだ人間の責任や事務所の対応を批判してもダメである。

それから、素朴な疑問として、仁藤夢乃のグループがこぞって、「ＰＥＮＬＩＧＨＴ」に名を連ね関わっているのはなぜだろうか？　彼女ら4人が、これまでジャニーズ問題について言及したか？　なにかしら邪な目論見を感じざるをえない。例えば、彼女らの要求の一つに「第三者委員会の設置」があるが、あわよくば自分らがその委員に収まろうとでもしているのか、といった邪推さえ浮かんでくる。最近では「ジャニーズ性加害問題当事者の会（代表・平本淳也）」に近づき、いろいろアドバイス（入れ知恵）しているという情報もあるが要注意である。

私たちは先述したように四半世紀に渡りジャニー喜多川による未成年性虐待、ジャニーズ事務所の諸問題などについて、一冊一冊は小さな部数だが、こつこつと多くの書籍、雑誌で言及、批判してきた。この誇りぐらいはある。バカはバカなりに四半世紀も続けてくれれば、それなりに得たものはあろうというものだ。

5月26日、ジャニーズ事務所は再犯防止のために社外取締役を任命すると共に「心のケア相談窓口」の設置を発表した。後者のメンバーに林眞琴弁護士（元検事総長）がいる。この林弁護士は、Colabo 理事でもある奥田知志牧師（なぜか最近辞任）が理事長を務めるNPO法人「抱樸（ほうぼく）」が運営する「希望のまちプロジェクト」の「応援団」に名を連ねている。繋がっている！　さらに林弁護士は「再発防止特別チーム」の一員として9月29日、記者会見し調査報告書を公表している。PENLIGHTが第三者委員会や今後課題になる保障問題などに入り込もうとしているのではないかとの話もあながち馬鹿にできないようだ。なにやら信憑性が出てきたような感がある。注視していく必要がありそうだ。

20年遅れのジャニー喜多川による未成年性虐待報道に違和感あり！

そのように、本年3月7日に英BBCが故ジャニー喜多川による未成年性虐待問題をドキュメントとして報じて以来、『週刊文春』が20数年前にシリーズでこの問題を採り上げてからようやく日本のマスメディアも重い腰を上げ取材に動き出して来た。遅い！

以下、一部繰り返しになるが、本項をまとめたい。

これまでメディア・タブーとされてきたジャニー喜多川の未成年性虐待、モンスター芸能プロダクションになったジャニーズ事務所の理不尽な振る舞いに対し、BBCにしろNHKにしろ朝日新聞にしろ共同通信にしろ、また弁護士ドットコムにしろ、私たちは最大限協力してきた。おそらくこれが最後のチャンスだとの想いからである。

勿論、記者の方々の奮闘はあろうが、少しは役に立ったのであれば嬉しい。ジャニー喜多川がすでに亡くなった中で、今後、どう転回するかわからないが、将来的に芸能界にあっても社会にあっても有益な結果をもたらすことを望んでやまない。

本年5月14日夜、ジャニー喜多川による未成年性虐待問題について、ジャニーズ事務所現社長・藤島ジュリー景子（ジャニーの姪、元副社長・藤島メリー泰子の長女）が動画と書面で見解を明らかにした（16、17ページ参照）。

これに対し、メディアは即反応した。ＮＨＫは翌朝のニュースのトップで報じた。それまでにも数分報じたと聞いたが、これだけでも大変なことなのに、ニュースのトップで報じるとは想定外だった。民放もこぞって報じた。

大手新聞は、翌日朝刊は休刊日だったため、テレビよりも遅れ夕刊での報道になった。筆者が購読している朝日は夕刊一面トップ、翌々日の16日朝刊は、一面、二面全頁、社説（2度目）、中面2分の1頁と、これまでになく大々的に報じた。そうしてＮＨＫは、17日夜の『クローズアップ現代』で報じた。わざわざやって来た記者ら複数から連絡もあり視聴した。このかん１００人ほどに取材し、６人が性被害に遭ったそうで、番組で実名、顔出しで証言した者もいた。さらに性被害を訴えた書籍４冊の画像が写っているが、うち３冊は鹿砦社刊行のものである。

しかし、ここで筆者は違和感を覚えざるをえなかった。最も大きいことは当のジャニー喜多川が亡くなっており、まさに「死人に口なし」で反論も弁明もできない。マスメディアは生前に追及はできなかったのか？　なぜしなかったのか？　チャンスはいくらでもあったはずだ。文春以前のデータハウス、鹿砦社の書籍でも問題は提起されていた。

噂のみならず、20年余り前に『週刊文春』が連続してキャンペーンを行い訴訟も事実上勝訴している（一部敗訴）。さらには国会でも質疑がなされている。にもかかわらず、当の『文春』以外に今回のように大々的に報じたマスメディアは皆無と言ってよかった。わずかにミニコミに近い鹿砦社の書籍と雑誌のみが細々と報じ続けてきたにすぎない。

当事者のジャニー喜多川本人が亡くなってから、いくらやんややんやと騒ぎ立てても値打ちが格段に低いことである。せめて『文春』が告発キャンペーンを始めた時期、また訴訟が、東京高裁で事実上の逆転勝訴（一部敗訴）が確定した時でもきちんとその意義など報じるべきだったのではないか。

１９９５年からジャニーズ事務所（原告は所属タレント名だが）を相手に、まさに巨象に立ち向かう蟻のように3件の訴

一連のジャニーズ告発本

訟を闘い、うち2件は最高裁まで闘ったが、以来ずっと告発系、スキャンダル系の書籍を出し続け、ジャニーズ事務所の問題点を明らかにしてきた。関連書籍は数十点、1冊も残っていない本もあり正確な出版点数は数え切れない。いちど数えてみたい。

賠償金も含め1億円を越す訴訟費用（対ジャニーズだけではないが）を使った身として、こういう転回になるとは感慨深いものがあるが、マスメディアに対しては大いに違和感がある。20年前に、今回のように頑張ってくれたら、少なくともその後の被害者は出なかったはずだ。今、メディア総出でジャニーズ叩きに狂奔している。こういうのを「メディアスクラム」と言うのかどうかは知らないが、最近では、なにか苦々しいもの、違和感を覚えるようになった。特に9月7日の4時間にもわたる記者会見でのマスメディアの記者らの横柄な態度、物言いには不快感を覚えた。

いまや苦境に立たされ孤立無援の感があるジャニーズはどこへ行くのか？　これをこぞって追及するマスメディアは20年余りも放っていたことをどう考えるのか？　反省はあるのか？　この問題はどういう形で収束するのか？　筆者も、かつてと異なり今や老境に入り、ここに至って新たにヒトとカネを投じて取材に動けないので、せめて陰ながら観察し、現代日本芸能史の一大転換となる事件をしかと見極めたいと思っている。

文春以前（1990年代後半）の鹿砦社のジャニーズ告発出版

本項では、1999年に『週刊文春』によるジャニー喜多川未成年性虐待追及連載→裁判が始まるまでの鹿砦社のジャニーズ告発の出版活動を、あらためて振り返ってみた。

始まりは『SMAP大研究』出版差し止めだった

前項でも触れたが、1995年、『SMAP大研究』刊行に伴い、SMAPの画像掲載の許諾を取ろうと、鹿砦社の女性編集者がジャニーズ事務所に連絡したところ、「内容がわかるもの、例えばゲラとかを送ってほしい」ということで、担当編集者は早速ゲラのコピーを送った。

ところが数日後に届いたのは、裁判所（東京地裁）からの出版差し止め仮処分申立書だった。こちらは、ジャニーズ事務所の指示で、まともに検討してくれると思い、いわば善意で送ったゲラのコピーを、あろうことか証拠資料として使い出版を止めようとするなど卑怯千万、それに対しては断固闘うことにした。

結果は、残念ながら出版（販売）は差し止められ、その後、本案訴訟でも1審、控訴審（東京高裁）ともに敗訴だったが、おそらくジャニーズ事務所は、ロシア・プーチンが、ウクライナを甘く見て、数日で占拠できると想定していたことと似て、すぐに白旗を上げるだろうと見くびっていたに違いないから、裁判の結果云々よりも徹底抗戦し、告発本や『おっかけマップ』などを続々と出版していったことは誤算だったはずだ。

ジャニーズについて告発系、スキャンダル系の出版に踏み出す

しかし、当時「表現の自由」「言論・出版の自由」の観点から出版差し止めが珍しく、また、すでにこの頃、ジャニーズ関係のスキャンダルはマスコミタブーとなっており、にもかかわらず小出版社がジャニーズと断固闘うということについて、このニュースは話題となり、のちに書籍を刊行するとなる原吾一、平本淳也らから連絡が入り、まずは彼らの本から準備し刊行していったのである。

この頃になると、北公次著『光ＧＥＮＪＩへ』以来80年代から90年代前半にかけて奮闘したデータハウスもジャニーズ関連の出版をやめていた。

当時、データハウス鵜野義嗣社長から、激励と共に、「いろいろな連中が近づいてくるだろうが、気をつけて接触したほうがいい」という趣旨のことを言われたことを覚えている。鵜野社長は、先般ＮＨＫ『ドキュメント72時間』で採り上げられたが、レトロテーマパーク私設博物館「怪しい少年少女博物館」や姉妹館「ねこの博物館」を伊豆で運営されているそうである。面白い方だ。

以下、95年から99年の文春がジャニー喜多川の未成年性虐待追及キャンペーンを張るに至るまでの鹿砦社の告発系、スキャンダル系のジャニーズ関連書籍を挙げておきたい――

原　吾一・著『二丁目のジャニーズ』（95年11月）
同　『二丁目のジャニーズ　死闘篇』（96年4月）
同　『二丁目のジャニーズ　最終戦争篇』（同　7月）
平本淳也・著『ジャニーズのすべて　少年愛の館』（同　4月）
同　『ジャニーズのすべて2　反乱の足跡』（同　6月）
同　『ジャニーズのすべて3　終わりなき宴』（同　9月）
豊川誕半生記『ひとりぼっちの旅立ち』（97年3月）
本多　圭・著『ジャニーズ帝国崩壊』（97年8月）

鹿砦社編集部・編『ジャニーズの欲望――アイドル資本主義の戦略と構造』（98年２月）
　同　『ジャニーズの憂鬱――アイドル帝国の危機』（98年５月）
ジャニーズ特別取材班・編『ジャニーズの躓き――壊れ始めた少年愛ビジネス』（99年４月）
伊藤彩子・著『ジャニーズ・プロファイリング――犯罪心理捜査』（99年３月）
鹿砦社編集部・編『ジャニーズ・ゴシップ・ワールド』（99年３月。続編あり）
　同　『ジャニーズ・スキャンダル』（99年６月）
　同　『スキャンダルの中のジャニーズ』（99年９月。新版あり）

アトランダムにどれを手に取って読んでも、今でもなかなか面白い。決して色褪せていない。

鹿砦社が小出版社で、文春や、昨今のマスメディアに比べ発信力が小さく目立たなかったこと、ジャニーズ事務所に忖度するマスメディアが無視したこと、よって、これらに記された内容や情報が広く拡散されておらず隠蔽されていた感さえあること、などの理由からであろうか、知らなかった人も多かったかもしれない。ほとんど品切れや絶版になっており、一部古書価が高額になっているものがあるが、関心のある方は、本社に問い合わせたり古書市場を検索するなどして取り寄せ読んでいただきたい。

当時の文春にしろ、先のＢＢＣにしろ、これに触発された日本のマスメディアにしろ、まずは、そうした鹿砦社の告発本を参考にしたようだが、20年余り経ってようやく陽の目を見たということか。

その後、本書に先立って出版された『ジャニーズ50年史』は、それなりにジャニーズの歴史を整理して記載したもので、手前味噌ながら、ジャニーズ問題の入門書としては、類書もなく便利である。本書は、それ以降10年の出来事も増補し、本書が出るまではジャニーズの歴史をまとめて知るには唯一無二の本だったと自認する。

こうした他に、平本淳也のグループによって取材してまとめた『ジャニーズおっかけマップ』は、われわれも驚き、また世間も驚き、ジャニーズ事務所にとっても脅威だったはずで、「第１弾よりも詳細な情報を盛り込む」と喧伝し第２弾

原吾一・著『二丁目のジャニーズ』（３部作）

平本淳也・著『ジャニーズのすべて』（３部作）

『ひとりぼっちの旅立ち』

『ジャニーズ帝国崩壊』

『ジャニーズの欲望』

『ジャニーズの憂鬱』

『ジャニーズの躓き』

『ジャニーズ・プロファイリング』

『ジャニーズ・ゴシップ・ワールド』

『ジャニーズ・スキャンダル』

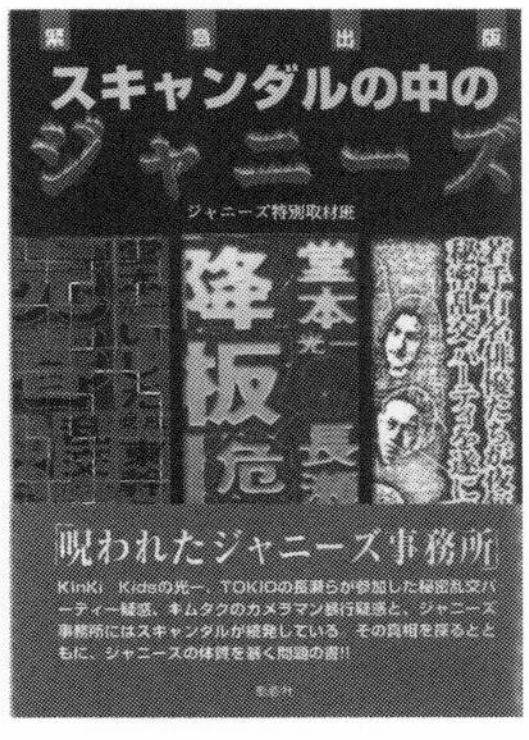

『スキャンダルの中のジャニーズ』

として準備した『ジャニーズ・ゴールド・マップ』、これが事前差し止めされた後に出版した『ジャニーズおっかけマップ・スペシャル』（これも出版直後に差し止め）には度肝を抜かれたはずで、こうした意味では、確かに訴訟では敗訴したが、まさに〈敗北における勝利〉といえるだろう。

伊藤彩子・著『ジャニーズ・プロファイリング』の予言が的中！

このかんの騒ぎの中で、そうした書籍のほとんどに、あらためて目を通してみた。どの本も示唆に富むもので、とりわけ伊藤彩子はその著『ジャニーズ・プロファイリング』「第四章・ジャニーズのこれから」の中の「ジャニーズ・バブルが弾けるとき」において、

「筆者（注・伊藤）が思うに、ジャニーズはもう終わり近しといったところではないだろうか。今のジャニーズ人気の盛り上がりは、異常とも言える。一部のファンにも『こんな状態は長く続かない』と言う者もいる。おそらくジャニーズは近いうちに大崩壊するだろう。それが、どういうかたちで起こるのか、筆者にもわからない。しかし、盛者必衰の理というものは、確実にあるのだ。それは、常に人類の歴史の中で繰り返されてきた。

もしジャニーズが崩壊するとすれば、それはアメリカからのなんらかのきっかけによって起こるかもしれない。（中略）これはあくまでも可能性としての話であるが、これが現実となってしまう前に、日本のマスコミ界には、どうか良心を取り戻していただきたいと切に願うのである。」

今回、ジャニーズの「崩壊」は、「アメリカからのなんらかのきっかけ」ではなくて「イギリス」からの「きっかけ」だった。「崩壊」までに四半世紀近く経ったのは、いろいろな要素はあろう。『ジャニーズ・プロファイリング』以降、ＳＭＡＰ、嵐など国民的ビッグ・グループの登場といった力も大きかったと思われるが、かつて１９６０年代から70年代にかけて一世を風靡した渡辺プロダクション（略称ナベプロ）の二の舞となり、このまま衰退していくことはやむをえないだろう。「ジャニーズ帝国」の崩壊は必至だ。

その後もジャニーズ告発系、スキャンダル系の出版は続いた

文春vsジャニーズ、それに続いた『週刊女性』（主婦と生活社）vsジャニーズの告発と訴訟合戦が続く中で、鹿砦社vsジャニーズの訴訟は終わり、この頃になると「鹿砦社といえばジャニーズ、ジャニーズといえば鹿砦社」と揶揄されるようになり、90年代半ばから発行を開始した『おっかけマップ』、月刊『Jマニア』（現『J-GENERATION』）と共に私たちは独自にジャニーズをめぐる告発系、スキャンダル系の出版を続けてきた。

その中でも２００５年に出版した木山将吾・著『ＳＭＡＰへ――そして、すべてのジャニーズタレントへ』は内容のインパクトも強く大きな話題となり、それは今回の騒ぎでもマスメディア関係者がまず入手し問い合わせる対象となっている。ある記者は現物が手に入らないので国会図書館で３日３回に分けてコピーしたという。刊行後すぐに品切れになり、加えて前項で述べたような出版弾圧事件に遭ったこともあって増刷できず、古書価も高騰し、これは今でも続いている。その後、『ＫＡＴ－ＴＵＮへ』と改題し一部原稿を入れ替え再刊されている（06年）。こちらの古書価はもっと高い。

２００５年の出版弾圧事件で会社が壊滅的打撃を受け、しばらくは会社再建が優先し出版活動も縮小気味であったが、会社再建の後、

『ジャニーズ恋愛相関図』（07年）
『ジャニーズスキャンダル調書』（08年）
『ジャニーズの歴史――光も影も45年』（08年。『ジャニーズ50年史』の原型）
『ジャニーズに捧げるレクイエム』（11年）
『本当は怖いジャニーズ・スキャンダル』（14年。増補新版あり）
『ジャニーズ50年史――モンスター芸能事務所の光と影』（14年。増補新版あり）
『ジャニーズグループの終わり方――あのＯＢたちのその後』（２０１８年）

と続いている。これらの書籍は他社では出せないことなどから少部数とはいえ需要があり今に至っているわけである。

２０１６年、ＳＭＡＰの分裂・解散騒動を書き加え『ジャニーズ50年史』の「増補新版」を出し、一段落した感があった。

その後、まさか今回のような事態になろうとは予想もしなかったが、やはりここは私たちが〈総決算〉を行い、ジャニーズの歴史、その光と影を後世に遺すべきだろうと考える。ここに本書の最大の意義がある。

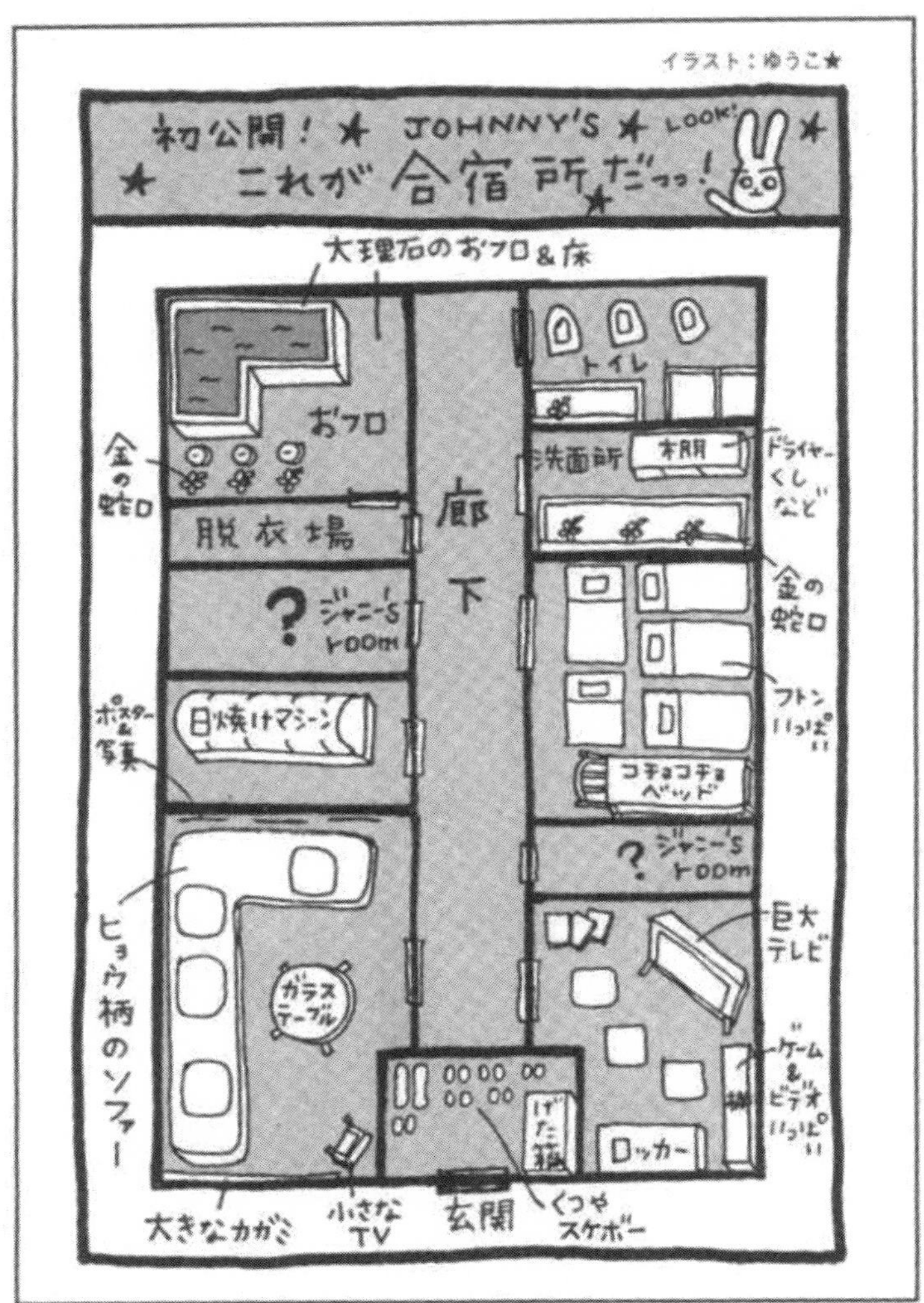

元ジュニアの証言によって描いた合宿所の間取り図
（『Jマニア』より）

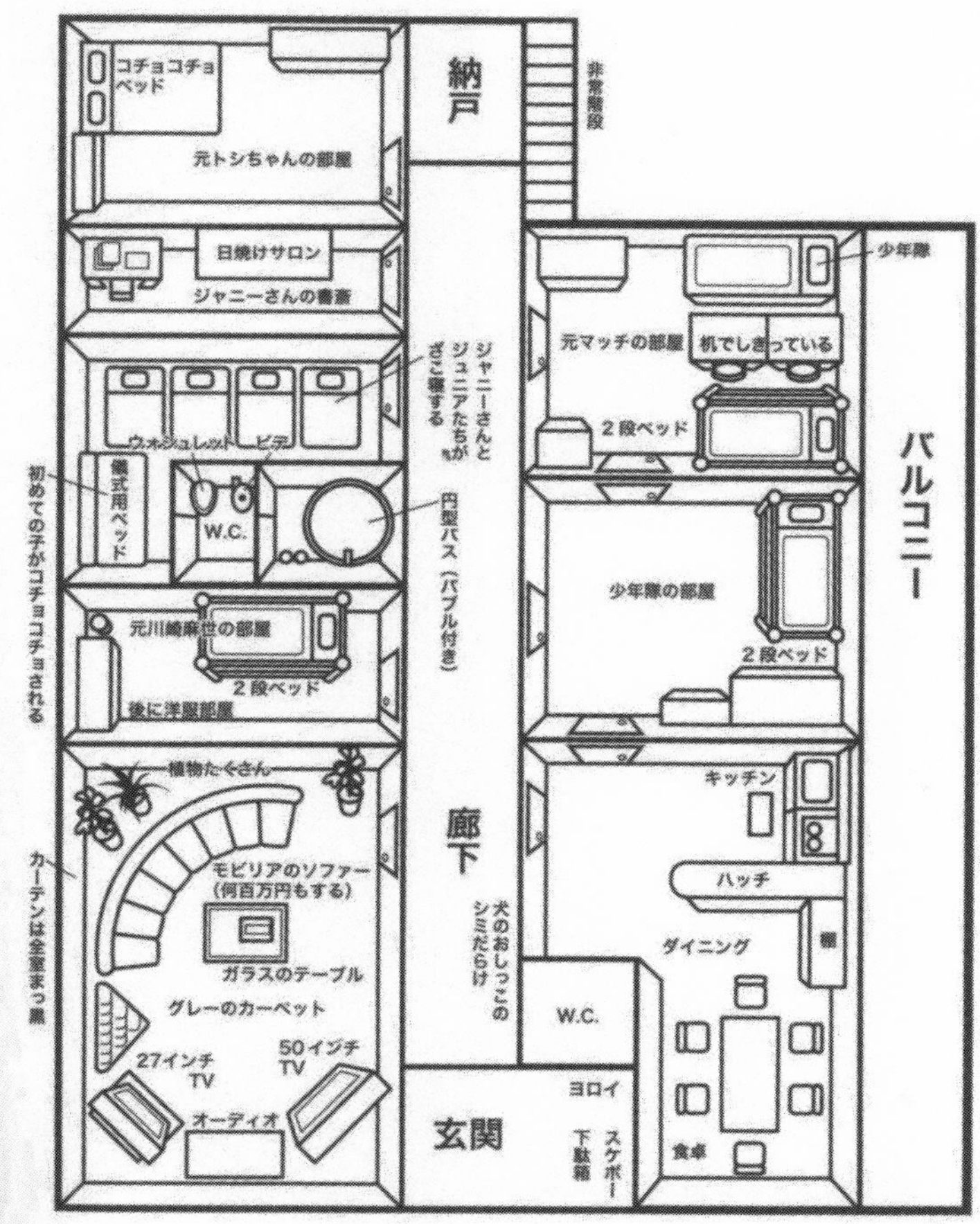

合宿所の中は上のようになっており、アイドルたちはスウェットかパンツ1枚でウロウロしていた（『SMAPへ』より）

ジャニーズ・ホモセクハラ裁判1
――知られざる暗闇

ジャニー喜多川は、ただちに少年たちと世間に謝罪せよ！――

二十世紀末から新世紀にかけて世の注目を浴びた一つの裁判闘争がようやく終結した。『週刊文春』のジャニーズ糾弾キャンペーン記事に対して、ジャニーズ事務所とその領袖・ジャニー喜多川が一億円あまりの損害賠償などを求めた、いわゆるホモセクハラ裁判である。

二〇〇四年二月二十四日、最高裁第三小法廷（藤田宙靖裁判長）は、ジャニー喜多川が事務所に所属する少年たちへセクハラしたという記事に関して真実と認め、文春側が支払う損害賠償額を一審の八八〇万円から一二〇万円に減額した二審を確定した。

連日所属タレントが数々の番組やCMに出演し、マスコミを牛耳り、今や経済界にまで大きな影響を与えると言っても過言ではないジャニーズ事務所の社長が犯した前代未聞のスキャンダル。しかも、無垢な少年に精神的、肉体的ダメージを与えるホモセクハラ行為は、単なる醜聞を越えた、卑劣きわまりない〈犯罪〉である。本来なら新聞、テレビ、週刊誌で連日話題にしてもいいはずだ。しかし、相も変わらずへっぴり腰のマスコミはだんまりを決め込んでいる。情けないこと極まりない。繰り返すが、ジャニー喜多川の行為は〈犯罪〉なのである。

本稿では、ホモセクハラ裁判を振り返り、喜多川が嘘をついて隠してきた芸能史上最悪中の最悪ともいえる〈罪〉を糾弾する。

一周遅れのトップランナー

『芸能界のモンスター『ジャニーズ事務所』の非道』――こんな見出しが『週刊文春』誌上に躍ったのは、創刊四十周年記念号の一九九九年十月二十八日号のことだ。元フォーリーブスの青山孝が登場し、事務所のタレント管理の甘さ、教育的配慮のなさを告発した。

以後、『週刊文春』は「芸能界のモンスター追及キャンペーン」と題し、ジャニーズ事務所を批判する記事を十数回にわたって連載。新たに元ジュニアの少年たちも登場し、事務所の内実を次々に告発した。

未成年の喫煙、不当なギャラ、マスコミへの圧力、そしてジャニー喜多川が少年たちに行ったホモセクハラについて詳細な証言も掲載されたのである。

「バスタオルを下に敷いて、ヌルヌルしたものをお尻に塗られた。仰向けになっていると足を開いて、まず指を入れてきて、それから……」（九九年十一月十一日号）

「いつの間にか、そばにジャニーさんがいて、そのまま手と口で……」（九九年十一月二十五日号）

そんなおぞましい体験談が延々繰り返された。

当然、『週刊文春』の記事に対して、ジャニーズ事務所は反撃に出た。九九年十一月二十六日、名誉毀損で東京地裁に民事訴訟を起こしたのだ。ジャニーズ事務所側は『週刊文春』連載記事八本に対して、一億七百万円の損害賠償を請求した。

「ジャニーズ事務所側としては、媒体によっては裁判沙汰にすることで余計ネタにされてしまうことを危惧し、ある程度は目をつむることにしていたようですが、さすがに『週刊文春』は六十、七十万部発行しているので、我慢できなかったらしい」（出版関係者）

訴状によると、『週刊文春』がジャニーズ事務所およびジャニー喜多川を糾弾した記事の要旨は、以下の通り。

一・ジャニー喜多川は少年らが逆らえばステージの立ち位置が悪くなったり、デビューできなくなる状況に乗じてセクハラを行っていること

二・合宿所などで少年らの日常的な飲酒、喫煙を認めていること

三・学校に行けないような無理なスケジュールを課していること

「なぜだ」の声

ジャニーズ勝訴

ジャニー喜多川社長ホモセクハラ裁判

「裁判官はジャニーズ取り巻くマスコミ事情を知ってるのか」

ほとんどのマスコミが自粛する中で、わずかに判決に疑問を呈する「東京スポーツ」（2002年3月29日付）

四・ジュニア四人が起こした万引き事件の報道を封印したこと
五・フォーリーブスのメンバーに対して非道なことをしていること
六・関西出身のジャニーズは給与などの面で冷遇されていること
七・かねてより所属タレントは給与が少ないなど冷遇されていたこと
八・チケット購入の際、手数料がかかるなどファンを無視したファンクラブを運営していること。ジュニアと付き合っているファンに対し脅したこと
九・マスコミはジャニーズ事務所を恐れ、追従していること

ジャニーズ事務所は、これらをすべて「事実無根」としている。

だが、こうした告発は今に始まったことではない。鹿砦社はこれまで『二丁目のジャニーズ』（全三巻）、『ジャニーズのすべて』（全三巻）、『ジャニーズ帝国崩壊』『ジャニーズの憂鬱』『ジャニーズの欲望』『スキャンダルの中のジャニーズ』『ジャニーズの躓き』など数多くの書籍でジャニーズ事務所を糾弾し続けてきた。元フォーリーブス北公次による『光GENJIへ』、事務所の初代グループである「ジャニーズ」のメンバー、中谷良の『ジャニーズの逆襲』（いずれもデータハウス刊）など、元所属タレントが告発する例も過去にはあった。特に北公次の告発は、世間に強い衝撃を与えたことを記憶する人は今でも多い。

『週刊文春』は「他のメディアは沈黙を守っている」（十一月十八日号）、あるいは「この事務所のあり方が、なぜ今まで放置されてきたのだろうか」（十一月二十五日号）などと書いているが、それはとんだ見当違いの話である。『週刊文春』の連載こそ、むしろ遅かったぐらいだ。われわれに言わせれば、鹿砦社がジャニーズ事務所と、三件もの熾烈な裁判闘争を闘っていた時、『週刊文春』は、傍観者的、日和見主義的立場をとっていたのではなかったのか。いってみれば、『週刊文春』のジャニーズバッシングは「一周遅れのトップランナー」、いや二周も、三周も遅れたものなのである。

しかし、講談社系雑誌や『東京スポーツ』『噂の眞相』など、ほんの一部を除く大手マスコミがジャニーズの醜聞に対して沈黙を守っているのは事実である。二〇〇〇年四月、国会の「青少年問題に関する特別委員会」でも『週刊文春』の記事が採り上げられ、またジャニーズ事務所の未成年者の労働実態や少年虐待などが審議されたにもかかわらず、他の大手メディアが報じることはなかった。

ジャニーズのスキャンダルを報道することがいかにタブーであるかは、二〇〇一年八月のSMAP稲垣吾郎逮捕の一件でも如実になった。

駐車違反をしながら車に篭城、その上女性巡査にけがをさせた、この事件では、テレビ局は事務所に配慮して「容疑者」ではなく「メンバー」という呼称を遣って、一種の流行語にさえなった。あろうことか、テレビ朝日ではこの事件自体を採り上げるべきでないと判断したため、芸能リポーターの梨元勝が怒って一時番組を降板したこともあった。

出版界においても同様である。二〇〇

〇年、雑誌『創』が八月号から三回にわたって気骨のライター神山典士の「ジャニーズ事務所と芸能タブー」という記事を連載した。九月号では、「アイドル誌がジャニーズ事務所の言いなりになっている」「さながらジャニーズ事務所の機関紙だ」と厳しく批判した。

ところが、たちまち創編集部には、ジャニーズ事務所およびアイドル誌やテレビ誌合計十団体から「事実誤認である」との抗議文が届いたという。記事中では触れていない雑誌からも、まるで示し合わせたように一斉に抗議が来たということは、当然、ジャニーズ事務所から各誌に対してなんらかの指示があったと考えられずにはいられない。

この一件に関し、創編集部は次のように分析している。

「ジャニーズ事務所の機嫌をそこねてタレントの取材協力を断られたりしては雑誌そのものの存続が危うくなるので、歩調を揃えることになった」（『創』二〇〇一年三月号）

事実、この件で特写（グラビアの撮り下ろし）を断られた『Mannish』（双葉社）が休刊（事実上の廃刊）に追いやられた。

「ジャニーズタレントに頼っているテレビ局はもちろん、アイドル誌やカレンダー、女性誌などを出している大手出版社ではジャニーズを批判することはタブーです」（出版関係者）

というのがマスコミ・出版界の〝常識〟といわれている。

九五年から五年余に渡った鹿砦社VSジャニーズの裁判闘争が終局を迎えようとしたところで、大手マスコミが沈黙する中、約七十万部を発行する老舗雑誌『週刊文春』とジャニーズのガチンコ対決は、二十世紀末から新世紀にかけた、まさに見ものであった。

ジャニーズの圧力?! アイドル誌廃刊へ

双葉社「Mannish」

「創」誌の批判記事のトバッチリ

「東京スポーツ」2001年1月12日付（文中参照）

過去にもホモセクハラが裁判に！

名誉毀損訴訟では、その記事が「公共の利害に関すること」であり、かつ「公益を図る目的であること」、さらに記事が「真実であること、真実である証明がなくとも真実と信ずる相当の理由があること」が審議される。三点を満たしていなければ「名誉毀損」である。

今回の裁判では特にジャニー喜多川のホモセクハラ疑惑がクローズアップされた。

『週刊文春』の主張としては、ジャニー

文春VSジャニーズホモセクハラ疑惑裁判

ジャニーズJr2人が「被害受けた

ジャニー喜多川氏

ピンチ

Tarnishing a Star Maker

27日判決

フォーリーブス4人の

「ジャニーさんが布団に

「足をマッサージされ

大方の予想はジャニーズ「ピンチ」説だった（『東京スポーツ』3月26日付）

喜多川の行為は児童買春を禁止する都の条例や強制わいせつ罪に抵触する可能性が高い「犯罪」であるとしている。

『週刊文春』は記事作成にあたり約十二人の少年に取材をした。しかし、実際に証人として出廷する可能性は極めて薄いとみられていた。

「ジャニーズ側は、いざとなったら少年たちをテレビに出したり、お金を包むことで懐柔する自信があった。あの事務所はそういうことが上手なんですよ。問題が問題だけに、少年たちも親も出廷をイヤがるでしょうし」（ジャニーズ事情通）

実は、過去にもジャニー喜多川のホモセクハラ疑惑が法廷で争われたことがあった。まだジャニーズ事務所が設立されたばかりの一九六四年（昭和三十九年）のことだ。それまで所属タレントにレッスンを行っていた新芸能学院が、ジャニー喜多川に対し授業料の支払いを求める訴えを東京地裁に起こした。法廷では金銭トラブルにとどまらず、ホモセクハラ疑惑へと発展したのである。

裁判の模様を伝える当時の女性誌にジャニー喜多川のコメントが掲載されている。

「同性愛って何ですか？（中略）口にするのもきたならしい。そんな事実はないんですから」（『女性自身』六七年九月二十五日号）

今から思えば、まったく笑ってしまうコメントである。

法廷では初代グループ「ジャニーズ」のメンバー四人（あおい輝彦、飯野おさみ、中谷良、真家ひろみ）が証言台に立たされた。

しかし、当時まだ若かったメンバーたちは「ジャニーさんについていけばスターになれる」という思いがあったため、法廷で事実を証言することができなかった。後になって中谷良があれは偽証だったとインタビューで答えている。

結局、この損害賠償請求は一審では原告側の勝訴、請求の一部支払いが認められたが、二審では認められず、結局原告逆転敗訴で終わった。セクハラに関しては、この裁判とは直接関係がないとし、徹底的な究明が行われることはなかった。

事実、暴露本を出版した北公次にしても、『週刊文春』の記事に協力した青山孝にしても、今回の『週刊文春』裁判の件に関してはすっかり沈黙している。しかも、裁判の真っ只中に突然フォーリーブスが再結成された。いい年したオジサン方のはしゃぎっぷりに、ジャニーズ事務所の「たくらみ」を感じずにはいられない。

「『週刊文春』の話では、もともと青山が証人として出廷する予定はなかったし、記事掲載後は連絡をとっていないという話。北にコメントを求めても『もうジャニーズ事務所とは関係がないのでお話できません』と言っていました」（芸能ライター）

二人の少年が証言台に しかし文春敗訴の一審判決

証人を出廷させるために、文春側はかなり苦労していたとみえる。一時は、少年らが証人として法廷に立つことは不可能で、文春側に不利と思われていた。

「取材には応じても裁判はダメと断る少年が多かったようです。一度は承諾した少年でも、『やはり嫌だ』と返事を翻すこともあったので、記者が実家に何度も足を運んで説得したらしい。ギリギリまで何人の少年が出てくれるか、まったくわからない状況だったそう」（芸能ライター）

ところが最終的には、二人の元ジュニアが証人として出廷し、ジャニー喜多川のおぞましい「手口」について詳細な証言をした。二人は未成年のため、裁判は非公開で、ジャニー喜多川との間にはついたてを立てて裁判が行われた。形勢は逆転したかと、おそらく文春、ジャニーズ双方とも思ったに違いない。

ジャニーズ事務所側の証拠や弁論の趣旨から、裁判所は以下の事実を認めた。

・原告（ジャニー）喜多川は、今日まで結婚したことがなく、メリー喜多川と呼ばれている藤島メリー泰子のほかに家族はいない。

・原告喜多川の自宅は、東京都港区六本木の高層マンションにあり、時折少年らも宿泊することから合宿所と呼ばれていた。複数のベッドが置かれていた。

・原告喜多川が京都や大阪に出張した際、少年たちも同じホテルに泊まることがあった。

・原告喜多川は、自ら、少年らにマッサージすることもあった

・サンチェと呼ばれる阿部雄三が、少年らのダンスを指導し、コンサート等で、誰を、どの位置で踊らせるかについては、原告喜多川が意見を述べることもあったが、阿部が判断していた。

セクハラに関しては、ジャニー喜多川は「そういうのは一切ございません」と

ジャニーズをめぐる"同性愛"裁判

「女性自身」67年9月25日号（文中参照）

全面否定しつつも、あえて「虚言」を呈したとする少年たちに対して、

「先生（引用者注・文春側代理人の喜田村弁護士?）が、今、うそ、うそとおっしゃいますけど、彼たちはうその証言をしたということを、僕は明確には言い難いです」

「彼たちは本当に誠心誠意、僕のことを考えて、いろいろ今まできていると思いますし、僕も彼たちのことをずっと考えてきてます」

「それが突如としてこういうふう（＝裁判。引用者注）になるということは、本当にお互いさびしいことだと思います」

と述べている。

この証言が井上哲男裁判長によれば、「原告喜多川がこれまで少年らに対し深い愛情をもって接してきたと認められること」や、「図らずも自らの名誉を毀損するきっかけをつくった少年らに対し、寛容の情を表現したものとも考えられる」と解釈されている。裁判官はジャニー喜多川の行為がすべて「愛情」だったと言いたいのだろうか?

一方、少年の証言に対して裁判官は「相当に具体的である」としながらも、「高度の信用性を認め難い」としている。

確かにセクハラを受けた日時について彼らの証言は明確でなかっただろう。当初は「アーク（合宿所）」であったと述べているが、その後「全日空（ホテル）」であると証言を変更している。ホモセクハラという衝撃的な経験にもかかわらず場所があいまいだったことは、結果的にジャニーズ事務所側に有利に働いた。

また、セクハラというプライバシーの面から見て慎重を要する犯罪報道であるにもかかわらず、『週刊文春』側はジャニーズ事務所への取材申し込みを、記事の締め切り前日や当日にファクスで行っている。当然、少年たちから捜査機関への告訴もなく、最終的にはジャニー喜多川のセクハラ行為は真実であると証明することはできなかった。

今回の裁判で認められた真実は、前述した記事要旨のうち次の点だけであった。

三・学校に行けないような無理なスケジュールを課していること

六・関西出身のジュニアは給与などの面で冷遇されていること

八・チケット購入の際、手数料がかかるなどファンを無視したファンクラブを運営していること。ジュニアと付き合っているファンに対し脅したこと

九・マスコミはジャニーズ事務所を恐れ、追従していること

結果、二〇〇三年三月二十七日、東京地裁民事三三部は、原告側の訴えを認め、文藝春秋に対し、ジャニーズ事務所及びジャニー喜多川に計八八〇万円の損害賠償金を支払えという判決を下した。ただし、セクハラやジュニアの飲酒・喫煙については『週刊文春』が報じる以前から他のメディアで報道されているので、謝罪広告の掲載までは命ずる必要性はないという。

判決を受け、文藝春秋・雨宮秀樹社長室長は「勇気を奮って証言台に立った少年たちの声を、裁判所はなんと聞いたのか。このような形で喜多川氏の行為が野放しにされることは社会常識から外れる。断固控訴し、報道姿勢を変えることはな

い」とのコメントを出した。巨大モンスターの密室の行為を暴く難しさ、司法の限界と虚しさを感じずにはいられなかった。

　そんな折、あるジャニーズ事情通からこんな声が聞こえてきた。

「裁判が始まってからも、懲りもせずジャニーさんのホモセクハラは続いていたとジュニアの少年たちから聞いています。さすがにもう年なので、以前のような激しい行為ではないと思いますが、触る、触らせるくらいのことは日常茶飯事です」

　ジャニー喜多川は化け物であるとしか言いようがない。

秘密裡に行われた証人尋問

　ところで、あれほど派手に続いていた『週刊文春』のキャンペーンが、ジャニーズ側からの訴訟が始まるや、ピタッと静かになり、次第に裁判もほとんど傍聴者もないような状態になっていたそうである。裁判が始まってからは、『週刊文春』、あるいは文藝春秋社系列の雑誌で、対ジャニーズ裁判の記事を見ることもなくなった。担当記者も、スポーツ誌に異動になったとも聞いていた。

　ところが、一審判決を目前とした二〇〇二年はじめ、かの『噂の眞相』誌（二〇〇二年二月号。一月十日発売）が、驚くべき事実を報じたのである。元ジュニアが複数、証人として出廷し、その尋問が非公開で行われた、というのである。それも、二〇〇一年夏のことで、年末では、口頭弁論も終結したという。水面下では、壮絶な死闘が繰り広げられていたのだ。

　ここで一つ不可解なことがある。『噂の眞相』が、その証人尋問があった事実をバクロするや、これは原告・被告双方にとっても極秘事項であったらしく、むしろ慌てたのは文春側であったようだ。誰がその情報を『噂の眞相』に漏らしたのか？〝犯人探し〟に、『噂の眞相』とも長年交流があり、同誌岡留安則編集長とも対論集を出した鹿砦社社長・松岡にも文春側から「誰が漏らしたか知らないか？」という電話があったという。文春側の代理人であり、同時に作家・和久峻三らから刑事告訴された訴訟では『噂の眞相』の代理人も努めている喜田村洋一弁護士リーク説さえ流れたほどである（この虚実はともかく、まさに『噂の眞相』一行情報にはうってつけのウワサではあるが、さすがに同誌で活字になることはなかった）。

　その少し前の二〇〇一年年末、結審し

ジャニー喜多川の自宅があるとされるマンション（六本木）

た直後だと思われるが、鹿砦社社長・松岡は、文春の某幹部と会食している。その際にも、その証人尋問や裁判の内容については、おくびにも出さなかったというから、とんだタヌキである。

それにしても、文春側の狼狽ぶりには驚いたが、それからしばらくしての判決後も、かつてジャニーズバッシング記事が踊った『週刊文春』でもなんら記事にもされないことと併せ、大いに疑問が残る。訴訟対策上、裁判所の心証を悪くしないようにとの考えもあるのかもしれないが、ジャーナリズムの大義に立てば、このように大衆の関心事であり、わが国芸能史上に記されることがらについては、きちんと情報公開し、広く世の評価を仰ぐべきなのではなかろうか。

さて、この裁判は、よく知られていないが、大物弁護士同士の闘いでもあった。

芸能界に巣くう
パラサイト弁護士・矢田次男弁護士

この裁判でジャニーズ側の代理人となったのは、いわゆる〝ヤメ検〟・矢田次男弁護士である。

矢田弁護士は、ジャニーズと同様、芸能界を牛耳っているバーニングプロダクションの顧問弁護士としても有名な存在だ。一般に、ジャニーズとバーニングは〝犬猿の仲〟といわれているが、その双方の代理人を努めるとは、摩訶不思議でもある。普通は考えられないことだ。

「矢田弁護士はライジングプロダクション(現ヴィジョンファクトリー)ともつながりがあります。ライジング平哲夫元社長の脱税問題で逮捕された者のうちの一人Tは、かつて矢田弁護士の運転手をしていた人物。Tはバーニング周防郁雄がライジングに送り込んだらしい。ライジングの不透明な金の流れの鍵を握っているのでは」(新聞記者)という。

矢田弁護士は一九四八年(昭和二十三年)三重県生まれ。七一年に中央大学法学部を卒業し、東京地検特捜部、大阪地検特捜部などを経て、一九八九年退官。現在は千代田区麹町に「のぞみ総合法律事務所」を構えており、帝国データバンクの『高額納税者名簿2001』には納税額三千一八七万円として掲載されている。「銀座に愛人が何人もいるという噂もある」(前出新聞記者)という売れっこ弁護士である。

特捜部時代は、リクルート事件をはじめ、投資ジャーナル事件で中江滋樹会長、豊田商事事件では石川洋社長を全面自供に追い込んだ「落とし」の名人として知られていた。

退官後は、日本航空、元日航社員だったイ・アイ・イの高橋治則、亀井静香など大会社や大物の顧問弁護士を務めている。

富士重工業創始者の孫で、自殺した元国会議員の中島洋次郎の弁護団の一員でもあった。中島は一九九九年、政党助成法、公職選挙法、政治資金規正法、受託収賄、政策秘書制度に絡む詐欺の五つの罪で懲役二年六カ月の実刑判決が下った。

矢田弁護士は経済事件だけでなく、名誉毀損事件も得意としている。著作に『名誉毀損　被害の実態とその対策実務』(のぞみ総合法律事務所による共著)がある。鹿砦社も、密かに勉強している力作である。

雑誌『選択』（選択出版発行、一九九四年四月号）が東燃元社長退任理由について、「インサイダー疑惑が原因だった中原仲之東燃社長の解任」との見出しを付け、原因がインサイダー取引を行った疑いがある上、家庭的にも事情があって社長を解任されたと報じた。

この件で矢田弁護士は中原側の代理人を務め、損害賠償金五百万円と謝罪広告掲載の判決を勝ち取った。近年、著名人の名誉毀損の賠償金がどんどん高騰しているので、矢田弁護士もさぞかしやりがいがあることだろう。

芸能関係では、いしだ壱成の弁護も担当している。いしだはホテルや自宅に大麻樹脂や幻覚剤ＬＳＤを隠し持っていたとして逮捕され、懲役一年六カ月、執行猶予三年の判決が下った。

矢田次男

昭23・7・22生㊥三重県 ㊟千代田区麹町3－3九増麹町ビル8階のぞみ総合法律事務所㊫〇三（三二六五）三八五一 ⓕ（三二六五）三八六〇

平成元年弁護士登録(二二三九六) 昭和46年中央大学法卒 48年司法試験合格 51年司法修習終了(28期) ㊧検事(東京地検特捜部 大阪地検特捜部等) ㊢刑事 民事 税法

『全国弁護士大観』（平成14年版／法律新聞社）より採録

次々に話題の人の代理人を務め、華々しい活躍をみせる矢田弁護士だが、ジャニーズ絡みの事件でまさに本領発揮といったところか。

ＳＭＡＰ稲垣吾郎が道交法違反、公務執行妨害、傷害容疑で送検された件（処分は起訴猶予。駐車違反での罰金のみ支払った）では、謝罪会見で矢田弁護士も登場し、稲垣の隣に座り記者たちにニラミを利かせていた。

稲垣と同様、Ｖ６の森田剛も矢田弁護士によって命拾いした一人である。二〇〇〇年、森田剛はテレビ朝日社員とともに、タレント妃今日子をレイプしたとして赤坂署に刑事告訴された。妃は森田らが待つホテルに呼び出され三回にわたり被害を受けたという。森田は書類送検されたものの、「告訴事実の認定ができない」として不起訴処分になった。

矢田弁護士の手にかかれば、世の中怖いものナシ！　検察担当記者によれば、

「東京地検の刑事部トップのＹ部長は、実は、矢田さんと特捜検事時代の同僚なんですね。矢田さんは弁護士に転身したあとも、Ｙ部長に事件の情報提供をしたりする、いわば検察の協力者。事件を不起訴にするくらい、痛くもかゆくもないのでしょう」

という。実績を見る限り、矢田弁護士が相当なヤリ手であることは疑いようがない（本稿初出後、矢田弁護士より抗議があった。三八ページに掲載）。

“人権派”の仮面をかぶる喜田村弁護士

一方、文春側の代理人である喜田村洋一弁護士の弁護士人生も、実に興味深い。一九五〇年（昭和二十五年）東京都生まれ。七五年東京大学法学部を卒業し、ニューヨーク州の弁護士資格も持つ国際派弁護士として知られる。

喜田村弁護士は、いわゆる「ロス疑惑」で三浦和義の弁護団を務めた（この件に関して詳しくは本書ＰＡＲＴ3を参照されたし）。

喜田村　洋一

昭25・11・9生㊍東京都
㊓千代田区紀尾井町3―27
剛堂会館3階ミネルバ法律
事務所㊂〇三（五二二六）七七
七五五㊦（五二二六）七七五
一

昭和52年弁護士登録（一五六五二）50年東京大学法学部卒　49年司法試験合格　52年司法修習終了（29期）

『全国弁護士大観』（平成14年版／法律新聞社）より採録

文藝春秋代理人としての実績はというと、古賀政男音楽文化振興財団が『週刊文春』掲載の野坂昭如のエッセイに対して名誉毀損で訴えた件では敗訴。野坂昭如と文藝春秋社に百三十万円を支払うよう命じる判決が出ている。

九六年カリフォルニア大医学部教授と長女が自宅前で射殺された事件で、未亡人が告別式でマスコミに抗議の手紙を渡そうとした写真を掲載した件では、名誉毀損、肖像権侵害に当たるとして一審で百五十万円の支払いを命じる判決がおりた（控訴審判決で一審判決を変更、三十五万円の支払いを命じた）。

山崎豊子『大地の子』（文藝春秋刊）の盗作疑惑として、筑波大学留学生センター教授が著作権の侵害にあたると出版差し止めと損害賠償等を請求した件では、原告の請求は棄却となっている。

また、芸能界関連の裁判では、タレント萩原聖人の暴行疑惑訴訟で喜田村弁護士が控訴審から弁護団に加わり、その結果、全面敗訴した一審判決は破棄され、逆に原告が萩原の名誉を毀損したとして百万円の支払いを命じる大逆転勝利をおさめた。一時は妻（当時）和久井映見ともども俳優生命の危機に立たされた萩原聖人だが、喜田村先生のお蔭で生き長らえることができたのだ。

喜田村弁護士には『報道被害者と報道の自由』という著作物がある。喜田村弁護士は、報道によって名誉やプライバシーを侵害された被害者だけでなく、報道する側にも立っていることが特徴だ。

喜田村弁護士はこう語る。

「社会的地位も影響力もあり、反論もできる公人の賠償額をあまり高くすべきではない」（朝日新聞二〇〇一年九月八日）

同記事ではまた「政治家は気に入らない言論を封じるため、名誉毀損を武器に訴えてくる危険がある」とも述べている。

しかしこの喜田村弁護士、薬害エイズ事件で非加熱製剤を投与して業務上過失致死罪に問われた、あの安部英元帝京大副学長の弁護団の一員であった。弁護団には同僚・弘中惇一郎弁護士もいる。彼らによって〝殺人者〟（こう言えば名誉毀損か⁉）安部英は二〇〇一年、あろうことか「無罪」を勝ち取ることができた（控訴審中に老齢による「心神喪失」のため公判停止で終結）。

そればかりではない。

〝殺人者〟安部英に関して『週刊新潮』が報じた記事「大量殺人の容疑者」をめぐる名誉毀損裁判では三百万円の高額損害賠償が認められている。この民事訴訟の安部側弁護団には喜田村弁護士はいないが、弘中弁護士はしっかり名を連ねているのだ。

本書では別途ＰＡＲＴ３で彼らパラサイト弁護士の素顔に迫っているので、ぜひ参照願いたい。

ジャニーズ・ホモセクハラ裁判2 ——忌まわしい罪

　長き年月に渡って少年たちに卑劣な行為を働いてきたモンスター、ジャニー喜多川とはいかなる人物か。

　彼は、アメリカ生まれの日系二世で本名は喜多川擴。一般には一九三四年生まれとされているが、資料によっては五〜十年のバラつきがある。幼少時代をアメリカ・ロサンゼルスで過ごし、そして日本へ。米国大使館の軍事援護団に勤務。そのころ、近所の少年らを集めて結成したジャニーズが現在のジャニーズ事務所の始まりだったとされる。現在、姉のメリー喜多川（藤島メリー泰子）、姉の娘の藤島ジュリー景子ら親族とともに会社（グループ会社含め）を経営している。

　これまでたびたび噂され、そして元ジャニーズタレントらの告発が続いたように、ジャニー喜多川は、同性愛者であり、その立場を利用して無垢な少年らに数限りないセクハラ犯罪を犯してきたことは今さら指摘するまでもない。

　が、しかし、一審で裁判所の判断はそうではなかった。

文春VSジャニーズ裁判 多くの不満が残る一審判決

　前稿でも述べたように、文春VSジャニーズ裁判の第一審は、文春側の敗訴。八八〇〇万円の損害賠償を命じるものだった。

「判決を聞いて愕然としました」

　こう語るのは文藝春秋の関係者である。

「現在の証拠至上主義の裁判で証拠の最

たるものであるセクハラ被害者少年二人に法廷に出てもらって、証言してもらっているんです。これ以上の証拠などないでしょう」

一審判決で、問題となった争点は八つに分けられる。そのうち、

・ジャニーズ事務所は、ジュニアに対して学校にも行けないような無理なスケジュールを組んでいる。

・関西出身のジャニーズが冷遇されている。

・チケット購入の際、手数料がかかるなど、ファンを無視したファンクラブ運営をしている。

・マスコミはジャニーズ事務所を恐れ、追従している。

などの四点に関しては、裁判官は真実性・相当性を認めたのだが、最も重要なホモセクハラを含めた残りの四点を却下したのだ。

裁判所でこの裁判に関する資料を閲覧してみたが、分厚い冊子が何冊も積みあがる膨大なものであった。中には文春ジャニーズ取材班が記録したメモなども多数含まれていた。これらはディテールもしっかりとした実に詳細にわたるものであったが、裁判では証拠として採用されることはなかった。そこで文春側が出したのが、元ジャニーズジュニアである少年二人である。尋問はつい立てを置いた上でジャニー喜多川のいる前で行われたという。

この最大の証拠とも言える被害者当人、しかも二人という複数の証言をもってしても、文春の言い分は認められなかった。理由は、少年らの証言が曖昧だからというものであった。文春が取材したセクハラを受けたとされた少年たちの証言は、ある日時が曖昧であり、また証人として出廷した少

『J マニア』No.31 号でスクープした、美少年お持ち帰りの決定的瞬間

年の供述も、初めてセクハラを受けたとされる場所が「アーク（合宿所）」だったり、「全日空ホテル」だったりではっきりしない。これらが「たやすく信用できない点を残している」（一審判決文）とされたのだ。

「普通の成人だって証言台なんてものに立ったらアガってしまいます。それに十代前半の少年たちが、セクハラを受けていたという日時やホテル名なんてものを厳密に覚えているわけがないんです。思い出したくもないような過去の忌まわしい体験を、あえて勇気を振り絞って自分は強姦されたと証言する。普通はこんなこと、なかなかできませんよ」（前同）

この判決に不満の文春は当然控訴。裁判資料を読んでみると、控訴は、文春だけではなく、ジャニーズも行い、一審と同じく一億一千万円もの損害賠償を求めている。これについては、前出の文春関係者はこう説明する。

「こういったケースは最近増えています。多いのが付帯控訴というもので、一審では勝ったが賠償金額などに不満があって、相手の控訴に乗っかって控訴するというものです。最近、メディア訴訟における賠償金額が高騰する風潮にありますが、そもそもは二〇〇一年春の大原麗子と『女性自身』との間で争われた裁判、巨人軍の清原選手と『週刊ポスト』などの判決が、その嚆矢でしょう」

このうち前者の裁判は、大原麗子が自宅付近で夜中に大騒ぎしたり、つっけんどんな態度や奇矯な振る舞いをして騒ぎになっていると『女性自身』が報じ、この報道に大原が激怒し、訴えを起こしたものである。一審では大原が勝ち、光文社に五百万円の支払いを命じた。これに光文社が控訴して、案の定敗訴するが、この時の判決文が不可解だった。

裁判を担当した鬼頭季郎裁判長は「人格権の重要性に対する国民の認識が高まり、プライバシー侵害への補償要求も強まっている」と指摘。「虚偽報道や誤報記事の被害者に対する補償措置を多少強化しても、国民の知る権利を脅かす危険性は少ない」と述べたうえ「慰謝料額は一千万円を下回るものではない」と言及したのだ。大原側は、控訴をしなかったため、賠償金額は一審どおりだった。

つまりは、付帯控訴をしていれば、もっと賠償金を弾んであげたのに、ということを裁判官自らが言ったようなものなのである。この異例の判決を受けて、現在、メディア訴訟では、原告、被告の両者の控訴、付帯控訴が習慣のようになっているのだ。

控訴審におけるジャニーズの言い分

さて、話を控訴審に戻そう。ジャニーズ側は、控訴理由として以下のようなものを示した。

「原審原告喜多川は、数十年にわたり、タレントを育て、過去に大病を患ったこともあり、その生きがいはジャニーズで育てることのみにあった。これまで、数十年間にわたり、寝食を忘れ、少年たちからは、『ジャニーさん、いつ寝ているの？』と質問されるなど一所懸命に仕事を続けてきた原審原告喜多川にとって、本件記事は、その人生の全てをいとも簡単に奪ったのである。自らの目でスターを発掘し、育て上げてきた原審原告喜多川は、本件記事の発売によって、その精神的ダメージから、アークタワーに住むことも、少年たちのオーディションを行うこともできなくなった」（控訴状）

そして、文春の記事で出た証言者は「自称関係者」にすぎないとし、一審判決で退けられた部分に対して詳細に反論をしている。

一方の文春側は、一審は「セクハラという行為の特殊性に思いを致さず物事を皮相的に観察しただけ」と断じ、やはりジャニー喜多川のホモセクハラがあったという点に的を絞って、戦略を練っていたようだ。

少年らは世の中の嘲笑の的となろうホモの相手をさせられ、男であるのに襲われたということが自尊心を傷つけられたのだから、「強制わいせつ罪は潜在化しやすい」と文春は主張。「少年等から捜査機関に対する告訴などがされた形跡がない」と一審判決があったのに対して、暗数としてのセクハラ事件が多数存在すると反論した。

また、先の一審で証言台に立った二人の少年らも判決に不満を持ち陳述書を提出している。

「私はジャニーさんに合宿所でセクハラをされていたのです。嫌でしたが、いい仕事が回してもらえると思って、我慢していたのです。そのことだけは裁判官に分かって欲しいと思います」（A君）

「その事は嫌なことだったので、あまり思い出したくない出来事ですが、とにかくそういうことがあったのは間違いありません。

ジュニアの友達にも言いませんし、親にも悲しませたくないので絶対に言いませんでした。そうやって考えないようにしよう、忘れるようにしようとしていたのですから、いちいち日時を覚えているなどということはありません。

裁判所に行ったことなど初めてでしたので緊張していたことは確かです。それに嫌なことを詳しく思い出すようにされていたため疲れてしまい、最後の方はよく考えられませんでした」（B君）

新たな証人が赤裸々に告白「僕はされました ジャニーさんに……」

控訴審では、文春、ジャニーズの双方とも特に目立った主張をしているわけではないが、目を引いたのは文春側が提出した新しい証拠書類だ。一審判決の翌日に、元ジャニーズタレントだったという人物のX氏から文春にかかってきた電話の内容を書面に起こしたものである。情報源の秘匿のため、ところどころ墨が塗られているが、この人物の証言は非常に細部にわたっており、情報としての価値は高いと思われるのでこれを紹介したい。

「みんな一般人が知っていることなんですけど、それなのにマスコミ、文春がちゃんと採り上げたのに、それが、こう、通らない」

X氏は裁判の判決があまりにおかしいと義憤に駆られて電話をしてきたのだ。

そして、こう言い放った。

「僕はされました。ジャニーさんに……」

二十数年前、X氏は喜多川と初めて出会ったとき、学生服を着ていた。「かわいい、かわいい」と気に入られ、ジャニーズに入ることになる。ジャニーズに入って早くも一日目にファンが付いた。

「十人ぐらいに囲まれまして、『気をつけて、気をつけて』って言われたんですけど、そのとき僕はまだわからなかったんです」

いずれそのことは合宿所生活を続けるうちに明らかになっていく。

事務所に入ることになったX氏を、喜多川は車に乗せた。喜多川はX氏を「ユー」と呼び、右手の上に手を置き、

「もっとこっちへ来なさい」

と言った。当時、「まだ童貞」だったというX氏はピンとこなかったが、喜多川は確実に優しく外堀から埋めていったようである。

当時、インベーダーゲームが流行りだしていた。喜多川はコインを三十枚も積んで、こう言った。

「やりなさい」

また、好きなものを何でも食べさせてくれた。少年だったX氏にとっては全てがカルチャーショックだったという。

そして、いわゆる合宿所で生活するようになる。部屋は3LDK。LDK部分は二十畳ほどの広さ。今は見る影もないが、当時のスーパーアイドル・田原俊彦とも寝食を共にしていた。

そんな中、事件は突然起きた。

対ジャニーズ裁判に事実上勝利した文春本社

「夜中、来て、それで寝てるときに、わかんなかったんですけど、始め、パンツ下ろされて、それで、しゃぶってきたんですよ」

「嫌がるのを無理やりは、あるし、また嫌がってもそこがポイントなんですけど、少年だから、訳わかんないで、え、えってこういう風になって、嫌がってもすぐにやっちゃうって感じなんですよ。巧みなんです。それで僕の場合は、しゃぶられて、こう飲んだんでしょうね」

その後、X氏が一、二分じっとしていると、喜多川は温かいおしぼりを差し出した。

どう考えても強制わいせつだが、X氏は、喜多川の性癖を「おばさんホモ」と喝破する。

「とにかく少年のおちんちんをしゃぶるのが好き、飲むのが好き」な喜多川の性癖は、「相手を発散させてあげる母性的」なものであり、決して自分で差し込んだりはしないのだ。こうして喜多川は、次々と新しい少年を求めていったが、それがジャニーズタレント低年齢化の要因

スキャンダルに揺れるジャニーズ事務所（東京・赤坂）。ジャニーズ帝国の行方は……

にもなったのではないか、とX氏は指摘している。

喜多川のセクハラは、ジャニーズタレントなら「一度は通り越す」道であり、誰しもがやられているとみて「間違いない」のである。

そして、こんな衝撃発言も。

「田原がしゃぶられてんのは見ました」

田原俊彦は気が強く、性格も悪かったそうだが、それでも「男のくせにブリッコ」をして、喜多川のホモセクハラも受け入れていたという。

また、裁判でも争点の一つに挙がっていた喫煙問題だが、当時は「KOOL」などの煙草を合宿所内で吸うことは公認されていた。

喜多川はやりたい放題に少年らを食い物にしていき、少年らもそれと引き換えに世間とは隔絶された中で、やはりやりたい放題の日々だった。しかし、X氏もやがてジャニーズ事務所を去るときが来た。きっかけは、「パンツの脱がしっこ」だったという。

喜多川の影響を受けたかどうかは分からないが、あるとき少年らは戯れにパンツの脱がしっこをしていた。

喜多川のホモセクハラ行為にかねてから怒りを覚えていたのか、X氏はこれに憤り、「やめろよ」と叫んで抗った。これで田原と喧嘩になるのだが、そんなX氏を喜多川が制した。

「なんで、そんなに真剣になって怒ってんの」

この件でX氏は一度合宿所を飛び出した。以後、彼と喜多川との関係は悪化。喜多川の最後の言葉は次のようなものだった。

「ユー、洋服のセンス、相変わらず悪いね」

X氏の思春期に大きな影響をもたらしたであろうジャニーズという一ページはこうして幕を閉じた。

前出の関係者はこの電話についてこう語る。

「私も長年、週刊誌、月刊誌などをやってきまして、多くのたれこみ電話を取り次ぎましたが、あの証言は細部が非常にきっちりとしており、矛盾がない。事実に基づくものであると考えています」

このジャニーズホモセクハラ裁判は、単なる民事訴訟ではない。現に多くの少年たちが喜多川のホモセクハラ犯罪の被害を受けており、その重大性は刑事訴訟を起こされてもおかしくない極めて重いものなのだ。

ジャニーズ・ホモセクハラ裁判3
——戦いは続く……

二〇〇三年七月十五日、ホモセクハラ裁判の二審判決が下った。その二週間ほど前には、事務所の所得隠しが発覚し、ジャニーズももはやこれまで、と思われた時のことだった（所得隠しについては次稿で詳しく述べる）。

東京高裁は最大の焦点だったジャニー喜多川のホモセクハラ行為を認定し、八八〇万円を文藝春秋側が支払うように命じた一審判決を変更し、「記事の主要部分は真実性の要件を満たしている」と、一二〇万円に減額した。

『週刊文春』二〇〇三年七月三十一日号には、この判決を受けて、改めてジャニー喜多川に辞職勧告をする記事が掲載されている。記事の冒頭、元ジャニーズJr.の少年がコメントを寄せている。

「記事は事実なので勝てると思っていましたが、こういう判決が出て本当に良かった。今後は、警察も徹底的に調べて欲しい。ジャニーさんはもうウソをつかないで、しっかりと判決を受け止めて欲しいと思います」

控訴審判決では、次のように喜多川のホモセクハラ行為を認定している。

「喜多川が少年らに対しセクハラ行為をしたとの各証言はこれを信用することができ、喜多川が少年たちが逆らえばステージの立ち位置が悪くなったり、デビューできなくなるという抗拒不能な状態にあるのに乗じ、セクハラ行為をしているとの本件記事は、その重要な部分について真実であることの証明があった」

アイドル帝国がついに崩壊へ？
この判決が芸能界に与える影響は
ジャニーズ社長
ホモセクハラ
文春側の実質勝訴

一面ではないものの、大きく報じた東京スポーツ（2003年7月16日付）

今回の判決で、裁判所は文藝春秋に対し一二〇万円の支払いを命じたが、その内訳は事務所と喜多川本人にそれぞれ六〇万円（慰謝料五〇万円＋訴訟費用一〇万円）というもの。一連のキャンペーン記事の一部の記述、つまり、事務所が日常的に少年らに飲酒や喫煙をさせていること、ジュニアの万引き事件を圧力で封印したこと、事務所がフォーリーブスのメンバーに非道を重ねていること、古参のタレントを冷遇していること、の四点については、その真実性が認められなかったためである。

『週刊文春』は、合計十二人の元ジュニアの少年らに取材をしているが、喜多川の行為は、東京都や大阪府の定める「青少年育成条例」や刑法の強制わいせつ罪、準強制わいせつ罪に抵触する可能性が高いと、その社会的責任を問うていた。

法廷では、喜多川本人も出てきて、セクハラについては「一切ございません」としながら、「彼たちは嘘の証言をしたということを明確には言い難いです」と不可解な発言をしていた。

『週刊文春』では、何人ものセクハラ被害者が登場しているが、そのうちの二人は法廷でもその様子を証言している。今回の勝訴はこれが決定的な証言として採用されたのである。

喜多川は、気に入った少年が入ってくると、「ユー、ウチ（合宿所）へ来る？」などと少年らを誘い、そして弄ぶのである。

「マッサージは筋肉がほぐれて本当にうまい。でも、パジャマを脱がすと、すぐに口です。いつも歯が当たって、痛いんですよ。

ジャニーさんは飲みますよ、吸い付いてきますよ」（一九九九年十一月十一日号）

別の少年は涙ながらにこう語った。

「部屋にいきなり入ってきて、俺が一人で寝ているとその横に入り込んでくるんですよ。どこかに行って変なものを持ってくるなあ、と思ったら、ヌルヌルしたものを尻に塗られて、そこに最初は指を、それから性器を入れてきましたからね。いや、恐くて後ろは見られませんでしたけど。痛い、痛い、ものすごい痛いですよ」（一九九九年十一月四日号）

そして、二〇〇四年二月二十四日、最高裁で二審判決が確定した。ホモセクハラは確かに行われていたと、最高裁が認めたのである。裁判でさんざんシラを切り通してきた喜多川だが、裁判所はへっぽこマスコミとは違い、圧力をかけて事実をねじ曲げられるようなものではないのだ。真実は一つしかない。嘘に嘘で塗り固めたジャニー喜多川よ。ユーがズタズタに切り裂いた少年の心は癒えることはない。彼らの叫びをよく聞くがいい。ジャニー喜多川の逃げる道は、もう、ない。

報道されることのない『週刊女性』との名誉毀損裁判

喜多川の非道については、ようやく晴れてその真実性が認められたわけだが、その陰でほとんど報道されない裁判が進行している。『週刊女性』（主婦と生活社）との間で争われている二件の名誉毀損裁判だ。一つは、TOKIOのリーダー・城島茂の実父が刑務所に収監されているという事実を書いた記事について名誉毀損で訴えている裁判（損害賠償請求額一億六千万円、二〇〇三年一月二十日受理）で、もう一つは滝沢秀明と鈴木あみの熱愛報道についての名誉毀損裁判だ（損害賠償請求額一億一〇七〇万円、同年四月三十日受理）。

今やジャニーズタブーを破れるのは『週刊文春』『噂の眞相』だけの特権ではない。「ジャニーズ帝国」の神話は、ゆっくりとだが確実に瓦解を始めているのである。

しかしそもそも女性週刊誌では、アイドル雑誌と同じくジャニーズバッシングはご法度だったはずでは。『週刊女性』とジャニーズとの間に一体何が起きているのか？

『週刊女性』が明確にジャニーズとの決別を宣言したのが二〇〇二年五月七・十四日号の「渾身スクープ！　キムタク極

ジャニーズタブーを破った『週刊女性』であるが……

秘通院！　プラセンタ顔面注射」という記事。あのトップスター、木村拓哉が美容整形外科に通っているなんて……と世のオバ様、有閑マダムらを震撼させたのである。

だが、『週刊女性』を発行している「主婦と生活社」は『ＪＵＮＯＮ』というジャニーズの協力なくしては成立しえない女性向けアイドル雑誌も出している。どうして、突然ジャニーズに反旗を翻したのだろうか。

「それは『ＪＵＮＯＮ』主催のオーディションで選ばれた四人の男性アイドルグループ『ＦＬＡＭＥ』がＣＤデビューをしたり、主婦と生活社からカレンダーを発売したりといったことでジャニーズの逆鱗に触れたせい。二〇〇一年からは、ジャニーズは主婦と生活社からタレントを引き揚げ、誌面には全く登場しなくなっていました。

また、ジャニーズのコンサート代が値上げされたのは、キムタクの子供のミルク代を稼ぐため？なんていうふざけた記事を出したために事務所の怒りを買い、ジャニーズと主婦と生活社は完全な決裂状態にあったんです」（芸能記者）

女性週刊誌といえば、かつては『女性セブン』（小学館）、『女性自身』（光文社）、『週刊女性』の三誌で優に二百万部を超える勢いだったが、近年はそのメディア自体の存在意義が失われ、ジリジリと部数を下げてきた。とりわけ『週刊女性』は、二〇〇三年四月になってから、「週刊誌の生命線」ともいわれる二十万部を割り込む事態にまで落ち込んでいた。

そうした事情もあって、やぶれかぶれでジャニーズバッシングが始まったようなのである。だが、一部のスキャンダル好き有閑マダムらにとっては、僥倖だろう。『週刊文春』『噂の眞相』もフォローしない、あるいはできないようなジャニーズゴシップが次々に明るみになったのである。

問題となった記事は、『週刊女性』二〇〇三年一月七日、十四日合併号に掲載された「激震スクープ！　ＴＯＫＩＯリーダー城島茂（三二）がひた隠す獄中の実父」という記事だ。記事によれば、城島の父である中野和男（仮名）は、城島が小学校三年生の頃に離婚して消息が分からなくなっていたが、一九九九年に暴力団幹部らと共謀して、中国人窃盗団が盗み出した手形を換金するという詐欺行為をし、懲役刑に服していた。『週刊女性』は、中野とともに服役していた人物と接触し、中野の刑務所内での様子、息子である城島への熱い思いを赤裸々に描写している。

また、中野の手形詐欺事件をネタに暴力団と思しき「ある組織」がジャニーズ事務所に揺さぶりをかけ、中野が城島の父親であるということが漏れても同姓同名の別人で通すということで決着。多額の金銭の授受、ＴＯＫＩＯの地方興行の仕切りを一定期間譲るという条件で取引が行われたという。そして『週刊女性』は、翌週号でも第二弾の記事を掲載し、記事が出た後の城島の様子を詳しく報じている。

裁判の中身も検証していこう。原告・ジャニーズは厳しく『週刊女性』の報道姿勢を批判している。

「親族が過去に犯罪を行ったという事実摘示は、小説『石に泳ぐ魚』事件（二〇〇二年九月二十四日）においても、本人の社会的評価を低下させ、名誉毀損になることが認められている。本件記事はあらゆる意味で公共性、公益性を欠くものであり、許しがたいペンによる暴力行為である」（訴状より）

ジャニーズ側の主張は、家庭環境は極めて私事性が高く、公共の利害に適わず、父親の生活、所業は本人に何らの責任もないというものだ。よって『週刊女性』の記事は公共の利益に馴染まず、記事は社会的意義に欠けると断じている。

記事のタイトルにも「こんな事実が明るみに出たらいったいどうなる」などと書いてあったことも、「自ら原告城島の私生活の平穏が害されることを期待し、原告城島の混乱ぶりを嘲笑っているのだから、記事内容の悪質性は顕著である」とする。

第二弾記事では、紅白歌合戦の際、『週刊女性』の記事を受けて城島が狼狽している様子をリポートしているが、これも「人権感覚の欠如も甚だしい」と批判している。

『週刊女性』は、「罪を犯した父親とその子のままならぬ間柄を有名タレントである原告城島と父の関係を通じて伝えようとするもの」と反論しているが、ジャニーズ側の主張と較べるとやや弱い印象だ。確かに記事は、一種悪趣味な箇所もあり、『週刊女性』は厳しい裁判闘争を余儀なくされているようにも思える。

スキャンダルはカネを使って解決

また、同誌は、日本有数のプロダクションが反社会勢力と妥協し、資金を提供しているという事実は不適当であり、公共性、公益性に合致しているとも主張している。

これについてはジャニーズは、当然ながらこの事実を否定し、「ことに、原告会社は、清廉潔白を重んじ、創業以来、一切暴力団と関わりを持っておらず、その清廉性に対する信頼は業界でも顕著であるから、尚更である」と言う。社長のホモセクハラを棚に上げて何をかいわんやという気もするが、実際のところどうなのだろうか。

「たしかに暴力団などと付き合いがあるとはほとんど聞いたことがありませんが、ジャニーズにとってスキャンダルをカネで解決することはよくあることですから、揺さぶりをかけられれば、場合によっては妥協することもあるのではないでしょうか」（芸能記者）

例えば、一九九九年六月二十一日、キムタクがフリーのカメラマンを殴って怪我を負わせるという事件があったが、ジャニーズ側はこれをカネで解決したという。渋谷区にあるスポーツジムからキムタクが当時の恋人のカオリンと一緒に出てくるところをフリーのカメラマンが撮影。怒ったキムタクは強引にクルマから引きずり出し、仲間を呼んで集団暴行したというものである。この一件は『東京スポーツ』で報じられたが、その後はうやむやになっていた。

「事務所とこのカメラマンとの交渉の結果、かなり大きなカネが動いた。この事件だけでは、一般メディアは報じることはないけれど、刑事告訴されればキムタクはタレント生命を失いかねない。このカメラマンは額は明かさないけれども、聞かれれば『儲かりました』とニヤニヤするそうだね。一〇〇〇万円ぐらい貰っていてもおかしくないでしょう」（前出芸能記者）

この『週刊女性』の、黒い組織とジャニーズとの関わりについて書かれた記事は、決定的な証拠に欠けると言わざるを得ないだろう。

人権意識が高まってきたこともあり、前科報道というもの自体が姿を消している上、タレントといえど本人と関係のない親族の犯罪となると近年ではなかなか報道されにくい。

「一般には知られていませんが、柔道のヤワラちゃんこと田村亮子の父親が、バルセロナオリンピックのとき、やはり服役中であったことはマスコミ関係者の間では有名でした。当時、囲み取材でアホな記者が『実家のお父さんは、いま何をしてらっしゃると思いますか』などと聞いてしまい、周囲を凍りつかせたということがありましたね。ヤワラちゃんは『多分、日本にいて、テレビを見ています』と言ったそうですが、そう言うほかありませんよね」（週刊誌記者）

いずれにせよわれわれは裁判の推移を見守るしかないが、ジャニーズはこの裁判の訴状を提出して三カ月後、また別の記事で『週刊女性』を訴えている。問題となったのは、「滝沢秀明　鈴木あみ『東京ディズニーシー』極秘デートでわかった結婚まっしぐら超危険っぷり！」（二〇〇二年十二月十七日号）という記事。

記事の内容自体は、すでに別れていたと目されていた滝沢と鈴木が実は復縁を果たしており、鈴木は滝沢にベンツをプレゼントするほどで結婚も秒読みかというものだ。よくある他愛もない熱愛報道であり、しかも城島の記事が出る前のものをわざわざ蒸し返している。したがって『週刊女性』に対する揺さぶり、プレッシャーをかけていると考えるべきだろう。ジャニーズと『週刊女性』との関係は、もはや悪化の頂点を極めているとしかいいようがない。

ところで、これら二つの裁判で不可解なのは、『週刊女性』側が裁判の存在自体を認めていないという事実である。鹿砦社の取材に対して同誌編集部と主婦と生活社は、「裁判はない」と強弁するのである。裁判所に行けば誰でも簡単に裁判資料を閲覧できるにもかかわらずだ。

「おそらく主婦と生活社は、和解の道を模索しているのではないかと思います。ひっそりとフェードアウトできるように、裁判の存在自体を認めないという作戦をとっているのではないでしょうか」（雑誌編集者）

たしかに『週刊女性』は原理原則のないイエロージャーナリズムなのかもしれないが、もしこれが事実であるとしたら非常に残念なことである。ジャニーズ追及キャンペーンは、北公次が道を開き、鹿砦社がそれを先鋭化させるという長い道のりを経て、ようやく『週刊文春』が裁判所でも認めさせた壮大な物語であった。ジャニーズ報道は聖火台と同じく、その灯火を絶やしてはならない！

【資料】国会議事録
国会で論議されたジャニーズの児童虐待問題

２０００年４月13日、第１４７国会「青少年問題に関する特別委員会」が開かれた。その中で阪上善秀議員によるジャニーズの児童虐待問題に触れた発言があった。以下、議論の内容をそのまま書き出す。なお、見出しは編集部で付けた。

◇　　◇　　◇　　◇

タレントは労働者ではないから、少年の深夜労働も問題なし？

阪上委員（理事・阪上善秀）　それでは、児童虐待とは子供の健全な成長を妨げるような大人のすべての行為であるという観点からお伺いをしてまいります。

児童福祉法第三十四条は、「何人も、次に掲げる行為をしてはならない。」と十一個の事例を挙げております。もちろん、この法律は戦後間もないころにできた法律でありますから、そのころの社会情勢には適合しておりましても、現在では少し首をかしげたくなるような事例もあります。しかし、この事例は本当に機能しているのかという疑念があります。

昨年、十八歳未満の児童を相手にした買春やポルノを処罰する児童買春、児童ポルノに係る行為等の処罰及び児童の保護等に関する法律が施行され、青少年の人権保護に大きな前進を見たと思っております。

しかし、私は、昨年、地元のある親御さんから、こんな気になる話を聞いたのであります。

東京に少年たちがタレントとして活躍しているジャニーズ事務所という芸能プロダクションがあるのですが、そこに所属する少年たちの間で喫煙や飲酒が堂々とまかり通っておるというのであります。ほかにもいろいろな問題があります。私も耳を疑ったのですが、ジャニーズ事務所の社長であるジャニー喜多川さんがタレントの少年たちに性的ないたずらをしているという話も聞きました。

その親御さんのお子さんがジャニーズ事務所に関係しており、お子さんだけでなく、子供の友達からもジャニーズ事務所の体験談をたくさん聞いたそうであります。

私は芸能界に疎い人間であります。ジャニーズ事務所という名前は知っておりましたが、その詳しい内容について知りませんでした。しかし、訴えの内容が内容だけに、私も気になって少し調べてみました。すると、かなり以前からこの問題は活字になっていますし、最近でも文藝春秋社発行の週刊文春に、十回にわたり、この問題が掲載されておるではありませんか。

ジャニーズ事務所は、青少年に対して極めて大きな影響力を持つ芸能プロダクションであります。

この大みそか、事務所に所属するタレントが集まって東京ドームで年越しコンサートを開きましたが、そこに五万五千人も集めております。昨年、「嵐」というグループがデビューしたが、東京の国立競技場で行われたデビューイベントには八万人が押しかけておるのであります。新人ですらそうなんです。事務所で一番人気のあるＳＭＡＰというグループなど、昨年夏のコンサートだけで、五十万人以上のファンを集めておるというのであります。

そういう華やかな反面、ジャニーズ事務所のタレントＯＢ、元フォーリーブスの江木俊夫が、昨年、覚せい剤を使用して、有罪判決を受けました。フォーリーブスでは北公次さんもそうであります。覚せい剤で逮捕されたタレントＯＢは五名になります。

私、いろいろと調べてみましたが、ジャニーズ事務所の人気や社会的影響力の大きさを考慮したとき、教育的な見地から、どうしても看過できない、多くの疑問を抱きましたから、あえて問題を提起させていただきたいと考えたのであります。順を追って質問をいたしてまいりたいと思います。

まず、労働省にお伺いいたしますが、労働基準法では、満十五歳未満の児童は労働者として使用してはならないとありますし、満十五歳以上十八歳未満の年少者は深夜、つまり午後十時から午前五時までは使用してはならないと定められているのであります。また、満十五歳に満たない児童については、労働基準監督署の許可を受けて使用する場合、年齢証明書のほかに、「修学に差し支えないことを証明する学校長の証明書及び親権者又は後見人の同意書を事業場に備え付けなければならない。」とあります。

これらの規定について、ジャニーズ事務所の実態を労働基準監督署では把握されておるのか。そして、実態調査を過去にされたと聞いておりますが、その事実についてもお伺いをいたします。

野寺政府参考人（労働省労働基準局長・野寺康幸）　芸能プロダクションの専属タレント等につきましてはいろいろ難しい問題がございますが、一般的に申しますと、専属契約というの形の契約で報酬、スケジュール等が決められておるようでございます。

この報酬を見ますと、一般の方の所得水準の数倍にも上るようなケースが多いわけでございまして、これから考えますと、労働の対償である賃金とは言えない場合が多いというふうに考えております。または、税法上も事業所所得という形で課税されているわけでございます。こういったことから、いわゆるタレントは、一般的には労働者とはみなしていないというケースが多いわけでございます。

ジャニーズ事務所でございますけれども、これまで年少者にかかわります労働基準法上の先生御指摘の規定等の問題があるといったような情報も、週刊誌のお話もございましたけれども、特には告発の形ではないわけでございまして、そういう意味では、現在正確に情報を把握しているという状態ではございませんが、労働基準法等の観点に照らしまして問題があるようであれば今後必要な調査を的確にやってまいりたい、なおかつ指導をしてまいりたいというふうに考えております。

阪上委員　昭和六十三年に、ジャニーズ事務所では光ＧＥＮＪＩというグループに大変人気がありました。当時十四歳のメンバーが深夜の歌番組に出演した疑いで労働基準監督署が調査に入りました。このときはなぜ問題にならなかったのですか、お伺いをいたします。

野寺政府参考人　御指摘の光ＧＥＮＪＩの件でございますけれども、昭和六十三年の六月に、事務所を管轄いたします労働基準監督署が調査をいたしております。このときの調査によりますと、報酬面や、あるいは先ほど申しましたように税法上の取り扱い、事業所所得として課税されているような実態から見まして、労働者とは認められないというような判断をしたわけでございます。したがいまして、特段の指導は行っておりません。

阪上委員　それではお聞きいたしますが、昨年十二月に、大手プロダクションのホリプロ所属のタレントが大阪の毎日放送に深夜出演したことで、大阪府警がホリプロと毎日放送の社員を労働基準法違反の疑いで書類送検をいたしております。ホリプロは摘発されてジャニーズ事務所は許されるというのはおかしいのではないかという声をよく聞きました。ジャニーズ事務所に対する報道がある以上、少年たちの教育的な見地から、事務所の実態調査を行い、必要な指導を行うべきではないかと思います。平成十年あるいは十一年に実態調査に入られたと聞いておりますが、その後の指導監督はいかがになっておりますか、お伺いをいたします。

野寺政府参考人　昨年十二月、御指摘のホリプロの所属タレントが大阪毎日放送に出て深夜放送に出演したという件でございますけれども、これにつきましては、先ほど申しましたように、個々のタレントの契約の実態、内容、所得の課税の状況等々勘案いたしまして、労働者に該当するかという形で判断をするわけでございます。

この場合には、いわば売り出し中といいますか、タレントもかなり名前が通って所得がふえてまいるような状況の方と、まだそこまで至っていないような状況の方がいらっしゃいますけれども、この場合は余り売り出しがまだできていないような方であったかと思います。したがいまして、労働基準法上の問題に抵触する可能性がございましたので、その観点から必要な指導を行い、的確にその是正が図られるように努めてまいっております。

中学生の少年に義務教育をキチンと受けさせているのか？

阪上委員　それでは次に、文部省にもお伺いいたしたいと思います。

ジャニーズ事務所では、中学生の少年に平日のドラマの仕事が入ることがありますが、子供が義務教育段階にある場合、学校教育法では、児童の使用者が「義務教育を受けることを妨げてはならない。」とありますが、いわゆる芸能プロダクション、学校長、子供に対してどのような指導をされておるのか、お伺いをいたします。

御手洗政府参考人（文部省初等中等教育局長・御手洗康）　個別の状況について承知いたしておりませんけれども、一般論として申し上げますと、先ほど先生御指摘ございましたように、労働基準監督署の許可を受けるに際しまして、学校長がその使用が修学に差し支えないことを証明するという手続になってございます。この点につきましては、各学校におきましても、私ども周知はしておりますので、具体的に家庭とも十分連絡をとった上で、その状況について学校長が証明書を与えるということになろうかと思います。

その後の、実際の使用許可を受けて子供たちが使用されている状況につきましては、当然学校といたしましては、教育課程がしっかりと身につくようにということで、十分それは個別の生徒指導上の観点から把握をし、そしてまた家庭とも連絡をとりながら、問題があれば家庭あるいは労働基準監督署と連携をとって適切に対応するということが必要であろうかと思いますので、今後とも、そういった具体の問題点につきましては、御指摘がありましたら、私どもといたしましてもそういった形で適切な連携が行われますよう指導に努めてまいりたいと考えております。

阪上委員　学校長が出した許可書と事務所の実態、そして子供、親との関係というものが、書類だけがまかり通って形骸化されている節があると思いますので、なお厳しい把握をお願いいたしたいと思います。

少年たちの喫煙、飲酒写真をどう見るか

次に、ジャニーズ事務所で横行する飲酒や喫煙の問題についてお伺いをいたします。

週刊文春のグラビアで、ジャニーズで働く少年八名の喫煙、飲酒写真が掲載されておりました。他の雑誌にも同様の写真が掲載されております。ジャニーズ事務所のタレントが当たり前のように喫煙や飲酒をしているわけでございますが、彼らはいわばあこがれの対象であるだけに、青少年に対する影響ははかり知れないものがあると思います。

文部省並びに捜査当局は、ジャニーズ事務所にいかなる指導、勧告を行ってこられたのか、お伺いをいたします。

遠藤政府参考人（文部省体育局長・遠藤昭雄） 一般論で申しますと、学校教育におきましては、たばこやアルコールが心身に及ぼす影響などをまず正しく認識させるということ、それによって未成年の段階では喫煙や飲酒をしないという態度を育てることを主なねらいとしまして、喫煙とか飲酒に関する指導を行っておるところでございます。これは、中学校、高校では保健体育とか特別活動などで行っていますし、小学校でも、十年の学習指導要領の改訂に当たりましては、その旨を明記しまして、充実を図ろうというふうに対応しているところでございます。

こうした指導などを通じまして、児童生徒が周囲の状況にかかわらずみずからの判断で喫煙とか飲酒を行わないこととなるよう今後とも努めてまいりたいと思いますが、文部省としては、学校教育等の場面を通じてそういった喫煙とか飲酒の防止に関する教育に努めているところでございまして、私どもが直接に特定の事務所等に指導するということは難しいものと考えております。

黒澤政府参考人（警察庁生活安全局長・黒澤正和） 詳細につきましては控えさせていただきますが、御質問のジャニーズ事務所で働く少年たちがあるパーティー会場において煙を行っていた事案につきましては、関係者に対しまして厳重に注意をし、あるいは始末書をとるなどの所要の措置を講じたものと承知をいたしております。

警察といたしましては、少年の飲酒、喫煙というものは、その健全育成上重大な問題として認識をいたしておるところでございまして、今後とも、少年の健全な育成を阻害する行為等に対しましては、未成年者飲酒禁止法や未成年者喫煙禁止法等の関係法令の趣旨に照らしまして、厳正に対処していきたいと考えておるところでございます。

阪上委員　例えば週刊文春のグラビアで、実名を挙げて、米花君というタレントの喫煙している写真が掲載されております。この米花君は最近も、テレビにレギュラーで出演をしております。脱法行為を指摘されている少年が大手を振ってテレビに出演しているのでは、他の青少年に対して示しがつかないのではないかと思うのですが、答弁をお願いいたします。

遠藤政府参考人　お答えします。

おっしゃるように、そういう人気のあるタレントがそういった場面で飲酒、喫煙等を行うということは、私どもとしても、青少年に与える影響というのは大変大きいものというふうに心配をしております。そういったタレントの方が未成年の場合には、これは当然、法律で禁じられおることでございますから、その方がタレントであるか否かにかかわらず許されないものであることは間違いありませんので、そういった場合の対応としては、やはり学校を含めた周囲の関係者が適切に対応していくべきもの、あるいは、法律違反ということになれば警察署ということになろうかというふうに考えております。

我慢して「ホモされる」のは児童虐待に当たるのではないか？

阪上委員　次に、最も深刻な問題であるジャニー喜多川社長のセクハラ疑惑についてお聞きしたいと思います。

報道によれば、ジャニー喜多川社長は、少年たちを自宅やコンサート先のホテルに招いて、いかがわしい行為を繰り返しておるという内容のものであります。なぜ少年たちがこんな行為に耐え忍んでいるかといえば、ジャニー喜多川社長に逆らうと、テレビやコンサートで目立たない場所に立たされたり、デビューに差し支えるからというのであります。

私は独自の調査で、ジャニーズ事務所に所属していたことのある少年の母親の手紙を手に入れました。少し長くなりますが、御紹介をさせていただきます。

うちの現在高校二年生の息子も、中三の冬にオーディションに合格し、約一年間ジャニーズジュニアをしていましたが、事務所からのコンタクトがなくなり、自然にやめたような形になりました。ずっと後になって息子から聞いたのは、オーディションに受かってから初めてレッスンに行ったとき、先輩のジュニアから、もしジャニー喜多川さんから、ユー、今夜はホテルに泊まりなさいと言われたとき、多分ホモされるかもしれないけれども、それを断ったら次から呼ばれなくなるから我慢しろと教えられたそうであります。息子はジャニーさんの好みでなかったらしく一度も誘われなかったので、清い体でやめることができましたが、何人かはこの行為を受け、お金をもらっていたそうであります。今テレビでにこにこして踊っているジュニアたちは、陰ではそんなつらい思いをしておるかと思うとかわいそうです。

こういう内容であります。こういうことが事務所でまかり通っているわけであります。

ジャニー喜多川氏は、親や親権者にかわって児童を預かる立場であります。児童から信頼を受け、児童に対して一定の権力を持っている人物が、その児童に対して性的な行為を強要する。もしこれが事実とすれば、これは児童虐待に当たるのではありませんか。

真野政府参考人（厚生省児童家庭局長・真野章） 児童虐待の定義でございますが、先ほど来御説明をいたしておりますように、私ども、平成十一年三月に作成をいたしました「子ども虐待対応の手引き」において私どもなりの虐待の定義をいたしておりまして、この手引によりましては、親または親にかわる保護者などによって行われる身体的虐待、性的虐待、心理的虐待、ネグレクトを虐待というふうに規定をいたしております。

今御指摘の件は、性的な行為を強要した人物がこの手引に言います親または親にかわる保護者などに該当するわけではございませんので、私ども、手引で言うところの児童虐待には当たらないというふうに考えております。

阪上委員 その判断はおかしいと思いますね。地方から単独で東京の事務所に出てきて預かってもらっておる人が、なぜ親がわり、親権者がわりにならないのか、私は大いに疑問であります。

ジャニー喜多川氏の行為は法的に問題があると私は考えます。児童福祉法第三十四条第六号は、児童保護のための禁止行為として挙げておりますが、ジャニー喜多川氏の報道された行為が事実とすればこの法律に違反しているのではないかと思いますが、いかがですか。

真野政府参考人　児童福祉法の三十四条では、「何人も、次に掲げる行為をしてはならない。」ということから、児童福祉を著しく害する行為を定めましてこれを法律上禁止いたしておりまして、同条の第六号には「児童に淫行をさせる行為」が規定をされておりまして、「淫行」とは、判例によれば、性交そのもののほか性交類似行為を含むというふうにされております。また、「淫行をさせる行為」とは、児童に淫行を強要する行為のみならず、児童に対し直接であると間接であるとを、また物的であると精神的であるとを問わず、事実上の影響力を行使して児童が淫行することに原因を与えまたはこれを助長する行為を包含するという判例もございます。

御指摘の個別事案につきまして、それを判断するための情報がございませんが、一般論といたしましては、児童に対しまして今申し上げたような性交類似行為をするということは、児童福祉法三十四条の六号に違反しているというふうに考えられると思います。

阪上委員　厚生省の今の答弁のように、事実を把握しておりながら実行しないというところが、私は、青少年、あこがれのスターを夢見る子供たちをみすみす犠牲に追いやっているものと思います。

報道によれば、ジャニー喜多川氏はセクハラを行った後に、数万円の金銭を少年たちに与えておりますが、東京都や大阪府などで定められた青少年健全育成条例では買春処罰規定があります。例えば東京の場合、「何人も、青少年に対し、金品、職務、役務その他財産上の利益を対償として供与し、又は供与することを約束して性交又は性交類似行為を行なってはならない」とあります。この規定に抵触するのではありませんか。

なぜか大阪と東京の場合では違いがあるそうでございますが、その差についても御答弁をお願いいたします。

黒澤政府参考人　個別具体的な事案の捜査にかかわりますことにつきましては答弁は差し控えさせていただきますが、一般論として申し上げれば、犯罪があると思料されます場合には捜査を行いまして、違法行為があれば、法と証拠に基づきまして厳正に対処してまいりたいと考えております。

なお、東京都青少年の健全な育成に関する条例第十八条の二に規定する「職務、役務その他財産上の利益」につきましては、次のように解されていると承知をいたしております。「職務」とは雇用または仕事のことでございまして、「役務」とはサービスのことであります。また、「その他財産上の利益」とは、債務免除等、財物ではないが金銭的に評価できる財産上の利益でございます。したがいまして、仕事上の利益がここで言う職務等に当たるか否かにつきましては、具体的な事案の内容に基づき判断されるものと考えております。

それから、健全育成条例につきましては、淫行、わいせつ行為、いろいろな規定の仕方がございますけれども、東京都の条例では、金銭等を対償として供与し、供与することを約束する、こういったことが必要でございますが、県の条例によってはこういった要件のないところとか、都道府県によりましてそれぞれ差異がございます。

阪上委員　これはやはり全国的な、統一なものを私はつくっていく必要があるのではないかと思っております。

ここで忘れないうちにお聞きしておきたいのですが、ジャニーズ事務所に対して警察庁も厳重注意を勧告されたと聞いておりますが、それはいつのことであったのですか。

黒澤政府参考人　済みません。ちょっと御質問の御趣旨は……。

富田委員長（富田茂之）　ジャニーズ事務所に厳重注意をされたと聞いているかと。

黒澤政府参考人　そのように対応いたしております。

阪上委員　私の質問が終わるまでで結構ですから、きのう打ち合わせに来られた方のお話の中で、ジャーズ事務所にいつ厳重注意を勧告されたかという日にちをお聞かせください。

金銭だけでなく、少年たちに仕事上の不利益があると考えさせることも違反に該当するのではありませんか、御答弁をお伺いいたします。

黒澤政府参考人　厳重注意、始末書をとった日時、ちょっと手元に資料を持ち合わせておりませんが、間違いなく厳重注意、始末書処分をいたしておるところでございます。

それから、先ほども申し上げましたが、仕事として出させない、こういったことが条例に違反するかどうかにつきましては、個々具体的な事案に応じて判断されるわけでございますけれども、先ほどの繰り返しになりますけれども、仕事上の不利益が条例で言うところの職務等に当たるのか否か、それは具体的な事案の当てはめの問題でございまして、具体的な事案の内容に基づきまして判断されるものと考えております。

児童買春、児童ポルノ禁止法には抵触しないのか？

阪上医院　次に、冒頭で申し上げました児童買春、児童ポルノ禁止法には抵触しませんか、お伺いをいたします。

黒澤政府参考人　大変失礼いたしました。厳重注意をいたしましたのは飲酒と喫煙の関係でございまして、淫行ということではございませんので、その点、訂正をさせていただきます。

富田委員長　阪上先生、今のは警察庁に対しての質問ですか。（阪上委員「はい」と呼ぶ）

黒澤政府参考人　大変申しわけございません。質問の御趣旨をちょっと聞き漏らしまして大変失礼いたしました。

富田委員長　児童買春、児童ポルノ禁止法に抵触しないかというふうに阪上委員は質問されているんですけれども。

黒澤政府参考人　大変失礼いたしました。

個別具体的な事案にかかわる捜査でございますので答弁は差し控えさせていただきますが、一般論として申し上げますならば、児童買春、児童ポルノ法では児童買春をした者を処罰することといたしておるわけでございますけれども、児童買春とは、児童等に対しまして、対償を供与し、またはその供与の約束をして、当該児童に対しまして性交等をすることと規定されております。これに違反するような行為がございますれば、具体的な証拠に基づきまして厳正に対処してまいりたいと考えております。

阪上委員　我々、議員立法までして児童虐待の原因解明をやっていきたいというときに、飲酒と喫煙で厳重注意でありますから、ジャニー喜多川氏のこのようなセクハラ行為は、今後警察庁としてどのように追及し、捜査をされようとしておりますのか、決意のほどをお伺いいたします。

黒澤政府参考人　青少年の健全育成は大変重要な私どもの任務と考えておるところでございまして、今後とも、少年の健全育成のためにあらゆる施策、そしてまた各種の法令を適用いたしまして各種の事案に対応して、健全育成を図ってまいりたい。また、関係機関とも緊密な連携をとってこの問題に対処してまいりたいと存じます。

阪上委員　警察庁の方にも、私の質問の流れを聞いていただいて、ジャニーズの事務所の実態、社長の存在、そして、そこで働く傷つく子供たちのこともよくわかっていただいたと思いますので、これからの児童虐待に警察庁がどのような姿勢で対応するのか、これがこれからの動きを大きく左右すると思いますので、注目をしてまいりたいと思います。

強制わいせつ罪にはならないのか?

次に法務省ですが、十二歳の少年がセクハラ行為を受けたという報道もありましたが刑法によれば、十二歳以下の少年にわいせつな行為をした者は強制わいせつ罪にも問われると思いますが、いかがですか。

古田政府参考人（法務省刑事局長・古田佑紀）　一般論として申し上げますれば、刑法では、十三歳未満の少年についてわいせつな行為をしたときには、それ自体で強制わいせつ罪が成立することとされております。

阪上委員　条例違反や児童福祉法違反、強制わいせつ罪は、被害者からの訴えがなくても捜査の対象となると思いますが、いかがですか。

古田政府参考人　一般論を再び申し上げることになりますけれども、今御指摘のような犯罪につきまして、被害者からの被害申告あるいは告訴、このようなことが捜査を開始する要件とされているわけではないというふうに理解しております。

阪上委員　警察庁の考えもお願いいたします。

黒澤政府参考人　ただいま法務省から答弁がありましたとおりでございます。

阪上委員　昨年、愛知県名古屋市で、二十三歳の女性教師が中学三年生の教え子と関係を持ち、愛知県警が摘発しております。

捜査当局にお伺いしたいのですが、同種の問題が起きたとすれば東京でも捜査の対象になり得るのかどうか、お伺いをいたします。

黒澤政府参考人　先ほども申し上げましたが、淫行等に対しましては利益の供与というものがあるのかないのか、その辺が条例で違っておる部分がございまして、東京都の場合には利益の供与というものが要件になっておりますので、それがないということでございますので、東京だとそれは当てはまらない、このように解されるところでございます。

阪上委員　捜査当局では、報道にあったような証言について真摯に受けとめる必要があるのではないかと思っております。

ジャニーズ事務所所属タレントが一日署長を務めたり、所轄署に差し入れをしていることが捜査に影響を与えているのではないかという意見もよく聞くわけでございますが、そういうことはないと思いますが、お伺いいたします。

黒澤政府参考人　警察におきましては、違反行為につきましては厳正に対処いたしておるところでございます。

阪上委員　大みそかのＮＨＫの紅白歌合戦といえば、昔ほど驚異的な視聴率は上げてはいないのですけれども、現在でも国民全般に愛されている番組であると思います。

私も、当委員会に所属しております関係上、若者たちに人気のある芸能人はどういうものだろうかということで、興味を持って前半から見ておりましたが、最近の若者はスタイルはよくなったなと感心する以外、だれがだれなのかさっぱりわからないというのが現状でございました。そして、その出場メンバーの中にジャニーズ事務所という芸能プロダクションに所属している若者たちが大挙して出演していることも知りませんでした。

そんな折、私は、知り合いの芸能プロダクションの元社長からこんな話を聞いたのであります。ジャニーズ事務所が日本の芸能界を牛耳っているため、ジャニーズ事務所に逆らうとタレントを引き揚げられて番組ができなくなってしまうというのであります。それで、テレビ局は遠慮して、ジャニーズ事務所に関する不祥事を放送できないそうであります。マスコミ、新聞においても、ニューヨーク・タイムズがこの問題を報じておるのにもかかわらず、日本のマスコミはへっぴり腰だという批判を受けておるのもその辺に根拠があるのではないかとおっしゃったのであります。

そこで、ＮＨＫの電波が一事務所の意向で左右されることがあってはならないと思いますが、郵政省はどのような御指導をされておるのか、お伺いをいたします。

ＮＨＫはジャニーズ事務所に屈服していないか？

金澤政府参考人（郵政省放送行政局長・金澤薫）　放送法第三条におきましては、「放送番組は、法律に定める権限に基く場合でなければ、何人からも干渉され、又は規律されることがない。」というふうにされております。これは自律の原則をうたっているということでございまして、放送事業者はみずからの判断により番組を編集し、放送した番組については放送事業者みずからが責任を負うということでございます。

お尋ねの件でございますけれども、これはまさに放送事業者たるＮＨＫの番組編集権にかかわる問題でございまして、

ＮＨＫみずから判断すべきものというふうに考えているところでございます。

ただ、一般論として申し上げますと、ＮＨＫはその公共性を十分配意いたしまして、番組編集に当たって適切に対応されるものというふうに期待しているところでございます。

阪上委員　きょうの質問をきっかけに、差し控えておりましたマスコミ関係もこの問題を注視するものと思います。今後このような形の事務所の問題、社長の存在、虐待される少年の問題等々が明らかになった場合には、先ほど申し上げました元芸能プロダクションの社長がおっしゃっておりますように、一事務所に左右されない電波を私どもは期待するのであります。

最後に、私は、この問題は厳密に言えば児童虐待ではなく他の法律で処罰される問題かもしれませんが、何度も繰り返すことになりますが、児童虐待とは子供の健全な成長を妨げるような大人のすべての行為であると考え、座視するわけにはいかないとあえてこの場で取り上げさせていただいた次第であります。幸い、関係者の方々からこの問題に積極的にとまでは言えないかもしれませんが取り組むとの御意見をいただきましたので、今後の展開を見守ってまいりたいと思います。

最後に、有名芸能人が自殺をすればその後追い自殺をする子供たちがいるという時代であります。このような青少年に絶大な影響を持つ芸能人への対応、つまり芸能人を抱える芸能事務所への対応として、取り締まれるはずの法律は、今やりとりをしてきましたように、整備されてはいるのです、しかし現実に問題は生じております。

私は、現行法があるからそれでいいというのではなく、運用でカバーできると言い張るのではなく。その時代その時代にマッチした法整備というものが必要ではないかと思うのでありますが、最後に各省庁の御意見をお伺いいたしたいと思います。

黒澤政府参考人　警察におきましては、子供の健全な成長を妨げるような大人の行為につきましては、既存の法令の適切な運用により厳正な対処をしているところであります。また、あわせまして、時代にマッチした新たな法整備につきましても重要なことであると認識いたしております。

かかる観点から、例えば児童虐待事案防止に係る法整備に向けた本委員会での検討につきましても、積極的に協力してまいりたいと考えておるところでございます。

富岡政府参考人　文部省といたしましても、児童虐待の背景とか原因とか、それから、その家族関係の態様というのが時代の変化に伴いまして変化しつつあることもございますので、その時代に即した児童虐待に関する法的な対応というようなことにつきましては、必要な検討をしていくことは大切なことだというふうに私どもも考えております。

野寺政府参考人　先生いろいろ御指摘いただきました。

私どもでできることは、まず労働基準法の中で年少労働者の最低年齢というのを定めております。十五歳から義務教育が終了する三月三十一日というふうに改めたわけでございますけれども、これに該当いたしますような場合については厳しく取り締まるとともに、こういった規定年少労働者に対しします労働条件の確保等につきまして、適正かつ厳正に対応してまいりたいと思っております。

真野政府参考人　先生御指摘をいただきましたように、その時代その時代にマッチした法整備というものを検討してまいりたいというふうに思っております。

古田政府参考人　委員御指摘のとおり、まず現行の法令の趣旨に従った運用の徹底を図るということが肝要でございますけれども、さらに、社会の状況の変化によりまして、特に刑罰法規につきまして申し上げますと、既存の刑罰法令では十分に対応できないという事態が生じましたときには、これに沿うような法整備を図る必要があり、当局といたしましても、そういう観点から引き続き調査検討を進めていきたいと考えております。

金澤政府参考人　時代の変化に応じましていろいろ見直しが必要になってくることもあろうかと思いますが、その場合に必要な見直しをしていくべきであるということは先生御指摘のとおりと考えております。

阪上委員　我々も、現行法の足元をよく見きわめながら、児童虐待から児童を守るために今国会中に議員立法で頑張ってまいりたいという姿勢も見せておりますので、皆さん方も真摯な態度で積極的に、きょうの質問をもとに皆さん方のご健闘をお祈りいたしております。以上で終わります。

（衆議院ホームページ・議事録より）

II ジャニーズ60年史
その誕生、栄華、そして……

鹿砦社取材班のスクープ!!
夜の繁華街でJr.を従える

鹿砦社取材班のスクープ!!
飯島三智と若き頃のジュリー

本項は、２０１４年に上梓した『ジャニーズ50年史　モンスター芸能事務所の光と影』にその後の10年を加筆し、また過去の出来事についても、後の視点から見ると経過や解釈が変わっている点を修正して、約60年に渡るジャニーズの歴史をまとめたものである。ジャニーズ事務所の功績からゴシップまでをほぼ時系列に並べた、いわばジャニーズの歴史年表であり、ただそれだけと言えばそれだけなのだが、シンプルさゆえにかえって、いろいろなことが浮かび上がって流れや本質的が見え、行間を読んで推理できる面白さがある。

ただし出来事の並びからジャニーズ史を見るにあたり、抑えておくべきジャニーズの「特殊事情」がある。

一つは、ジャニーズトップは一枚岩ではなく、ジャニーとメリー・ジュリーの考え方、目指す方向がかなり違っていたということだ。その傾向はゼロ年代以降顕著になってくる。２０２３年5月14日、性虐待問題に関してジャニーズ事務所が発表した文書の中で、ジャニーズが取締役会を開いたこともなく、情報の共有や会社としての意思統一が図られることがなかったことが明かされているのが興味深い。「タレントのプロデュースをジャニー喜多川、会社運営の全権をメリー喜多川が担い、この二人だけであらゆることを決定していました」というが、ジャニーとメリーの間でも意思統一が図られていたようには全く見えない。メリーはあまり手を広げず、自分の目の届く規模でやっていきたいのに対し、ジャニーは事業を拡大したいわけではないが、少年コレクターとしてあれもこれもとJr.を増やし、デビューもどんどんさせたいので結果として事業拡大となる。その齟齬のとばっちりをこうむるのは飯島三智やタレントたちだった。ジャニーもメリーも、それぞれにおいては一貫性があるのだが、違う方向を向いた両者を「ジャニーズ事務所」と一括りにすると、どういうつもりなのかが全くわからなくなる。だから「これは誰の意向なのか」を常に念頭に置いて見ていく必要がある。

もう一つは、ジャニーズ事務所はしばしば、会社の利益より個人的な感情や好き嫌いを優先する、ということだ。一般には利益の追求が企業の至上命題であるが、ジャニーズにあってはその常識を捨てなければ、なぜそうするのかが全くわからないことが出てくる。ＳＭＡＰ潰しやキンプリ分断は顕著な例であり、メリー・ジュリーの感情的なやり方が目につくが、ジャニーもまた一貫して自分の好みで少年たちをピックアップしてきた。３人ともが好き嫌いと感情でタレントを扱うので、とても不合理、不公正な状況が生じているが、彼らにはそれが当然という意識がある。

そしてジャニーズの歴史を見る時忘れてはならないのは、半世紀以上にわたって、少年たちへのジャニー喜多川の性虐待という重奏低音が流れ続けていたということだ。過去に『週刊文春』が報じた２０００年ごろまで性虐待が存在していたことは認識されていたが、ジャニー喜多川最晩年まで続いていたのは驚きである。タレントたちが話す微笑ましい好々爺エピソードとの整合性が取れず混乱しているファンも多いだろう。性虐待の実態や得体の知れないジャニー喜多川の人となり、また文春裁判以降のジャニー喜多川の性虐待が長年全く表沙汰にならなかったのはなぜなのか、といったことは、今後解明される必要があるだろう。

今は性虐待問題が注目を集めているが、並行してジャニーズにはもう一つ、パワハラ問題が存在する。両者は車の両輪のような人権問題で、それを許し加担してきたのもマスメディアである。本項からはその手がかりも垣間見えるはずである。ジャニーズ弱体化とともに、こちらも徐々に検証されていくだろう。

❶ ジャニーズ・フォーリーブス時代 1958―1978

最初に手掛けたジャニーズとそれに続くフォーリーブスの成功を通じて、ジャニーズアイドルの原型が確立した。しかしその後に続くはずだった郷ひろみの移籍でジャニーズ事務所は大打撃を受ける。次々と多くのタレントをデビューさせるも当たらず、フォーリーブスの衰退とともに低迷期に入る。

1958年

◆「子供好きの親切な青年」ジャニー喜多川

「『ぼくたち！　何してるんだ』

ハッとして振り向くと、そこに端正な顔だちの青年が立っていたのです。私は息をのみました。『やばいぞ。怒られる』」

（『ジャニーズの逆襲』データハウス）

のちにジャニーズメンバーとなる中谷良三少年は、明治神宮の米軍基地へラジコン飛行機を飛ばしに行って、米軍に勤務する喜多川擴（ひろむ＝ジャニー喜多川）と出会った。中谷少年が11歳、ジャニー喜多川がまだ20代の青年だった1958年のことである。

ジャニー喜多川は、1931年、ロサンゼルスに生まれた。4つ年上の姉がメリー喜多川で、メリーとの間に兄が1人いた。幼いころに日本の和歌山に移って戦時中を過ごし、尋常小学校、旧制中学校と日本の教育を受けている。戦後しばらくしてロスに戻り高校とコミュニティカレッジを卒業したあと、兵役につき朝鮮戦争下の韓国に赴いて、孤児に英語を教えるなどの任務についた。その後は日本にとどまり、代々木のワシントンハイツのアパートに住んで駐留米軍の軍事援助顧問団に勤務していた。

日本はちょうど高度経済成長を迎えようとしていた時期。新しい音楽やスポーツが人々の心を強くとらえていた。中谷少年の言葉を借りれば、「とにかく、みんなが娯楽を求めて人生を楽しみ始めたころ」である。

中谷少年はこの時、声をかけてきたジャニー喜多川から、怒られる代わりに「夢にまで見た」ハーシーズのチョコレートをもらう。その当時のチョコレートの価値は今とは比較にならない。

「『ぼくの部屋にきたらガムもキャンデーもあるよ。遊びにおいでよ』って……ええ、わたしたちはうれしくてついて行きました」

ワシントンハイツに日本人は入れなかったが、子供たちは大目に見られた。彼だけでなく、彼の同級生である青井輝彦少年や、飯野修實少年たちもジャニー喜多川の部屋を訪れた。

ジャニー喜多川は近所の少年たちを集めて作った野球チームのコーチもしており、ワシントンハイツの公園で休日に親善試合を行うなどして子供たちと交流していた。球団名は自らのアメリカ名Ｊｏｈｎのニックネームから付けたジャニーズ球団であった。

当時、姉のメリー喜多川は、東京・四谷でカウンターバー「スポット」を営んでいた。店には駐留軍からの最新のアメリカの音楽やグッズ、そして、雑誌、チョコレートなど、あらゆるものが並べられ、アメリカグッズがある店として有名だった。

真家弘敏少年はやはり11歳の時、大型のアメリカ車に乗るジャニー喜多川にスポットへ連れて行ってもらった。同店のカウンターの中にいるメリー喜多川から、当時としてはめずらしいスパゲッティ・ミートソースを食べさせてもらったと自著で述懐している（『ハイ！どうぞ ジャニーズ・タクシー奮闘記』マガジンハウス）。

こうして、「子供好きの親切な青年」ジャニー喜多川と知り合った少年たちは、彼の野球チームに加わり親交を深めていく。

1962年

◆ミュージカル映画の感動から「ジャニーズ」が誕生

1月、ジャニー喜多川は中学生になっていた飯野、真家、中谷、青井の4人の少年を連れて丸の内ピカデリーを訪れた。当時、大ヒットを続け話題となっていたアメリカのミュージカル映画『ウエストサイドストーリー』を観るためだ。ジャニー喜多川は少年たちに最高の席を用意した。多感な4人の少年は、エネルギッシュで華やかなミュージカルの世界にいたく感動した。

「あの激しく熱っぽい踊りと音楽にすっかり魅了されてしまったのです」（中谷良『ジャニーズの逆襲』データハウス）

同書によると、この感動がジャニーズ結成の契機となったという。彼らは自発的な意志でグループ結成を決め、自らグループ名を決めたとされている。それが後に芸能界を席巻することになる「ジャニーズ」のはじまりだ。グループ名はジャニー喜多川がコーチをつとめる野球チーム「ジャニーズ球団」からそのまま拝借した。

そして4人はミュージカルスターになるため、歌と踊りを学ぶべく、池袋の新芸能学院（現・名和プロダクション）に入ることになったのだ。

こういった経緯から、ジャニーズは今日まで一貫して、ミュージカルに大きなこだわりを持ち続けているのである。

◆歌って踊れるアイドルグループ「ジャニーズ」結成

4月1日、真家ひろみ（真家弘敏）、飯野おさみ（飯野修實）、中谷良（中谷良三）、青井輝彦（1967年から「あおい輝彦」に改名）の4名が芸能活動を始めた。大きな舞台ではなく、ジャズ喫茶で外国曲をレパートリーとしているにすぎなかったが、日本で最初の歌って踊れるアイドルグループの誕生だった。

年端もいかない少年たちが歌って踊るというスタイルは、当時としては画期的であり、まったく新しいショービジネスであった。この新ジャンルはジャニーズの独壇場となり、のちに日本の芸能界に欠かせない存在となっていく。

『「ジャニー喜多川」の戦略と戦術』（小菅宏著／講談社）によると、ジャニー喜多川は彼らをこう評していたという。

「飯野クンは几帳面で真面目。性格は地味だけどダンスに熱心に取り組む努力家でした。それに兄貴的な性格で頼りがいがあってグループのリーダー格」

「真家クンは思いやりがあって優しかったです。少し独り善がりの面はあったが、デビュー当時はスリーファンキーズ（昭和三十年代に人気が高かった男性三人組）の長沢純クンに顔付きが似ていて、すぐに凄い人気が出ました」

「あおいクンは良家の子息という感じでしたが、要は体が丈夫ではありませんでした。でも体力がつくとルックスも最高で、先天的な素質があったせいか歌も踊りも上達し、なによりフレッシュな印象が強かったです」

「良ちゃんはどこにでもいる親近感を覚えさせる雰囲気があって、ファンの人気を独占していました。運動神経がよく、そのせいか踊りの上達も早かったです」

このような、それぞれの個性を生かした「全員スター制」に当初からジャニーズはこだわっており、今日に続くジャニーズの基本となっている。「全員スター制」をとることで、軋轢のない仲良しムードが生まれグループとして安定するばかりでなく、それぞれのタレントを贔屓にして応援しようとするファン心理が芽生え、ファン数を増やすことにもなる。

◆個人事業主として「ジャニーズ事務所」を名乗る

当初4人は提携していた渡辺プロダクションの預かりとされていたが、6月になってジャニーズ事務所が作られ、晴れて独立することになった。ただし、あくまでジャニー喜多川の個人事業の商号にすぎず、法人登記したわけではない。今でこそ日本有数のタレント事務所として名をはせる株式会社ジャニーズ事務所だが、法人化するまでにはそれから13年もの歳月を要している。「ジャニーズ事務所」という名前は、「ジャニーズの所属する事務所」の意だった。

この頃のジャニー喜多川は経済的に恵まれているとはいえず、専用のレッスン場もない状態で、近くの公園や広場で歌や踊りの稽古を行ったという（あおきひろし『ボクの夢はキミたちが描く夢』メタモル出版）。

渡辺プロダクションとジャニーズ事務所は、その後も親密な関係を保っていく。

◆ジャニーズがテレビ初出演

8月、ジャニーズがNHK総合『夢であいましょう』でテレビ初出演を果たし芸能界デビュー。ただし、単独出演ではなく、渡辺プロダクション所属の歌手・田辺靖雄のバックをつとめるというものだった。しかし、同番組は1961年4月8日から5年間生放送された、テレビ黎明期の歴史に残る人気番組であり、質の良い音楽バラエティ番組でデビューできたことは、彼らの歌手生活にとって大いにプラスになった。もっとも、彼らのレコードデビューはそれからさらに2年後のことである。

1963年

◆ジャニーズが「日劇ウエスタンカーニバル」で初ステージ

ロカビリーやグループ・サウンズの音楽フェスティバルとして当時の若者たちに人気だった「第19回新春日劇ウエスタンカーニバル」でジャニーズは初舞台を踏む。ただし、この時もまだ彼らに持ち歌はなく、『ロコモーション』を歌う伊東ゆかりのバックで踊っているだけだった。その後の渡辺プロダクションの地位を築く足掛かりとなったイベントであり、伊東も当時は渡辺プロダクション所属のタレントであった。

この他、テレビでも『ホイホイミュージックスクール』や『てんですてきなショウ』など、テレビ史に名を残す歌謡番組に出演を果たしたが、あいかわらずトップスターに花を添えるバックダンサーとしての出演にとどまっていた。レコードデビューに踏み切らなかった理由をジャニー喜多川は次のように語っている。

「確かにレコードを出せば売り切れるかもしれないが、そんなことは重要ではないのです。われわれの目的はミュージカル。その目途がはっきりするまではゴーサインは出さないつもりだった」（『「ジャニー喜多川」の戦略と戦術』でジャニー喜多川の発言）

この頃はまだ意図的ではなかったのかもしれないが、グループを結成し芸能活動をしながらもなかなかレコードデビューをさせないという手法は現在も踏襲されている。ファンを焦らし、レコードデビューを待望させる時間差商法ともいえるものだが、一方で早くから場数を踏ませることでプロとして鍛えていく「現場主義」という要素もある。

このジャニーズの「現場主義」については、のちに郷ひろみが著書の中で興味深い話をしているので紹介しよう。

「ジャニーズ事務所はいまでもそうらしいが、芸能界に足を踏みいれてキョトキョトしているときに、有無をいわさずステージにあげてしまうやり方なんだ。レッスンなんかはあとまわし。とにかく現場を踏ませてしまう。そのときはもう夢中だから、あがってるゆとりもありゃしないってわけだ。

信じられないけれど、ぼくはダンスでもボーカルでも演技でも、レッスンらしいレッスンなんか受けたことはない。あそこはこうやれ、ここはこうと、ジャニーさんからステージングなんか教えられた。フォーリーブスからも教わった。でも、それは楽屋とかステージの袖とかで、コチョコチョてなもん。それでステージにポーンと出ちゃうわけ。

徹底した現場主義。理論よりも実践。仕事するなかで、いろいろなことをマスターしていくわけ。この場数を踏むというのは、大切なことなんじゃないかな。へんなたとえだけど、いろいろな格闘技のトレーニング積むよりも、実際に喧嘩をしたやつのほうが強いっていうよね。場数を踏むことで、場慣れもするし、呼吸や気合いものみこめる。現場というのは、待ったなしのギリギリの場だから、要領をマスターするのも早い。ジャニーさんのやり方が、徹底してこれ。ひとつでも場数を踏ませるやり方。別のいい方をすれば、経験主義ということになるかな」（郷ひろみ『たったひとり』小学館）

1964年

◆ジャニーズがついにレコードデビュー

12月、『夢であいましょう』のオリジナルソングとして歌った『若い涙』（永六輔作詞・中村八大作曲）で、ジャニーズは念願のレコードデビューを果たした。翌年5月に発売された2枚目のシングルも『若い夜』（B面は『若いんだもん』）という曲で、とにかく若さを売りにしていた。

レコードデビューまでは長かったが、2枚目以降は立て続けにシングルがリリースされ、短期間の間に計17枚のシングルを発表。１９６６年にはアルバムもリリースされた。

7枚目のシングルとしてヒットした『涙くんさよなら』は、元々は浜口庫之助作詞・作曲のＧＳ全盛期の名曲だった。その後、坂本九、和田弘とマヒナスターズ、ジョニー・ティロットソンらがカバーし、競作ということになっているが、ジャニーズの代表曲として有名になっている。

当時アイドル的な存在として全盛だった橋幸夫、舟木一夫、西郷輝彦らの「御三家」とは違い、歌って踊れるジャニーズは若々しさを前面に出し、都会的なイメージを打ち出した。それを支えたのが、中村八大、いずみたく、浜口庫之助、三保敬太郎といった新進作曲家たちによるポップスの名曲だったのだ。

◆ジャニーズの「おっかけ」登場

ジャニーズアイドルといえば、熱烈な「おっかけ」ファンがつきものだが、この頃にはすでに登場していたようだ。ジャニーズがレコードデビューを果たし、レギュラー番組も増えていき、スターになっていくにつれ、彼らのプライベートを追う熱狂的な女性ファンの存在が週刊誌でも採り上げられるようになった。

この時の熱狂ぶりは、矢崎葉子の『ジャニーズ輪廻論』（太田出版）で次のように記されている。

「当時のジャニーズの車は63年型の８人乗りのクライスラーでジャニーさんが運転していたというが、東京のファンにはこの車はお馴染みで、この『カー』を見つけたファンたちが集まってきて電話番号を書き残したりしたのだという。女の子たちの間では、『ジャニーズに会うなら、この車を探せ』が合言葉で、週刊誌には『女性に襲われたジャニーズの恐怖』などの見出しが躍っていた」

「オリキ」の熱意とパワーは今も昔も変わらない。

1965年

◆ジャニーズがミュージカルに初出演

5月、ジャニーズはグループ結成以来の念願だった初のミュージカル『焰のカーブ』（日生劇場）に出演した。主演を北大路欣也がつとめ、朝丘雪路、鹿内タカシ、長沢純、日下武史らが出演した。石原慎太郎が演出し、和製ミュージカルとして注目を集め盛況だったという。のちに、石原慎太郎作のドラマに滝沢秀明や長瀬智也が出演しているが、すでにこの時から、石原とジャニーズ事務所は親交があったのだ。

ちなみにジャニーズは、3枚目のシングルで同名の歌もリリースしており、1976年10月21日には、JJS（ジャニーズ・ジュニア・スペシャル）によってカバーもされている。

◆ジャニーズの弟分、嶺のぼるとジャニーズ・ジュニア結成

ジャニーズのバックバンドとして弟分が登場した。後に東京キッドブラザースに入団する嶺のぼるをリーダーとし、田中清司、井上肇、西原高泰、清瀬ジュンらで構成する、嶺のぼるとジャニーズ・ジュニアが結成されたのだ。

単体のグループであったが、これがジャニーズJr.のルーツといえるだろう。

◆北公次がジャニーズのボーヤに

ジャニーズの活躍により、「彼らのようになりたい」と憧れる少年たちが現れ始めた。現在のジャニーズJr.のような体制がまだなかったため、バンドの世界で一般的だったボーヤ（付き人）扱いで受け入れられたのが、松下公次、のちの北公次である。

1964年に和歌山県田辺市の中学校を卒業後、集団就職で名古屋に出て、さらに大阪に移り住んでいた16歳の少年だった。家業の倒産により貧しい境遇にあえでいた彼は、テレビで見たきらびやかなジャニーズの姿に憧れ、芸能界で成功することを夢見たのだ。

「芸能界でデビューしたら、あのジャニーズのように歌って踊れて人気が出たら、夢だった大きな家と広い庭で親子そろって住めるだろう、子供が生まれてもおかずのない食卓にはならないだろう」

スリーファンキーズのバックバンドをつとめるワゴンスターズと大阪の音楽喫茶で知り合った公次は、彼らのボーヤとなり、東京へ行くことになった。そして、日劇ウエスタンカーニバルに出演するジャニーズを観に行き、ジャニー喜多川

と出会うのである。北公次の著書『光ＧＥＮＪＩへ』（データハウス）にその時の様子が描かれている。
「『きみ、誰のファンなの?』
『ジャニーズです』
『ふーん、今何やってるんだい』
『あの……ボーヤやってるんです』
『そうか、一応音楽の仕事やってるんだね。どう、芸能界に興味ある?』
『……ええ……』

何者か判らないハンサムな青年は、そっとおれの肩に手をかけ、しゃべり続けた。

ジャニーズがその青年のプロダクションに所属しているということを聞かされたおれはからだじゅうが熱くなるのを感じた。まさかーまさか、あのジャニーズのプロダクションの社長がこの人だなんて……。

ジャニーズに会えるかもしれない。自分がスカウトされるとは思えなかったので、この人物を介してジャニーズのサインがもらえるかもしれない、16歳の少年はそんな興奮で胸が一杯になった。

『よかったらうちでボーヤやらないか。ジャニーズのボーヤやりなさい、面倒は見てやるから』

ジャニー喜多川と名乗る青年は優しく肩に手をかけたまま耳もとでささやきかけた」

ジャニー喜多川は最初の出会いでは決して自分が誰であるかを名乗らない。それはのちのオーディションでも一貫していた。相手の気持ちをほぐして惹きつけてから、さりげなくスカウトするのだ。

こうしてジャニーズの付き人となった公次は、四谷のお茶漬け屋の2階に住み込むことになった。かつてメリー喜多川がバーを経営していた建物だった。

◆ジャニーズが「紅白」初出場

12月31日の大晦日、ジャニーズは『第16回NHK紅白歌合戦』に初出場を果たし、『マック・ザ・ナイフ』という曲を披露した。同曲は1960年の紅白で雪村いづみも歌ったことのあるジャズ・ナンバーである。

当時は、現在とは比べものにならないくらい「紅白歌合戦」のステイタスが高く、ジャニーズはこの番組に出演したことで知名度をさらに上げ、業界的にも一般の視聴者からもスターとして認められることになった。

1966年

◆ハイソサエティー結成

5月、嶺のぼるとジャニーズ・ジュニアに続く「ジャニーズの弟分」が結成された。高橋洋一、村田勝美、峯井貴史（峰井貴史）、杉征夫、元持勲、横内健亨ら6名によるバンド編成で、グループ名はハイソサエティー。やや唐突な印象のグループ名だが、これはメリー喜多川の夫となる藤島泰輔が前年に発表した小説『日本の上流社会―高貴なる秘境を探検する』に由来したといわれる。

日劇ウエスタン・カーニバルに出演するようになり、1972年に解散するまで18回連続での出演を果たしている。また、1968年からはフォーリーブスのバックバンドもつとめた。

しかし、メンバーの入れ替わりが激しく、最終的には延べ15名以上の人間が参加した。途中で加入し、すぐに脱退した柳瀬薫（やなせかおる）は、その理由の一つがジャニー喜多川の性虐待だったことを暴露している。

◆藤島ジュリー景子誕生

7月20日、ジャニー喜多川の姉メリー喜多川と藤島泰輔との間に、藤島ジュリー景子が誕生する。

藤島はメリーより6歳下で、かつてメリーが経営していたカウンターバーの客として知り合った。当初は東京新聞の記者だったが、のちに作家となる。

藤島には俳人高浜虚子の孫娘にあたる妻がおり、ジュリー誕生の後もしばらく内縁関係が続く。やっと離婚が成立し、正式にメリーと結婚するのは1972年のことである。

◆ジャニーズが全米デビューに向けて渡米

8月28日、ジャニーズは人気絶頂であるにもかかわらず、本格的なダンスレッスンをするために3カ月という長期間にわたってロサンゼルスに滞在することになった。ワーナーブラザーズとの契約が決まったため、予定の滞在期間をさらに延長してLPレコードのレコーディングを開始。その中から2曲を全世界に向けてシングルリリースし、日米を股にかけて活躍する国際的なスターになる……はずだったが、スケジュールの都合で急遽アルバムの発売を中止して帰国してしまったという。

2013年、このジャニーズのアメリカ行脚をテーマにしたミュージカル『ジャニーズ伝説』がA.B.C-Zによって演じられた。

ジャニーズの後も、フォーリーブスや少年隊など後輩たちがアメリカに渡っている。ジャニー喜多川はこの頃からアメリカにこだわっており、のちに赤西仁がアメリカデビューしたことも、こういった文脈の上にある。

1967年

◆ジャニーズが帰国するも時代はGSブームに

1月、ジャニーズが帰国。アメリカのレコード会社と契約し、全米デビューに道をつけて国際的スターとしてさらに脚光を浴びるはずだったが、彼らが留守にしている間に、日本の音楽シーンでは新たなムーブメントが誕生しようとしていた。かつてバックバンドとして起用したブルー・コメッツ、スパイダース（シングル『焔のカーブ』のバックを担当）といったグループが台頭し、GSブームが沸き起こっていたのだ。GSバンドがアイドル的な人気を博す時代へと移り変わりつつあった。

◆ジャニーズ『太陽のあいつ』をリリース

4月1日、ジャニーズは『太陽のあいつ』（作詞・岩谷時子、作曲・いずみたく）をリリースした。ＴＢＳドラマ『太陽のあいつ』のオープニング曲である。

この曲は、当時の3つのトレンドを押さえたものだった。一つは、１９６５年に来日したベンチャーズによってもたらされたエレキブームに乗っていたこと。

もう一つは、岩谷時子・いずみたくという青春黄金コンビによって作られた歌ということである。このコンビは、日本テレビの青春学園ドラマ『青春とはなんだ』『これが青春だ』『でっかい青春』『進め！青春』『飛び出せ！青春』を主題歌との相乗効果で立て続けにヒットさせた。

そして「太陽」は、いずみたく全盛期のモチーフであった。ボニージャックスが紅白歌合戦で歌った『手のひらを太陽に』、バニーズの『太陽野郎』、青い三角定規が歌った前述の『飛び出せ！青春』の主題歌である『太陽がくれた季節』など多くの「太陽ソング」を手がけている。

ちなみにジャニーズでは、その後も光ＧＥＮＪＩが『太陽がいっぱい』、ＮＥＷＳが『太陽のナミダ』などの「太陽ソング」をリリースしている。

◆フォーリーブスの前身が結成される

『太陽のあいつ』のリリースに際して、ジャニーズJr.の4名がバックダンサーとして、フォーリーブスの前身となるグループを結成した。メンバーは、ジャニーズのボーヤをつとめていた松下（北）公次、『マグマ大使』で村上マモルを演じた子役出身の江木俊夫、劇団若草出身のおりも政夫、最年少の永田英二の4人である。

6月には、大阪フェスティバルホールにてジャニーズが主演のミュー

ジカル『いつかどこかで～フォーリーブス物語』に出演。しかしまだグループ名はなく、「ジャニーズJr.」としての出演だった。

先輩タレントのステージでバックや脇役の仕事をこなすことで次世代タレントを育てるジャニーズならではのジュニア方式がすでに始まっていた。

◆ジャニーズ主演のオリジナル・ミュージカルが上演

夏、大阪のフェスティバルホールで、ジャニーズ最後のミュージカル『いつかどこかで～フォーリーブス物語』が上演された。彼らの原点ともなった『ウエストサイドストーリー』をヒントにしたジャニー喜多川オリジナルの脚本であり、彼にとっての自己実現といえる舞台だった。

卒業を控えた4人が記念にアングラレコードを自主制作する。それを同級生の女子生徒がひそかにラジオ局のＤＪ番組に忍び込み、本番中にすり替えてしまうのだ。ラジオで流れたその曲が評判となり、リクエストが集まったことで、ディスクジョッキーが彼らを捜すというストーリーだ。

もともとのストーリーでは、一人がベトナム戦争の兵役にとられて戦死してしまうというものだったが、ジャニー喜多川は兵役の代わりにこれを原宿族とした。原宿族となった一人の子分格が、アングラレコードの発表会のパーティーで出席を拒否され、原宿族はその責任をとって永遠にデビューできない。

前半がコメディータッチ、後半がドラマチックに展開する手法は、「ジャニーズ・ファミリーが公演するミュージカルの定型パターン」だとして、『ジャニーズ・ファミリー――裸になった少年たち――』（オリオン出版）の著者・和泉ヒロシが指摘している。

◆未払いをめぐる裁判が性虐待問題へと発展

ジャニーズのメンバーとジャニー喜多川が新芸能学院を離れることになった。すると授業料やスタジオ使用料、宿泊費、食費など270万円が未払いであるとして、9月に学院の代表者がジャニー喜多川を訴えたのだ。

その際、代表者はジャニー喜多川による「同性愛行為による引き抜き」があったことを法廷で明らかにし、証人も出廷した。ジャニー喜多川性虐待問題が最初に表沙汰になった事件である。

本来は金銭問題だったはずのこの裁判は、当然のごとく金銭面以外の部分で世間の注目を集めることになる。『女性自身』（1967年9月25日号）が「ジャニーズを巡る〝同性愛〟裁判」というセンセーショナルなタイトルで記事にしたのだ。16回目の公判で当のジャニーズの4人が初めて証人台に立たされたことが記事になっている。

「あおい輝彦の答弁

弁護士　学院をやめた理由のひとつとして、いかがわしい事件があったと他の証人たちがいっていますが、あなたはそのことを知っていますか？

あおい　何のことか知りません。

弁護士　ジャニー喜多川氏が行ったといわれる同性愛的ないかがわしい行為のことですよ。

あおい　そんなことがあったら、ジャニーさんにはついて行きません。

中谷良の答弁

弁護士　学院を出た理由が何か知っていますか？

中谷　わかんない。

弁護士　学院内で同性愛的なワイセツ行為があったことがありますか？

中谷　覚えていません。

弁護士　宣誓したとおり、正直にハッキリ答えなさい。

中谷　（目をパチクリして）正直にやってますよ。

弁護士　では、なぜ喜多川について行ったのですか？

中谷　彼の指示にしたがったまでです。

真家ひろみの答弁

弁護士　あなたと同期生の秋本くんは喜多川氏にいかがわしい行為をされましたが、あなたは何もされませんでしたか？

真家　……。

弁護士　たとえば、うしろからいきなり抱きつかれた、というようなことは？

真家　（口もとをひきしめて）覚えていません。

飯野おさみの答弁

彼についても同様の質問が向けられた。神経質な彼は、しきりに手のひらにハンカチをおしつけては汗をぬぐいながら、他の3人と同じような答え方をしていたが……。

途中で裁判長から、『その件は本事件と論点がずれるのでそのへんで打ち切るように』との指示があったので、ついに同性愛問題はあいまいな疑惑をのこしたままで終わった」

この訴訟は一審で原告が勝訴し、請求の一部支払いが認められた。しかし、二審では認められず、結局は原告の逆転敗訴で終わった。注目された性虐待に関しては、この裁判と直接関係がないとし、糾明されなかった。金銭問題以上にジャニー喜多川は胸をなで下ろしたことだろう。

この時、徹底的に性虐待を社会的に追及しておけば、その後も続くジャニーズの性虐待は起らなかったかもしれない、と考える関係者は少なくない。

しかし、この時裁判で真実を語ることができなかった中谷良が、20年以上の時を経た1989年に当時の性虐待を暴露するのである。

◆フォーリーブスが舞台デビュー

8月の「日劇ウエスタン・カーニバル」で、フォーリーブスが舞台デビューした。この時初めてグループ名が正式に「フォーリーブス」に決まる。名前の由来は、ジャニー喜多川が脚本を書いたジャニーズの主演ミュージカル『いつかどこかで～フォーリーブス物語』内のグループ名で、「4つに〝別れる、去る、出発する〟」という意味の「ｌｅａｖｅ」である。

◆永田に代わって青山がフォーリーブスに加入

10月、フォーリーブスが、テレビ番組『プラチナゴールデンショー』のレギュラーを持つことになった。この時点で、小学生の永田に代わって青山孝が加入する。

ジャニーズのボーヤをつとめていた松下公次は、のちに告白したようにジャニー喜多川にとりわけ可愛がられていた。芸名となった「北」についてはこう語っている。

「デビュー前ということもあり、養子縁組にはできなかったのでせめて」（北公次『光GENJIへ』データハウス）

つまり、「北」はジャニー喜多川の「喜多」なのだ。そもそもフォーリーブスは、北公次をデビューさせるためのグループだったという。

華のあるメンバーを核に、歌唱力の高い者、トークのうまい者、三枚目の癒し系などを組み合わせて補完するのは、ジャニーズのグループ編成の定石である。ピースを組み合わせると絵が出来る。1人ですべてを備える者はいなくても、グループにすれば多くの才能を内包した、あたかも超人のような存在が出来上がる。ジャニー喜多川はグループの持つそんな力を、「1＋1＝11」と表現している。

◆ジャニーズ解散

11月20日についにジャニーズが解散した。表向きは日本のショービジネスと方向性が合わないためとされたが、先に述べたGSの台頭が原因であることは否定できない。全米デビューもシングル1枚で挫折し、アルバムもお蔵入りしてしまった彼らは「失意のうちに」（『Jポップの中のJポップ』中村俊夫）解散することになった。

また中谷良によれば、真家がジャニー喜多川の寵愛や待遇などに不満を持ち、人間関係に亀裂が入ってしまったことも大きかった（『ジャニーズの逆襲』データハウス）。そして北公次にぞっこんのジャニー喜多川がジャニーズへの興味を失ったという面もなきにしもあらずだ。

12月、渋谷公会堂でジャニーズのサヨナラ公演が行われた。ブルー・コメッツやスパイダースも友情出演する三部構成で行われたが、GSの人気グループが彼らに引導を渡したような格好になった。こうしてジャニーズ事務所の主役は、フォーリーブスにバトンタッチすることになる。

メンバーはこの時まだ20歳前後。解散後、あおい輝彦は劇団四季に研究生として入り、基礎から演技を学んで歌だけでなく俳優としても活躍するようになった。飯野おさみも劇団四季のミュージカル俳優として健在。真家ひろみは、司会や俳優としてテレビに時々顔を出していたが、その後、芸能界から離れタクシー運転手に転職。２０００年に他界した。

1968年

◆中性的アイドル・グループ像が確立

ジャニーズからフォーリーブスに乗り換えたジャニー喜多川は、これまで培ってきたノウハウを駆使して彼らを本格的にプッシュし始めた。

当時流行していたグループ・サウンズはバンド編成だったが、あえてフォーリーブスは楽器を持たず、その代わり流行の先端を行くステップや、斬新な衣装を身にまとった華やかなダンス、運動能力に優れた北公次のバク転などを盛り込み、よりテレビ向けのアクティブなボーカルグループというコンセプトで売り出された。ＧＳグループはすぐに衰退していったが、フォーリーブスはどんどん露出を増やしていった。

この時代は『シャボン玉ホリデー』のようなバラエティ番組がヒットするなど、テレビの転換期でもあった。マイクの後ろに突っ立ってしゃべる漫才やコミックバンドに代わって、カメラをはみ出して動き回るコント55号が台頭し、テレビ番組やタレントのコンセプトが「静から動へ」移って行ったのだ。

歌って踊るというコンセプトはジャニーズ事務所の原点であり、伝統でもある。そうしたタレント育成を業界でいち早く行ってきたことは、ジャニー喜多川の慧眼によるものだ。

ジャニーズ的アイドル像がこの時に形成されたことも興味深い。

元祖ジャニーズはみな短髪で、大学進学を希望する詰め襟学生服を着た健全な高校生だった。彼らも歌って踊れることをセールスポイントにしていたが、まだ、旧来の「青春歌謡」的な健全さや、男臭く保守的な雰囲気が残っていた。

ところが、GSブームを契機に誕生したフォーリーブスは、ザ・タイガースやザ・テンプターズが売りにしていたカウンターカルチャー的な雰囲気を採り入れ、長髪に、中性的な甘い顔立ちの男性アイドルグループとして売り出された。歌って踊れるスタイリッシュな中性的アイドル。この路線は今日まで、ジャニーズ史を作って来た各グループに継承されている「ジャニーズらしさ」の根本となっている。

◆フォーリーブスがレコードデビュー

9月5日、フォーリーブスがレコードデビュー。ソニーレコード設立と同時に、第1号アーティストとして『オリビアの調べ』をリリースした。

以来、主なシングルだけでも『恋するジャック』『シャボンの匂いの女の子』『君にこの歌を』（1969年）、『若者は旅をつづける』『あしたが生まれる』（1970年）、『地球はひとつ』『はじめての世界で』（1971年）、『新しい冒険』（1972年）、『大人への階段』（1973年）、『急げ！若者』（1974年）、『遠い日』（1975年）、『魅せられし魂』（1976年）、『ブルドッグ』（1977年）、『THE END─思いがけず出会ったら』（1978年）など37作をリリースし、そのほとんどがヒット。スタイリッシュな歌と踊りに加えて甘くさわやかなイケメンぶりを売り物に、60年代終盤から70年代まで息の長いアイドルとして活躍した。

1969年

◆永田英二がソロデビュー

青山孝と入れ替わりでフォーリーブスを脱退した永田英二は、1968年9月にハイソサエティーのボーカルに加わり、しばらくの間「永田英二とハイソサエティー」の名で活動していたが、翌年の8月20日に『あこがれ』でレコードデビューした。ジャニーズ事務所所属タレントのソロ第1号となる。シングル11枚、アルバ

ムは3枚リリースしたが、フォーリーブスのような成功はおさめられなかった。

後に八田英士、永田英士、長田栄二など名前を変えながら、歌手活動の一方音楽事務所を経営しＩＺＡＭを育てた。２０１２年に北公次が亡くなった際には、テレビ番組に出演し、北との想い出を語った。

◆ジューク・ボックスがレコードデビュー

すでにこの頃から、アイドル予備軍の少年たちを集めた本来の意味でのジャニーズJr.が存在していた。その中から、小谷典由（純）、円谷弘之、行田和彦、近藤昌、吉本暁弘といったアイドル雑誌の人気投票上位者を集めて結成されたのが、ジューク・ボックスである。

レコードデビュー前に行田、近藤が抜け、ハイソサエティーのやなせかおるを加えた4名で、10月10日に『さよならの祈り』でキャニオンレコード（現・ポニーキャニオン）の第1号アーティストとしてレコードデビューを飾った。その後、シングルレコードを4枚、アルバムを2枚、クリスマスＥＰを1枚リリースしたが、ブレイクすることもなく１９７３年に解散した。

彼らがフォーリーブスに続くスターになれなかったのは、解散までの4年間に7人も脱退するという激しいメンバーの入れ替えにより、グループとしてのコンセプトが定まらないことにあった。そうなってしまった原因の一つが、ジャニー喜多川の性虐待であると、後に『さらば!! 光ＧＥＮＪＩへ』（データハウス）で、小谷純とやなせかおるが暴露して話題になった。

◆ミュージカル『少年たち』シリーズ始まる

12月、日生劇場で『フォーリーブスヤングサプライズ　少年たち〜小さな抵抗〜』を上演。以降１９７２年まで毎年、『少年たち』シリーズが上演されている。芸術祭にも参加するなど、ミュージカルに対するジャニーズの本気とこだわりが表れている。

『少年たち』シリーズは、時を経て、２０１０年、デビュー前のＫｉｓ‐Ｍｙ‐Ｆｔ２、Ａ．Ｂ．Ｃ‐Ｚ、ジャニーズＷＥ

STメンバーらによって再び上演され、以降ジャニーズの定番ミュージカルとして多くの後輩たちに演じられている。

フォーリーブスはこの他にも、多くのミュージカル作品に取り組み、ジャニーズ最初のミュージカル黄金期を築いた。

1970年

◆ハイソサエティーがアルバムデビュー

11月、ハイソサエティーがCBSソニーから『世界へジャンプ　ハイソ・サンライズ・プレゼント』でアルバムデビューを果たした。1971年10月には、CBSソニーの新レーベル「EPIC」の第1号タレントとしてシングルレコードを発売。シングルは『不思議な恋の物語』（1971年10月、EPIC）、アルバムは『ハロー・ハロー・ハロー』も含めて2枚リリースしている。

フォーリーブスに続けとばかりに、永田英二、ジューク・ボックス、ハイソサエティーが次々と売り出されたものの、残念ながら彼らはジャニーズやフォーリーブスのように芸能史を賑わすほどの活躍はできなかった。

◆フォーリーブスがブロマイドの売上げ1位に

当時の芸能界で人気を計る一つの目安がプロマイドの売上げだ。この年、フォーリーブスがプロマイドの売上げで男性歌手部門の1位となり、名実ともにトップアイドルの座に輝いた。すでにGSブームは衰退し、郷ひろみ、野口五郎、西城秀樹の新御三家が台頭するまでの間、市場を独占した。

◆フォーリーブスが「紅白」初出場

大晦日に行われた『第21回NHK紅白歌合戦』でフォーリーブスが初出場を果たした。他の初出場者はヒデとロザンナ、にしきのあきら、野村真樹、和田アキ子など。

1971年

◆郷ひろみがジャニーズ事務所入り

フォーリーブスの弟分として高校1年生の原武裕美が事務所に所属することになった。のちの郷ひろみである。レコードデビューは翌年になるが、この頃から、バックダンスをつとめる一方で、フォーリーブスに脇を固められ、ジ・オズモンズやジャクソン・ファイブの歌を踊りながら歌っている。

彼のジャニーズ事務所入りのキッカケは、東宝映画『潮騒』のオーディションに、彼の知り合いの婦人が無断で応募し、ジャニー喜多川がその履歴書から彼を見い出したと自著（『たったひとり』小学館）で述懐している。

◆元大映青春スターの内田喜郎がレコードデビュー

5月5日、青春スターの内田喜郎が『ミスター・ロビンソン』（日本ビクター）で歌手デビューした。子役出身で『奥さまは18歳』（ＴＢＳ）などに出演した若手俳優だったが、大映が倒産したことで、ジャニーズ事務所に所属することになったのだ。その後、内田は事務所もレコード会社も移籍し、俳優やシャンソン歌手として活動している。

◆ハイソサエティーがシングルデビュー

10月、ハイソサエティーがＣＢＳソニーの新レーベル「ＥＰＩＣ」の第1号タレントとしてシングルレコードを発売し、新人賞を受賞。とはいえ、それはレコード会社内での新人賞にすぎなかった。このグループは翌年あっけなく解散してしまう。

1972年

◆郷ひろみが俳優デビュー

1月2日、フォーリーブスの弟分である郷ひろみが俳優デビュー。NHK大河ドラマ『新・平家物語』で大型新人として注目を集めた。ジャニーズ事務所の若手タレントが「登竜門」として大河ドラマに出演するのは、これが始まりである。郷の芸名は、「5人目のフォーリーブス」という意味があるといわれている。

◆郷ひろみがレコードデビュー

8月1日、『男の子女の子』で郷ひろみがレコードデビューを飾る。中性的で可愛らしい美少年ぶりと楽曲がマッチし、人気が爆発する。

「これはぼくにとっては重要な曲だ。ジャニーさんがぼくの方向として敷いた路線はこの曲に表現されている。そしてそれは、僕のもっている資質とみごとに合致していたんだ。この路線は、さまざまに変化はしても、確実にいまのぼくにつながっている。文字どおり、ぼくの出発点となった曲だ」(『たったひとり』小学館)と郷自身もとらえている。

郷は1975年にバーニングプロダクションに移籍するまで、ジャニーズ事務所からシングル11枚、アルバムを6枚リリースした。

「兄貴分」の江木俊夫は、上梓した『ジャニーさんを知ってますか』(ベストセラーズ)の中で、「ジャニーズ事務所に最大の利益を与えたのはSMAPだろうが、ジャニー喜多川さんが今でも理想のアイドル像として思い描いているのは郷ひろみだろう」と述べている。

◆郷ひろみが「レコード大賞」新人賞受賞

12月31日、郷ひろみは「第14回日本レコード大賞」で新人賞を受賞。意外なことに、これまでジャニーズやフォーリーブスに受賞経験はなく、ジャニーズ事務所では初の受賞となった。

1973年

◆葵テルヨシがレコードデビュー

6月21日、葵テルヨシが『かんじる10代』でレコードデビューした。キャッチフレーズは「フォーリーブスの弟、ジャニーズ一家の末っ子」というものだったが、フォーリーブスのようにブレイクすることはなく、郷ひろみに大きく差を開けられたかたちだ。

シングル7枚、アルバム2枚をリリース。1976年にジャズミュージシャン・豊岡豊の娘との結婚を機に歌手を引退し、その後は芸能プロダクション（アオイコーポレーション）を設立し、タレントを売り出す側として才能を発揮。風間トオル、美木良介、細川茂樹、玉木宏らの売り出しに成功した。

◆バンドグループの再編でアニメーション結成

嶺のぼるとジャニーズ・ジュニア、およびハイソサエティーが解散し、双方のメンバー6人で新たにバックバンドグループ「アニメーション」が結成された。郷ひろみ、葵テルヨシ、JJSのバックバンドをつとめた。

◆郷ひろみが「紅白」に初出場

『第24回NHK紅白歌合戦』に郷ひろみが初出場を果たす。曲はもちろん『男の子女の子』だ。ジャニーズ事務所からは郷とフォーリーブスの2組の出場となった。他の初出場者は森昌子、浅丘めぐみ、三善英史など。

この頃から男性アイドル界は、郷ひろみ、西城秀樹・野口五郎の「新御三家」時代が始まる。

1974年

◆リトルリーブス結成

春、森谷泰章、原川吉臣、曽我泰久の3人で平均年齢12・75歳というリトルリーブスが結成された。秋には松原秀樹が遅れて加入。グループ名からもわかるように、彼らも郷ひろみや葵テルヨシ同様「フォーリーブスの弟分」として売り出されたが、NHK『レッツゴーヤング』でフォーリーブスのバックで踊るにとどまり、年内に解散した。

◆郷ひろみがバーニング・プロへ移籍を決意

デビュー直後からブレイクし、テレビ番組にひっぱりだことなった郷ひろみだったが、10枚目のシングル『よろしく哀愁』(73年秋)がジャニーズ事務所初のオリコン・シングルチャート1位という栄冠に輝いた裏では、事務所の移籍を考えていたという。

「率直にいおう。仕事に対する考え方が事務所とぼくとでズレが生じてきたってことなんだ。いつ、こういうことがあって、といったはっきりしたきっかけがあったわけではない。ぼく自身も意識しないうちに、そのズレは少しずつ隙間を広げ、気がついたときはすごく大きなものになっていた、といえると思う。

とにかく、仕事仕事でなにかを考えるゆとりなんかない。目の前のことを追いかけるので精いっぱい。ひとつの仕事が終わる。と、ホッとする間もなく次の仕事が待っている。で、とにかくそれをやる。と、また次。毎日毎日がこんな状態の連続。

自分のいまやっている仕事が、どの程度の評価に値するのか、なんて見当もつかない。いや、そんなことは考えられもしないんだ。このままやっていて、一年後、二年後、十年後のぼくはどうなっているのか、なんてもちろんわかりもしない」

(郷ひろみ『たったひとり』小学館)

1972年3月に郷は盲腸炎になったが、まだ抜糸もしていないのに現場に直行して仕事をしなければならなかった。

また、1973年9月には芸能人野球大会で左手を骨折したが、事務所は腕をつって仕事をさせたという。スターは「どうあるべきか」を知らせるためだったと後から認識するようになったが、「あのときは、それより不安が先に立っていた」と述懐している。

「金が問題ではない」としながらも、郷は実家に借金があったことも告白している。「やはり芸能界でやっていくしかない、というのは、はっきりしていた」と述べているように、芸能活動を続けていくことには迷いはなかった。

この頃、事務所との関係がギクシャクし、弁護士が間に入るようになっていた。移籍については家族会議や親族会議まで行われていたという。この時、彼に移籍を勧めたのが、バーニング・プロダクション社員の小口健二だった。

「自分のやっていきたい方向があって、それと事務所のやり方が合致しないなら、それはお互いのためにいいことじゃないもの。離れるべきだろうね。そこでどうするかだけど、自分の方針を貫くために行動を起こしたんだから、それが実現できなかったら意味ない。そのためには個人事務所を設立するのがいちばんだ。自分の事務所なんだから、完璧方針は貫ける。でも、危険は多いよ。ほかのプロダクションから圧力はかかる。そのプレッシャーでつぶれた例は多いしね。また、自分の方針が壁にぶつかったとき、どうしようもなくなる。ぼくとしては社会的にも業界的にも評価を確立しているプロダクションにはいることをすすめるね。そこで、自分のプロジェクトチームをつくり、他とは別の独立したセクションをつくることだ。かたちはプロダクションに所属しているが、実際の活動は独立しているっていう内容だね。そういうことができるプロダクションを選ぶべきじゃないかな」（同）

郷は小口を信じ、1975年3月いっぱいでバーニング・プロダクションに移籍した。その後、小口は1982年にバーニングから独立してフロム・ファーストプロダクションを設立。本木雅弘、竹中直人、高岡早紀、北村一輝といったタレントを育て上げた。

◆「ポスト郷ひろみ」として井上純一が所属

夏には、応募で井上純一が合宿所入りし、ジャニーズJr.の一員となった。早稲田大学高等学院のテニス部出身で、郷ひろみをもう少し男っぽくしたようなさっぱりとした好青年。郷ひろみが移籍後の「ポスト郷ひろみ」として期待された。

9月には、山縣孝良が脱退したJJSに加入するが、すぐに脱退している。井上個人では7枚のシングルをリリースしているが、歌手としてよりもテレビドラマ『ゆうひが丘の総理大臣』や『池中玄太80キロ』で俳優として本領を発揮。プロマイドの売上げも好調で、低迷期のジャニーズ事務所を支えた。

1975年

◆ジャニーズ事務所が法人化

1月30日、ジャニー喜多川の個人事業だった「ジャニーズ事務所」が法人（株式会社）登記した。待望の法人化だったが、1962年の創業からこれまでの52年間で、この年から79年までがもっとも苦しい時期にあたる。郷ひろみの移籍で大きなダメージを受けたのち、たのきんがブレイクするまで、決め手になるタレントに恵まれなかった。

音楽芸能市場はニューミュージック系が台頭し、男性アイドルはジャニーズ事務所に限らず「冬の時代」といわれた。

◆JJSがデビュー

2月、板野俊雄、畠山昌久、林正明らのJJS（ジャニーズジュニア・スペシャル）が『ベルサイユのばら』でレコードデビューした。

元々、ジャニーズJr.には、板野俊雄（トシちゃん）、小坂まさる（マチャル）、近藤純市（ジャンボ）、山縣孝良（タカ坊）、鈴木寛（ヒロ坊）、林正明（マーちゃん）、畠山昌久（チャーリー）、柏木孝夫（タカちゃん）、吉田義久（ヨシ坊）らがおり、『歌え！ヤンヤン!!』などに出演しながらデビューを待っていた。

74年の夏、彼らはフォーリーブス組と郷ひろみ組に分かれ、郷組は郷ひろみの移籍で行動を共にした。残ったのが冒頭の3人だったのである。

◆豊川誕がデビュー

3月21日、豊川誕が『汚れなき悪戯』でデビューした。芸名は「生まれてすぐ豊川稲荷に捨てられ、そこで育った」という設定からメリー喜多川が名づけたもので、「孤児」であることが売りだった。そのためデビュー曲はアイドルにしては重い感じがするものだった。

次にリリースした『星めぐり』もデビュー曲同様の「不幸な星の下」路線で、ヒットチャートに名を連ねた。競合アイドルのあいざき進也や城みちるは1年先にデビューしていたため、各新人賞にノミネートされた。

しかし、豊川はそうした売り方に不満を持ち、20歳でジャニーズ事務所を辞めてしまう。のちに豊川が自分のブログで記したところによると、当時豊川のマネージャーだった白波瀬傑に一緒に他の事務所に移籍しようとそそのかされ、豊川とスタッフの2人が先に辞めたところ、白波瀬は辞めず梯子をはずされたとのことである。

5年契約の途中（3年目）であったことや、感情のもつれなどもあり、メリー喜多川は「可愛さ余って、憎さ百倍。事務所がつけた『豊川誕』という名前は使わせない」と態度を硬化させた。

豊川は新しい事務所に入り直して、「豊川ジョー」として再出発した。しかし、地方のサイン会や着物ショーのゲストなどアイドル時代には考えられなかった仕事もこなさなければならず、デパートで〝豊川ジョー一日店長〟というタスキをかけて全売場で頭を下げて歩き、やっと一曲歌わせてもらえることになっても、「豊川誕」の歌は契約上の制約から歌うことができなかった。

◆白虎隊結成

アイドル雑誌『平凡』とのタイアップで募集したジャニーズJr.第4期生の中から、大野祥孝、長谷部徹、岩崎富美雄の3人によって白虎隊というバンドグループが結成された。翌1976年8月15日に日本劇場で行われた「ロックン・ロール・カーニバル」で、『バイバイベイビー』を初お披露目した。後にリトル・ギャ

ングと合流してギャングスを結成する。

◆郷ひろみが正式に移籍

移籍問題でもめていた郷ひろみがついにバーニングプロダクションに移籍した。ジャニー喜多川はこの騒動で、体調を崩すほどショックを受けたという。郷の移籍をきっかけにジャニーズ事務所は低迷期に入っていく。

郷は移籍後も順調に、『花のように鳥のように』『誘われてフラメンコ』『逢えるかもしれない』とヒットを飛ばし続けたが、年末の賞レースにはノミネートされず、翌年の『あなたがいたから僕がいた』（第18回日本レコード大賞大衆賞）まで待たねばならなかった。

◆ジャニーズ初のデュオ、リトル・ギャングがデビュー

7月、リトルリーブスの曽我泰久と松原秀樹がリトル・ギャングを結成。25日にジャニーズ事務所初のデュオとして『アイ・ラブ・ユー』でレコードデビューした。しばらくの間、リトルリーブスとリトル・ギャングは同時に存在していたが、前者は年内に解散し、後者もシングル3枚、アルバム1枚をリリースした1年後に解散した。

松原はその後、1978年に『ゆうひが丘の総理大臣』（日本テレビ系）に出演。井上純一とともに生徒役を演じた。曽我、松原ともに現在も音楽活動を続けている。

◆井上純一がレコードデビューし、俳優として活躍

8月、井上純一がコロムビアレコードから『恋人ならば』でソロレコードデビュー。さらに11月には東宝映画『はつ恋』の主演に抜擢された。ツルゲーネフの小説をこの時代の日本に置き替えた同作品は、仁科明子の大胆演技と井上の初々しさで話題となった。

その後、井上は「銀座音楽祭」にも参加。歌える俳優として、『俺たちの朝』『青春ど真ん中』『ゆうひが丘の総理大臣』『あさひが丘の大統領』『池中玄太80キロ』『黄土の嵐』（いずれも日本テレビ系）などの人気ドラマに出演。いずれも重要な

役どころで、青春ドラマのスターとして一時代を築いた。

◆殿ゆたかがレコードデビュー

9月25日、殿井善継こと殿ゆたかが、宇崎竜童プロデュースの『ああ青春』でレコードデビューした。オーディション番組『決定版！あなたをスターに』の予選大会でジャニー喜多川の目にとまりスカウトされ、レコードデビューに先立って8月27日に行われた『第54回ウエスタン・カーニバル～ばらとみかんとバイオリンと「ジャニーズ・ファミリー・フェスティバル」』（日本劇場）で、すでに「殿ユタカ」の名でステージデビューしていた。10月に行われた「第8回新宿音楽祭」では豊川誕とともに銅賞を受賞。合計3枚のシングルを発表した。

1976年

◆森谷泰章がレコードデビュー

1月25日、リトルリーブス出身の森谷泰章が『とまどい』でレコードデビューする。出演した日本テレビのドラマ『ひまわりの詩』の挿入歌だった。

2曲目からは「あきら」に改名するが、ヒットにはつながらなかった。

◆クエッションがレコードデビュー

2月、クエッションが『雨がふってきた』でレコードデビューした。『ジャニーズ輪廻論』（矢崎葉子・太田出版）ではこの4人組のバンドグループと後に出てくる未都由と殿ゆたかを「マイナー御三家」と揶揄している。

◆ギャングス結成

リトル・ギャングの松原、曽我と、白虎隊の大野、長谷部が合流してバンド編成のギャングスを結成した。『ヤンヤン歌うスタジオ』（テレビ東京）にレギュラー出演し、川崎麻世の他、渋谷哲平や榊原郁恵のバックバンドとして活動した。1978年に伊藤栄悟が加入した他、急遽『ゆうひが丘の総理大臣』にレギュラー出演することになった松原秀樹の代役で、田原俊彦が加わることもあった。

ジャニーズ事務所からバンドを主体としたグループはこれまでいくつかデビューしたが、レコードセールスでは、1983年にデビューするTHE GOOD-BYEまで、さしたる実績を残したグループは出ていない。

◆キングコング結成

大野祥孝、渡辺和晃、原川吉臣、井上晴雄、浅田敏行、山口裕章の6人がキングコングを結成。松本ちえこのシングル『ハイ！授業中』でバックダンサーなどをつとめたが、翌年には自然消滅した。

◆未都由がレコードデビュー

11月1日、未都由（みとゆう）が『こんな娘が好き』でレコードデビューした。本名は籠山達夫だったが「Me&You」をもじったこの芸名になった。年齢も20歳から2歳若く偽ってのデビューだった。『レッツゴーヤング』（NHK）のオリジナルグループ、サンデーズにも参加したが、結局、鳴かず飛ばずに終わっている。

1977年

◆ジャニーズ少年団結成

ジャニーズJr.の中から古川清隆、長谷部徹、野村義男、渡辺和晃、山口裕章の5人でジャニーズ少年団を結成。古川が出演した特撮ヒーロー番組『小さなスーパーマン　ガンバロン』（日本テレビ系）の主題歌とエンディングテーマを、ザ・バーズというグループとの共演でビクターレコードよりリリースした。

◆川崎麻世がレコードデビュー

7月1日、川崎麻世が『ラブ・ショック』でレコードデビューした。『プリン&キャッシーのテレビ!テレビ』（よみうりテレビ）で西城秀樹の物まねを披露してグランドチャンピオン（75年）に輝くという芸達者な若者で、父親が俳優の安住譲という二世タレントでもあり、すでにジャニー喜多川のはからいでCMデビュー（不二家の「ハートチョコレート」）も果たしていた。

少女マンガから抜け出してきたような長身に八頭身のルックスは、ジャニー喜多川の好みとは少し違っていたようだが、川崎は舞台俳優として大切に育てられ、東京工芸大学短期大学部に進学したり、ミュージカル俳優として渡米したりと独自の道を歩んだ。89年にはジャニーズ事務所を退所している。

◆青山孝がジャニーズ所属の女性タレントと結婚

10月、フォーリーブスの青山孝がロスで結婚。お相手はジャニーズ事務所の第2号女性タレントの嶋田じゅん（1970年のミス・ユニバースで日本代表のハーフ）で、東京で開かれた披露宴が、当時『3時のあなた』（フジテレビ）で生中継された。

これは、下り坂にあったフォーリーブスに対する話題作りの感があったが、その甲斐もなく11月には7年連続出場したNHK紅白歌合戦の落選が決定。コンサートの動員数も少しずつ落ちていった。

1978年

◆ジャPAニーズ結成

川崎麻世のバックダンサーとして、細野謙治（現小林謙治）、吉野明男、乃生佳之、デビッド宮原、舟喜豊らでジャパニーズというグループが結成された。これがのちのジャPAニーズとなる。

ジャニーズとしては珍しく、元々ディスコダンサーだったリーダーの細野が、メンバーを率いてジャニーズ事務所に売り込みをしたのが入所のきっかけだった。

１９８２年５月18日、田原俊彦の渋谷公会堂コンサートで解散しているが、メンバーは解散後も、バックダンサーやダンス学校開校などで「ダンス」を続けた。

◆フォーリーブス解散

フォーリーブスがついに解散。メンバーも30代に近づき、当時のアイドルとしての賞味期限を越えていた。ジャニー喜多川の好みはあくまでも10代の若い男の子であり、今のような30代を過ぎたアイドルなどは考えられない時代だった。それでもフォーリーブスは、当時としては息の長いアイドルだった。

７月21日に最後のシングル『ＴＨＥ ＥＮＤ―思いがけず出会ったら―／夢のかけら』をリリース後、１カ月にわたる全国ラストツアーを行い、８月31日に新宿の東京厚生年金会館のステージが最後となった。メリー喜多川が舞台に上がり「これから頑張っていこう」とメッセージを発した感動のフィナーレだったが、その一方で、「２度とフォーリーブスの名前を使わない」という念書も取っていたとされ、このシビアさが解散・退所後のメンバーを苦しめることになる。

ところが、24年後の２００２年にフォーリーブスは再結成されている。そこには当時係争中だったジャニー喜多川の性虐待裁判が関係していると見られる。

４人のうちおりも政夫は、解散後も俳優や司会の仕事をしながら１９９４年までジャニーズ事務所に在籍した。

②たのきん・少年隊・光GENJI時代 1979―1992

低迷期を経て、たのきんトリオのブレイクで再起のきっかけをつかんだジャニーズ事務所は、田原俊彦、近藤真彦、シブがき隊、少年隊、光GENJIといった人気スターを次々に生み出し、華やかな80年代アイドルブームを彩った。

1979年

◆赤木さとしがレコードデビュー

2月25日、赤木さとしが『愛よ君を撃て』でレコードデビューした。歌のタイトルは往年の銀幕スター赤木圭一郎になぞらえたもの。この年、「日本テレビ音楽祭」の新人賞候補に選ばれ、ノミネート大会に出場している。4枚のシングルレコードを発表したが、さしたる活躍はできず、郷ひろみの穴埋めの足しにはならなかった。

◆ピラミッド結成

4月からダンス番組『ミュージック・ボンボン』（日本テレビ系）で、川崎麻世のバックコーラス&ダンスを行うグループとしてピラミッドが結成された。メンバーは長谷部徹、曽我泰久、田原俊彦ら。同年8月まで出演した。

◆北公次が覚せい剤で逮捕

4月12日、北公次が覚せい剤取締法違反で逮捕された。フォーリーブスが解散してからわずか半年あまりのことだった。

裁判では、1976年11月から不倫相手に覚せい剤を勧められて常用患者になっていたことが明らかになった。フォーリーブスの人気に陰りが見え始めた時期と重なり、この頃の北は一日も欠かさず覚せい剤を使用していた。

翌5月21日には保釈され、故郷の和歌山県に帰って漁業組合に就職したが、芸能人であることを捨てきれず、俳優として芸能界に復帰。しかしテレビでの目立った活躍は見られず、映画『竜二』で主人公の弟分を演じたり、AV監督の村西とおるの元でマジシャンの修行をするといった紆余曲折を経て、暴露本の上梓に至る。2002年にはフォーリーブスを復活させるなど、終生、話題には事欠かなかった。

◆たのきんトリオと藤島ジュリー景子が『3年B組金八先生』に出演

10月26日、主演教師役を武田鉄矢がつとめる『3年B組金八先生』（TBS系）が放送開始された。田原俊彦、野村義男、近藤真彦の3人と藤島ジュリー景子が生徒役でドラマデビュー。3人はのちに「たのきんトリオ」として活躍し、ジュリーはタレント業をやめてアメリカの高校に進学した。

田原は、同年にテレビ朝日の『とびだせ！ パンポロリン』で、歌と体操のお兄さんとして出演していたギャングスの松原秀樹の代役出演としてテレビデビューしていた。

金八先生は武田の当たり役となり、『3年B組金八先生』は断続的に2011年まで続いていく。ジャニーズにとってもこの番組は若手タレントの登竜門として欠かせないものとなる。

◆村田勝美&クエスチョンズ結成

1976年2月にレコードデビューしたバンド・クエッションが発展して、村田勝美&クエスチョンズ（実川しげる、山本雅史、脇山剛）の名で新たに再結成された。ANKH（アンク）が解散してからは松原秀樹と曽我泰久も合流した。

◆女性を加えたグループ・VIP結成

JJSに河村信子と吉本和子を加えたVIPが『南十字星』（キングレコード）でデビュー。男性アイドル専門と思われがちなジャニーズ事務所が、本格的に女性タレントの売り出しを試みた。その後は『エースをねらえ！』の主題歌の『青春にかけろ！』など、2枚のシングルと3枚のアルバムをリリースしたが、10カ月後に林、畠山、吉本が脱退。1980年のアルバムリリースを最後に自然消滅した。

この時期の歌謡界は、サザンオールスターズのようなバンド系、ニューミュージック系が台頭しており、ジャニーズに限らず男性アイドルの氷河期だった。ジャニー喜多川は暇を持て余して麻雀をしていたといわれる。ＶＩＰやジュリー景子など、女性タレントのデビューはそうした中での試行錯誤の一端だった。

しかし一方ではたのきんトリオがドラマデビューし、次の黄金時代が幕を開けようとしていた。

1980年

◆『ただいま放課後』でたのきんがブレイク

5月26日、『ただいま放課後』（フジテレビ系）が放送開始された。高校の放課後の運動部活動を中心に、本多博太郎、寺泉哲章、秋野暢子が演じる3人の先生と生徒たちとのやり取りが明るく描かれた学園ドラマで、約1年にわたって全3部が放送された。第1部にはたのきんトリオがレギュラーの生徒役として出演、第2部は田原、野村がレギュラーから退いたが、代わって松原秀樹が加わった。

学園ドラマの本家ともいえる日本テレビが、同時期に放送されていた『あさひが丘の大統領』をもって、1965年から続いた従来型の青春学園ドラマの終了を決めていたため、その視聴者の受け皿になった面もあり、人気ドラマになった。もともと教師が主人公のドラマだったが、たのきんトリオの活躍で主人公が食われてしまい、視聴者のリクエストで第2部が制作された。しかし、第3部からはジャニーズが抜け、堤大二郎、大村波彦、斉藤康彦らをレギュラーにしたが、前2作に比べて一気に人気が下降してしまった。

魅力的な少年タレントを多数抱えたジャニーズ事務所は、こうした学園ドラマになくてはならない存在になりつつあった。

◆田原俊彦がレコードデビュー

6月21日、田原俊彦がアメリカの歌手レイフ・ギャレットの『ニューヨークシティナイト』のカバー『哀愁でいと』で歌手デビューし、大ヒットとなる。このヒットを受けて、本家の『ニューヨークシティナイト』も再リリースされた。ドラマでの人気を歌のヒットにつなげるパターンのさきがけだった。

◆近藤真彦が美空ひばりを「おばさん」呼ばわり

7月17日放送の『ばらえてぃ　テレビファソラシド』（ＮＨＫ）で、超大物歌手の美空ひばりを知らなかった近藤真彦は、美空の歌をリハーサルで聴き、「おばさん、歌うまいね」と発言。周囲のスタッフを凍りつかせた。これに対し美空は、「私、今まで面と向かって他人からうまいって言われたことがなかったの」と笑顔で答え、大人の対応を見せた。近藤の、若かりし日のヤンチャ武勇伝の一つである。

◆ＡＮＫＨ（アンク）がレコードデビュー

7月21日、『24時間テレビ「愛は地球を救う」3』（日本テレビ系）のイメージソング『イマジネーション』で、ＡＮＫＨ（アンク）がフォーライフ・レコードよりデビューした。

このグループは、川崎麻世などのバックバンドとして活動していたギャングスに、リードボーカルの柴谷英樹（東真司）と伊藤栄悟とを加えて結成された。

◆田原俊彦の2枚目シングルがオリコン初登場1位

9月21日、田原俊彦の2枚目のシングル『ハッとして！Ｇｏｏｄ』がリリースされ、オリコン初登場1位に輝いてデビュー曲に続く大ヒットとなった。１９９４年3月に独立するまでの間、シングル43枚、オリジナルアルバム20枚をリリースすることになる。

女性アイドルの松田聖子と並び、明るい華を持つ80年代らしさを体現したアイドルとして一時代を築いた。

◆ひかる一平が『3年B組金八先生』に出演

10月3日、たのきんトリオを世に出した『3年B組金八先生』の第2シリーズが始まり、たのきんと同期のひかる一平がデビューした。谷口一郎という本名があまりに地味だったため、メリー喜多川が明るい芸名を付けたとされている。

◆近藤真彦がシングルデビュー

12月12日、近藤真彦が『スニーカーぶる～す』でソロデビューした。『スニーカーぶる～す』はミリオンセラーになり、デビュー曲にして最大のヒット曲となった。近藤の所属レーベルがソニーミュージック傘下のRVCで、ここの社員だった小杉理宇造が近藤の担当ディレクターだったことから、ジャニーズと小杉の関わりが始まる。

◆田原俊彦が「レコード大賞」「日本歌謡大賞」で新人賞をダブル受賞

12月31日、田原俊彦の『ハッとして！Ｇｏｏｄ』が「第22回日本レコード大賞」で最優秀新人賞を受賞した。郷ひろみ以来の新人賞となるが、郷は「最優秀」を逃しているので（受賞者は麻丘めぐみ）、「最優秀」はジャニーズ所属タレントとして初となる。田原は同じ曲で「第11回日本歌謡大賞」の放送音楽新人賞も受賞した。

◆田原俊彦が「紅白」初出場

同日、『第31回ＮＨＫ紅白歌合戦』に田原俊彦が初出場した。曲は『哀愁でいと～ＮＥＷ　ＹＯＲＫ　ＣＩＴＹ　ＮＩＧＨＴＳ～』。ジャニーズ事務所としては4年ぶりの「紅白」出場となる。これ以降、ジャニーズの「紅白」出

場者が絶えることはない。ジャニーズ事務所にとって、田原は起死回生の救世主になったのである。

1981年

◆『2年B組仙八先生』にシブがき隊メンバーが出演

4月17日、さとう宗幸が主演教師役の『2年B組仙八先生』が放送開始され、ジャニーズ事務所からは布川敏和、本木雅弘、薬丸裕英、叶屋博基の4人が出演した。

彼らによってグループが結成されたが、そのうち叶屋が抜け、3人がシブがき隊として以後7年間、歌やドラマで活躍することになる。グループ名は、雑誌『セブンティーン』の一般公募によって選ばれた「シブがきトリオ」が、「シブがき隊」に改められたもの。

◆ひかる一平がレコードデビュー

5月21日、ひかる一平が『青空オンリー・ユー』でレコード・デビューした。以後、シングル5枚、アルバムは2枚をリリースした。

この年の「第8回FNS歌謡祭」では最優秀新人賞候補にノミネート（受賞は近藤真彦）されたが、ヒット曲があったわけでもなく、歌手というより「必殺！」シリーズに出演する時代劇俳優という印象のほうが強い。退所後も俳優業はずっと続けていたが、現在は子役プロダクションを経営している。

◆少年隊の前身グループを結成

10月6日から『ザ・ヤングベストテン』（テレビ東京系）がスタートし、ジャニーズ事務所からは、錦織一清、植草克秀、松原康行の3名がグループを結成して出演することになった。これがのちにメンバーの変動を経て少年隊となる。もっとも、当時はまだ「Bチーム」というグループ名で呼ばれていた。ちなみに「Aチーム」はシブがき隊である。

◆近藤真彦が「レコード大賞」最優秀新人賞受賞

12月31日、「第23回日本レコード大賞」で近藤真彦の『ギンギラギンにさりげなく』が最優秀新人賞を受賞した。前年の田原俊彦に続く、連続受賞である。あえて田原とレコードデビューの時期をずらしたことで、近藤も新人賞を受賞することができた。一方の田原は、『グッドラックLOVE』でゴールデン・アイドル賞を受賞した。近藤は同じ曲で、「第12回日本歌謡大賞」の放送音楽新人賞も受賞した。

◆近藤真彦が「紅白」初出場

同日、『第32回NHK紅白歌合戦』に近藤真彦が初めて出場した。曲はもちろん『ギンギラギンにさりげなく』。ジャニーズからの出場は田原と近藤の2組となり、かつての勢いが戻りつつあった。

1982年

◆少年隊に東山紀之が加入

4月1日、松原康行にかわって少年隊に東山紀之が加入した。松原は、その8日後に放送開始された『3年B組貫八先生』(TBS)に出演するための脱退とされた。4月17日に公開されたひかる一平主演の映画『胸さわぎの放課後』までは錦織一清、植草克秀、松原康行、鈴木則行の4人でジャニーズ少年隊として出演していたが、それ以降は、錦織、植草、東山の3名によるグループになった。松原と鈴木は事務所を退所した。鈴木はその後、演出家に転身した。

◆シブがき隊デビュー、女子学生死亡事故も発生

5月5日、シブがき隊が『NAI・NAI 16(シックスティーン)』をリリースした。以後、シングル28枚、アルバム13枚を発表し、80年代の歌謡界をリードするヒット曲を連発した。10月16日には、シブがき隊の愛知県コンサートで将棋倒しが発生し、女子学生が死亡するという事態を招くほどの過熱した人気ぶりだった。

◆近藤真彦の『ハイティーンブギ』を山下達郎が作曲

6月30日、近藤真彦が7枚目のシングル『ハイティーンブギ』を発売。この曲の作曲は小杉理宇造と親しい山下達郎で、山下の妻の竹内まりやがバックコーラスをつとめている。ここから山下とジャニーズの関わりが始まり、ジャニーズは小杉と山下という後のスマイルカンパニー人脈とのつながりを強めていく。

◆田原俊彦がブロマイド年間売上トップ

田原俊彦が、この年のブロマイド年間売上実績の男性部門でトップに輝いた。

◆シブがき隊が「レコード大賞」最優秀新人賞受賞

12月31日、「第24回レコード大賞」でシブがき隊の『100%…Ｓｏかもね！』が最優秀新人賞を受賞した。「最優秀」は田原俊彦、近藤真彦に続いて同事務所のタレントとしては3年連続になる。田原は『誘惑スレスレ』で金賞を、近藤は『ホレたぜ！乾杯』でゴールデン・アイドル賞を受賞した。

シブがき隊は、同じ曲で「第13回放送音楽新人賞」も受賞した。

◆シブがき隊が「紅白」初出場

同日、『第33回ＮＨＫ紅白歌合戦』にシブがき隊が初めて出場した。曲は『100%…Ｓｏかもね！』。この回はジャニーズから田原、近藤、シブがき隊の３組が出場した。中村雅俊や、今は国会議員の三原順子などもこの年、初出場となる。

ユニークなグループだったシブがき隊

1983年

◆イーグルスがシングルデビュー

3月25日、内海光司、中村成幸（のちに中村繁之）、宇治正高、大沢樹生、石川博文の5名によるイーグルスが、ロサンゼルスオリンピックの宣伝アニメであった『イーグルサム』の主題歌でレコードデビューした。この時の平均年齢は14・4歳と若く、キャッチフレーズは「ジャニーズ事務所の秘蔵っ子」だった。

石川以外のメンバーは、幼年隊やジャニーズ少年隊ジュニア、少年隊ジュニアといったグループ名を名乗り、『レッツGOアイドル』（テレビ東京）で少年隊のバックダンサーとして活躍していた。そこに石川が合流してイーグルスになった。しかし、結成まもなく石川が脱退。中心メンバーの中村が、翌年4月から『レッツゴーヤング』（NHK）にソロでレギュラー出演するなど、グループは自然消滅してしまう。

内海と大沢は「光」というユニットを組み、後に光GENJIのメンバーとして活躍する。

◆三好圭一がドラマデビュー

4月22日、三好圭一が『オサラバ坂に陽が昇る』（TBS系）で俳優デビューした。ジャニーズ事務所の入所当日に受けたオーディションで合格してのことだった。将来が期待されたが、8本の連続ドラマに出演後、1987年に引退した。歌のデビューはせず、俳優専業タレントのはしりだった。

◆田原俊彦が『さらば・・夏』で日本歌謡大賞受賞

5月18日、田原俊彦が『さらば・・夏』をリリース。この曲はこの年の「第14回日本歌謡大賞」の大賞に輝いた。田原がこの頃、ピークであったことを示す実績の一つである。

◆THE GOOD‐BYEがシングルデビュー

9月1日、たのきんトリオの中で1人だけレコードデビューをしていなかった野村義男が、THE GOOD‐BYE（ザ・グッバイ）のボーカル&ギターとして『気まぐれOne Way Boy』でシングルデビューした。メンバーは野村のほか曽我泰久、加賀八郎、衛藤浩一の4名。

野村は、事務所が薦めるデビューの話を何度も断り、バンドとしてのデビューにこだわったという。

同グループは15枚のシングル、9枚のアルバムをリリースし、1990年3月に解散した。その後、野村はジャニーズ事務所を円満退所し、ギタリスト、プロデューサーとして音楽業界で活動している。メンバーだった曽我とは、脱退後もコラボレーションしている。

◆江端兄弟がドラマデビュー

11月4日、月曜ドラマランド『どっきり双子先生・乙女学園男子部』（フジテレビ）で、江端郁己、江端郁世の双子がドラマデビューした。江端兄弟のうち弟の郁世は90年頃まではドラマに出ていたが、いつの間にかフェードアウトした。

◆THE GOOD‐BYEが「レコード大賞」最優秀新人賞受賞

12月31日、「第25回日本レコード大賞」は、THE GOOD‐BYEが『気まぐれOne Way Boy』で最優秀新人賞を受賞した。同事務所タレントとしては4年連続となった。田原俊彦は『ピエロ』で、近藤真彦は『ミッド・ナイト・ステーション』でそれぞれ金賞を、シブがき隊は『ZOKKON 命』でゴールデンアイドル賞を受賞した。最優秀新人賞→ゴールデンアイドル賞→金賞という道は、同事務所看板タレントの定番となりつつあった。

また、THE GOOD‐BYEは同じ曲で、「第14回日本歌謡大賞」の放送音楽新人賞も受賞した。

１９８４年

◆近藤真彦が香港公演

当時、日本の歌謡曲が香港や台湾で大流行しており、日本のレコード会社が香港や台湾でアジア向けのアルバムを制作する流れがあった。ジャニーズ事務所もそれに乗って、近藤真彦の香港公演を行った。

日本より保守的だった香港で、生意気盛りの近藤はサングラスをかけたまま会見を行って顰蹙を買ったりもしたが、１９８６年まで通算３回の公演を行った。香港の人気女優アニタ・ムイとのラブロマンスもあり、香港でもよく知られ親しまれるようになった。

２０１１年９月には25年ぶりに香港公演を行い、往年のファンに歓迎されている。

１９８５年

◆中村繁之のシングルデビューと（少年）忍者結成

７月24日、『Ｄｏ ファション』で中村繁之がシングルデビュー。ジャニーズ時代にシングル４枚とアルバム１枚をリリースしている。

中村のバックダンサーとして結成されたのが忍者の前身となるシゲダンである。メンバーは柳沢超、遠藤直人、正木慎也、高木延秀、志賀泰伸、中村亘利、内海光司、江端郁己、江端郁世、藤沢裕介の10名。やがて少年忍者と名乗るようになり内海、江端兄弟、藤沢が脱退する。

さらに、中村亘利がＣＨＡ‐ＣＨＡの活動が忙しくなり脱退。古川栄司が加わって忍者となる。

◆近藤真彦が『大将』で日本歌謡大賞受賞

10月21日、近藤真彦が18枚目のシングル『大将』をリリース。オリコンチャート最高6位となって13万枚を売り上げ、「第16回日本歌謡大賞」の大賞を受賞した。近藤にとって日本歌謡大賞は１９８１年の放送音楽新人賞以来の受賞になる。

◆男闘呼組の前身「東京」結成

成田昭次、高橋一也、岡本健一によるギターとドラムのバンドグループ・東京が結成された。メンバーの入れ替えや東京男組への改名などを経て、男闘呼組になる。

◆少年隊がシングルデビュー

12月12日、少年隊が『仮面舞踏会』でシングルデビューを果たした。以降、ジャニーズ正統派グループとして活躍する。

1986年

◆ミュージカル『PLAYZONE』始まる

7月、少年隊主演のミュージカル『ＰＬＡＹＺＯＮＥ』が始まり、しばらく途絶えていたジャニーズの本格ミュージカル路線が復活した。芝居と歌と踊りとアクロバットで構成される、今日に続くアクティブで華やかなジャニーズスタイルのミュージカルを確立したのは、少年隊の大きな功績だろう。『ＰＬＡＹＺＯＮＥ』シリーズは２００８年まで毎年、少年隊主演で続けられたのち、後輩に受け継がれ、２０１５年まで続いた。

◆少年隊が「レコード大賞」で最優秀新人賞受賞

12月31日、少年隊が『仮面舞踏会』で「第28回日本レコード大賞」最優秀新人賞を受賞した。ジャニーズ事務所からは近藤真彦が『ＢａｂｙＲｏｓｅ』で金賞を受賞した。

少年隊は同じ曲で、「第17回日本歌謡大賞」の放送音楽新人賞も受賞した。

◆少年隊、「紅白」初出場

『第37回ＮＨＫ紅白歌合戦』に少年隊が『仮面舞踏会』で初出場。白組司会だった加山雄三は、曲名紹介で「少年隊の『仮面ライダー』です」と間違え、失笑と顰蹙を買った。

また、この時、審査員だった森光子が東山に対し「あなたのファンです」と言ったことから、2人の親交が始まった。

なお、この年は田原俊彦、近藤真彦、シブがき隊などが連続出場しており、ジャニーズからは4組出場となった。

1987年

◆おめで隊、シングルデビュー

2月、少年忍者の正木慎也と中村亘利が、『ドキドキ欽ちゃんスピリッツ』で浅井企画の奈津あつしとおめで隊を結成。『悲しきエクササイズ』でデビューした。

◆光ＧＥＮＪＩ結成

6月25日、イーグルスの内海と大沢で構成するユニット・光と、諸星和己、佐藤寛之、山本淳一、赤坂晃、佐藤敦啓で構成するユニット・ＧＥＮＪＩの合体により光ＧＥＮＪＩが結成された。グループ名の由来は『源氏物語』の主人公・光源氏。

「ＧＥＮＪＩ」は、この年の3月に諸星、寛之、山本、敦啓、田代秀高の5名で結成されたユニットで、光ＧＥＮＪＩ結成前に田代が赤坂と交替した。

このグループ編成は、年長組の「光」と、年少組の「GENJI」の組み合わせだが、この構成はV6やHey！Say！JUMPなどにも用いられることになった。

光GENJIには、デビュー前の候補生が何人かいた。その中の1人だった山崎正人は、のちに木山将吾という名で『SMAPへ—そして、すべてのジャニーズタレントへ』（鹿砦社）を2005年3月に上梓。ジャニー喜多川の性虐待だけでなく、合宿所の不健全な生活も暴露した。また中居正広は、ローラースケートが苦手だったためメンバーに選ばれなかったと後年語っている。

◆SMAPの前身・スケートボーイズ結成

秋には、光GENJIの『ガラスの十代』のバックでスケボーを行うグループ・スケートボーイズが結成された。翌1988年4月にはアイドル誌で一斉に主要メンバー12名がお披露目された。この中にのちにSMAPとなる6名がいたことから、SMAPの前身とされている。

スケートボーイズから漏れたメンバーのほとんどは平家派というグループで90年代初頭まで活動した。平家派自体の単独デビューはならなかったが、国分太一、城島茂、山口達也、坂本昌行、長野博、井ノ原快彦など、のちにTOKIOやV6を結成するメンバーが在籍し、野口隆史（後の反町隆史）も在籍していたことから、平家派は今も多くのファンの間で知られている。

◆『ラジオびんびん物語』放送開始

8月3日、実在のラジオ局・ニッポン放送を舞台に、田原俊彦と野村宏伸が演じるラジオ局の営業マンが引き起こすドタバタ劇を描いたドラマ『ラジオびんびん物語』（フジテレビ）が放送開始された。平均視聴率は17・7％で、これが翌年の『教師びんびん物語』のヒットにつながった。「びんびんシリーズ」は田原と野村にとって最大の当たり役となった。

◆**光ＧＥＮＪＩがシングルデビュー**

8月19日、光ＧＥＮＪＩが『ＳＴＡＲ　ＬＩＧＨＴ』でシングルデビューを果たした。少年忍者、男闘呼組とともに、少年御三家と呼ばれる。

以後29枚のシングルと20枚のアルバムをリリース。ローラースケートでステージを駆け回るエネルギッシュなパフォーマンスが時代の雰囲気にマッチし、「瞬間風速ではジャニーズ最高」と言われる大ブームを巻き起こして、一時代を築いた。

◆**東山紀之、時代劇に進出**

10月、東山紀之が民放の時代劇に進出。松方弘樹主演の『新撰組』(テレビ朝日系)で、沖田総司を演じた。東山は、以降数々の時代劇に出演し、ジャニーズ時代劇路線の道を開いた。

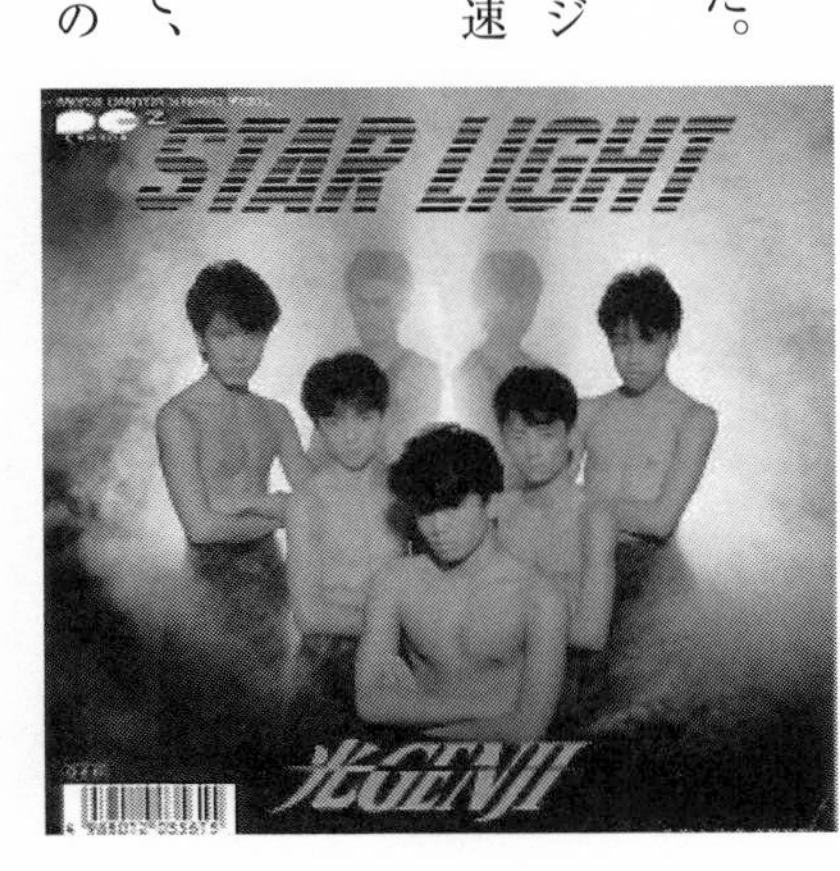

◆**田原俊彦とシブがき隊が「紅白」落選**

11月、『第38回ＮＨＫ紅白歌合戦』の出場者が発表されたが、『〝さようなら〟からはじめよう』や、連続ドラマ『ラジオびんびん物語』の主題歌『どうする?』などのヒット曲を持つ田原俊彦が落選し、さらにはシブがき隊まで落選した。

この年は「紅白改革」という旗印の下、出演者の大幅刷新を打ち出したことで、村田英雄、水前寺清子、川中美幸、八代亜紀、沢田研二、研ナオコなど大物や常連が落選し話題となった。ジャニーズからの出場も、近藤真彦と少年隊の2組だけになった。

しかし結局、「紅白」の視聴率低下に歯止めをかけることはできなかった。

◆**近藤真彦がレコード大賞・日本歌謡大賞ダブル受賞**

12月31日、「第29回日本レコード大賞」で近藤真彦の『愚か者』が大賞を受賞した。ジャニーズ事務所では初の受賞となる。

授賞式直前には近藤の母親の遺骨が盗難に遭い、「レコード大賞を辞退しろ」と書かれた脅迫状がレコード会社に送り付けられる事件が起こった。

近藤はこれに先立ち、『泣いてみりゃいいじゃん』で、「第18回日本歌謡大賞」の大賞も受賞していた。ダブル受賞はジャニーズ事務所として初めての快挙だった。この頃の近藤はアイドルとしてはすでにピークアウトしていたが、歌手としては全盛期にあったといえよう。

この他、少年隊が『君だけに』でベストアーティスト賞を受賞している。

1988年

◆少年隊がアジアツアーで成功

2月から、少年隊が台湾・香港・シンガポール・バンコクの4カ所で公演を行い、絶大な人気を博す。少年隊人気は、韓国の「消防車」、香港の「草孟」、台湾の「小虎隊」など各国にイケメン3人組の「少年隊モドキ」を生み、アジアに歌って踊る男性アイドル文化を根付かせた。のちに世界を席巻する韓流アイドルも、その流れの中から生まれてくるのである。

◆SMAP結成

2月、スケートボーイズから選ばれた森且行、中居正広、木村拓哉、草彅剛、稲垣吾郎、香取慎吾の6人が事務所に呼び出され、SMAP結成を告げられた。Sはスポーツ、Mはミュージック、Aはアセンブリー（日本語訳では集会や会合を意味する）、Pはピープル、とSMAPの命名の意味を説明されるが、

「へぇー、そうなんだ。ふーん、なるほど」

まだあどけないSMAPメンバー

と、全員いまいちピンとこない様子だったという（『ＳＭＡＰ二十歳』鹿砦社）。

小菅宏の『「ジャニー喜多川」の戦略と戦術』（講談社）によると、ＳＭＡＰはもともと脱退した森且行を中心に構成されたグループといわれている。歌とダンスがうまく、育ちの良さとスポーツマンタイプのイメージを兼ね備えた森をメインに、それを補う5人のキャラクターによる「スポーツと音楽のために集まった少年たち」といったコンセプトであった。

◆田原俊彦主演の『教師びんびん物語』が高視聴率

4月4日、田原俊彦が27歳で初めて教師役にチャレンジした『教師びんびん物語』（フジテレビ系）がスタートする。熱血教師・徳川龍之介（田原）と、龍之介を慕う後輩・榎本英樹（野村宏伸）が銀座の小学校を舞台に活躍する学園ドラマで、バブル期らしい勢いにあふれた「びんびんシリーズ」第2弾である。

『ラジオびんびん物語』に続く「業界もの」というスタンスと、毎回10万円以上するレノマの背広を着こなす「トレンディドラマ」のテイストが加わった、これまでにないカジュアルな学園ドラマとして大ヒットした。初回の視聴率は、フジテレビの連続ドラマとしては最高の24・9％をマークし、翌年には『教師びんびん物語Ⅱ』も放送。主題歌の『抱きしめてＴＯＮＩＧＨＴ』もそれと連動してヒットした。少年アイドルから大人のタレントへと脱皮を遂げた田原の、第2のピークだった。

◆男闘呼組がデビュー

8月24日、成田昭次、高橋一也、岡本健一、前田耕陽による4人編成の、ジャニーズ初のハードロックバンドグループの男闘呼組が『ＤＡＹＢＲＥＡＫ』でデビューした。解散までにシングル10枚とアルバム8枚をリリースする。男性にも人気の高いグループだった。

◆浅井企画との共同グループ・ＣＨＡ‐ＣＨＡがデビュー

9月27日、浅井企画のタレントとの乗り入れグループであるＣＨＡ‐ＣＨＡが、『鉄きらリン530!!』（日本テレビ）

の番組エンディングテーマ曲『Ｂｅｇｉｎｎｉｎｇ』でシングルデビューした。ジャニーズ事務所からは中村亘利と木野正人が加わったが、木野は１９９０年に脱退。アメリカへダンス留学した。

ＳＭＡＰの木村拓哉と草彅剛もオーディションを受けており、草彅は最年少メンバーとして同番組に出演している。同グループは10枚のシングルと5枚のアルバムをリリースした。

浅井企画との乗り入れはいくつか行われていたが、男闘呼組や木村拓哉は肌が合わなかったようだ。

◆シブがき隊が「解隊」

11月2日、シブがき隊が解散ならぬ「解隊」をした。

かつて同期としてジャニーズ事務所に在籍した平本淳也は著書『ジャニーズ噂の真相』（鹿砦社）の中でシブがき隊についてこう語っている。

「シブがき隊はシブがき隊なりで一世を風靡したジャニーズでもとてもユニークなグループだったし、唄った歌も『すし食いねぇ』というおもしろい歌を唄っていた。

少年隊が魅せた「バク転」がブームになっていたとき、唯一バク転のできないグループとしても名高くジャニーズでは最後まで異色の存在だった。しかし人気の方は決して衰えなく活動末期の昭和六十二、三年頃からは個々の活動も増えて個人への注目も大きかった。

六十三年に解散を迎えるまではコンサートはずっと満員だったし、テレビや雑誌の扱いも大きかった。解散を止めようとするファンの声も凄かった。

結局は惜しまれつつも解散に至り現在のように三者三様活動することになった」

まだまだ人気があったのに、シブがき隊が早い段階で解散した背景には、待遇への不満があったことは否めない。シブがき隊には〝1千万円闘争〟という言葉があり、1千万円ギャラが欲しくて、テレビ局の楽屋で他の事務所のタレントたちから情報を仕入れていたというエピソードが知られている。それだけジャニーズ事務所が、他と比べても金銭に対してシビアであったということだ。

この当時メリー喜多川は、「わずか10代のタレントに、100万円、200万円というお金を支払うのは、社会的に非常識だと思いませんか。10万円、20万円というお金を持たせただけで、子供たちはおかしくなると思いませんか」とマスコミ関係者に話しているが、事務所の搾取を正当化するには、ずいぶん苦し紛れの詭弁である。本当にそれほど子供たちのことを思うのであれば、手渡さずに積み立てて、大人になってから渡せばよいだけの話だろう。この事務所の搾取体質が改善されるのは、木村拓哉の独立騒動や、ジャニー喜多川の裁判などを経たあとの、まだまだ先のことである。シブがき隊は、事務所の待遇や自分たちの将来を考えて、事務所に使い捨てられる前の余力のあるうちに、芸能界で先々も生きていけるような道筋をつけようと考えたのだろう。

解散後、本木と布川はすぐに、薬丸も1年後にジャニーズ事務所を離れ、それぞれ、ジャニーズと直接競合しない分野での活動を模索する。

本木は俳優として大成功し、私生活では内田裕也・樹木希林の長女であるエッセイストの内田也哉子と結婚した。薬丸もマルチタレントとして成功し、『はなまるマーケット』（ＴＢＳ系）で長年キャスターをつとめ親しまれた。石川秀美と結婚し、長男は俳優の薬丸翔である。２人に比べて冴えなかったのが布川であるが、つちやかおりとの間にもうけた長男の布川隼汰は２００７年10月に『３年Ｂ組金八先生』第８シリーズで俳優デビューしている。

◆北公次がジャニー喜多川の性虐待を暴露

11月に北公次が『光ＧＥＮＪＩへ』（データハウス）を上梓。ジャニー喜多川の性虐待について暴露した初めての書籍であり、以降、北自身が続編を上梓した他、中谷良、平本淳也、木山将悟らの元ジャニーズも暴露本を出版している。

同書によると、ジャニー喜多川にスカウトされた北は、四谷のお茶漬け屋の2階に住み込むことになったが、2日も経たない夜、「それ以後4年半にも渡りほぼ毎日続く」秘め事を体験することになる。「最初は抵抗するおれだが、半分はあきらめの境地、半分はこれもアイドルになるためとわりきって」ジャニー喜多川に身を任せるしかなかった。

「ジャニーさんは勃起したおれのペニスを口に含み、音をたててしゃぶっていく。微妙な舌と唇の動きでたちまちのうちにおれはジャニーさんの口の中に射精すると、そのままジャニーさんは飲み込んでいく……。

口と手でおれをイカせてくれるのがジャニーさんの得意な愛撫術だった。もちろんそれ以外にも二人の〝愛し方〟はあった。おれの股を閉じさせて、その隙間にジャニーさんの怒張したペニスをはさみこみ何度も何度も上下に動きながらジャニーさんはおれの腹とふとももの付近に大量の精液を発射する。イカせ上手なジャニーさんだが、もちろん彼もまた欲望を吐き出していく。たまにおれの肛門に挿入することもあったが、あまりの痛さにおれは悲鳴をあげて拒絶した」

生々しい性行為が描写された衝撃的な内容だった。

ジャニーズを引き連れてジャニー喜多川が渡米した際、北は新宿で遊び歩くようになった。帰国したジャニー喜多川は、北が新宿に行かないように合宿所に有線放送を引き、ますます寵愛が強くなった。2人の関係はもはや「恋人同士」のようだったという。

やがて北はフォーリーブスで押しも押されぬスターとなっていった。そんなある日、ついに勇気を出してジャニー喜多川を拒絶し、ようやく性虐待に終止符が打たれた。しかし、ジャニー喜多川の夜の相手が北から後輩に変わっただけだった。その後も郷ひろみ、小坂まさるや豊川誕など、所属タレントの大半が同じ体験をしていることを知り、北は複雑な心境になったという。

「自分の手で直接貯金をしたためしもなかった。すべてジャニーズ事務所がしてくれると信じきっていたのだ。だが事務所をやめた時、おれは一銭も蓄えは無かった」と同事務所の待遇についても北は暴露している。給与明細を見たこともなかった。酷使され、〝愛人〟まがいの関係まで強要されたにもかかわらず、それに見合う対価は支払われなかったのだ。

◆「しょうゆ顔、ソース顔」が流行語大賞大衆賞に

男性の顔の分類で、一重まぶたの和風の顔立ちが「しょうゆ顔」、彫りが深いくっきりした顔が「ソース顔」と呼ばれ、市民権を得た。しょうゆ顔の代表が東山紀之、ソース顔の代表が錦織一清ということで、流行語大賞大衆賞の受賞者となった。特に東山のしょうゆ顔は人気が高かった。

「しょうゆ顔、ソース顔」は今では普通に使われる言葉になっており、新たに「塩顔」も加わっている。

◆光ＧＥＮＪＩがピンク・レディー以来の快挙を達成

光ＧＥＮＪＩがリリースした『パラダイス銀河』『ガラスの十代』『Ｄｉａｍｏｎｄハリケーン』が、オリコン年間シングルチャートの1・2・3位を独占して話題になった。これは、１９７８年のピンク・レディー以来の快挙だった。この頃の光ＧＥＮＪＩの人気は凄まじく、ジャニーズの歴史においてこれを超えるものはないといわれるほどだった。

◆光ＧＥＮＪＩが「レコード大賞」の大賞受賞

12月31日、「第30回日本レコード大賞」は、光ＧＥＮＪＩの『パラダイス銀河』が大賞に輝いた。ジャニーズ事務所としては前年の近藤真彦に続く受賞である。

その他、男闘呼組が『ＤＡＹＢＲＥＡＫ』で最優秀新人賞、近藤真彦が『あぁ、グッと』で金賞を受賞した。

◆光ＧＥＮＪＩと男闘呼組が「紅白」初出場、田原俊彦は「卒業」

同日、『第39回ＮＨＫ紅白歌合戦』に光ＧＥＮＪＩと男闘呼組が初出場した。光ＧＥＮＪＩは『光ＧＥＮＪＩ'88メドレーガラスの十代～パラダイス銀河～Ｄｉａｍｏｎｄハリケーン～剣の舞』を、男闘呼組は『ＤＡＹＢＲＥＡＫ』を歌った。近藤真彦と少年隊も連続出場を続けており、ジャニーズ事務所からは再び4組の出場となった。

その一方で、『教師びんびん物語』での活躍が認められ紅白出場者に選ばれていた田原俊彦が、「卒業」と称してこれを辞退。前年、7年連続で紅白に出場していた田原が落選したことに対しての、意地をむき出しにした意趣返しだったが、田原本人以上に事務所の意向を感じさせるものだった。出場が発表されたあとに本人が固辞してこれを拒むという前代未聞の事態となり、以後、田原は2度と「紅白」に出ることはなかった。

◆中谷良が『ジャニーズの逆襲』で性虐待を告発

以前にもジャニー喜多川の性虐待疑惑が女性週刊誌などで話題になった。1967年の新芸能学院の裁判だ。その際、学院内でワイセツ行為があったかと問われたジャニーズの中谷良は、「覚えてません」と事実を否認していた。ところが、21年の時を経て、告発本『ジャニーズの逆襲』(データハウス)の中で中谷は当時の証言を翻している。

「嘘?

そうなのです。私たちは、この時に多くの人を、いや自分自身を偽ってしまったのです。

私は、それまでの人生で初めて、人間として卑怯な行為をしてしまったのです。

事前に答弁の言葉は決められていました。ジャニー喜多川氏が、それが自分たちにとって最高の手段であるのだと、みんなを説き伏せて……。

たった17歳で、前途のある我々に、それ以外にどのような方法があったでしょうか。

真実だけが、自分を幸福に導いてくれるとは思えませんでした。自己防衛の念が、自分の心を閉じ込める手助けをしたのです。

その結果、私たちはその場限りの屈辱だけで、その件はうやむやにされ、そして一直線に大スターの階段をかけのぼっていけたのです。

しかしその反面では、自分を裏切り、公判での厳粛な宣誓を破り、多くのファンをあざむいて、それからの何十年も悔恨を背負って生きていかなければならなかったわけです。

結局は、ジャニー喜多川という男性の将来の手助けをして、野放しにした形になり、犠牲者を増やしてしまったのですから……。今だからこそ言える。いや、言わなくてはならない。

私は、裁判で嘘の証言をしてしまいました。

私も、ジャニーズのみんなも全員ジャニーの犠牲者だったのです」

新芸能学院とジャニーズのトラブルは、中谷いわく、「ジャニーさんの異常な猥褻行為が発覚したのが発端で、ジャニーさんがそこを追い出された」ものだが、ジャニー喜多川はジャニーズの４人に自分と行動を共にすることを求めた。彼らは悩んだが、５年以上も付き合い、自分たちを発掘し育ててくれたジャニー喜多川についていくことを選択した。それが冒頭の訴訟における偽証につながったわけだ。

告発本では、当時の彼らの給料は、すでにトップアイドルになって３年目なのに月給２万円だったことも明かされている。今なら20万円ぐらいか。しかも、食費や交通費は自腹だったという。スターになると電車で行ける所も人目を忍んでタクシーになる。交通費だけで給料を使ってしまうこともあったという。

裁判で、ジャニーズの地方公演での出演料の話が出てくるが、あおい輝彦は「25万円と聞いています」と答えたが、学院の代表者は「ワンステージ80万円だった」と話している。性虐待ばかりでなく、ピンハネもひどいものだった。

解散時、中谷らは事務所から１円の功労金も退職金ももらっていない。どんな功労者でも、用が済めば使い捨てである。これはこの事務所に限った話ではないが、金銭的に十分に報いなかったことが、相次ぐ性虐待告発に向かわせる理由の一つになったのは間違いないだろう。

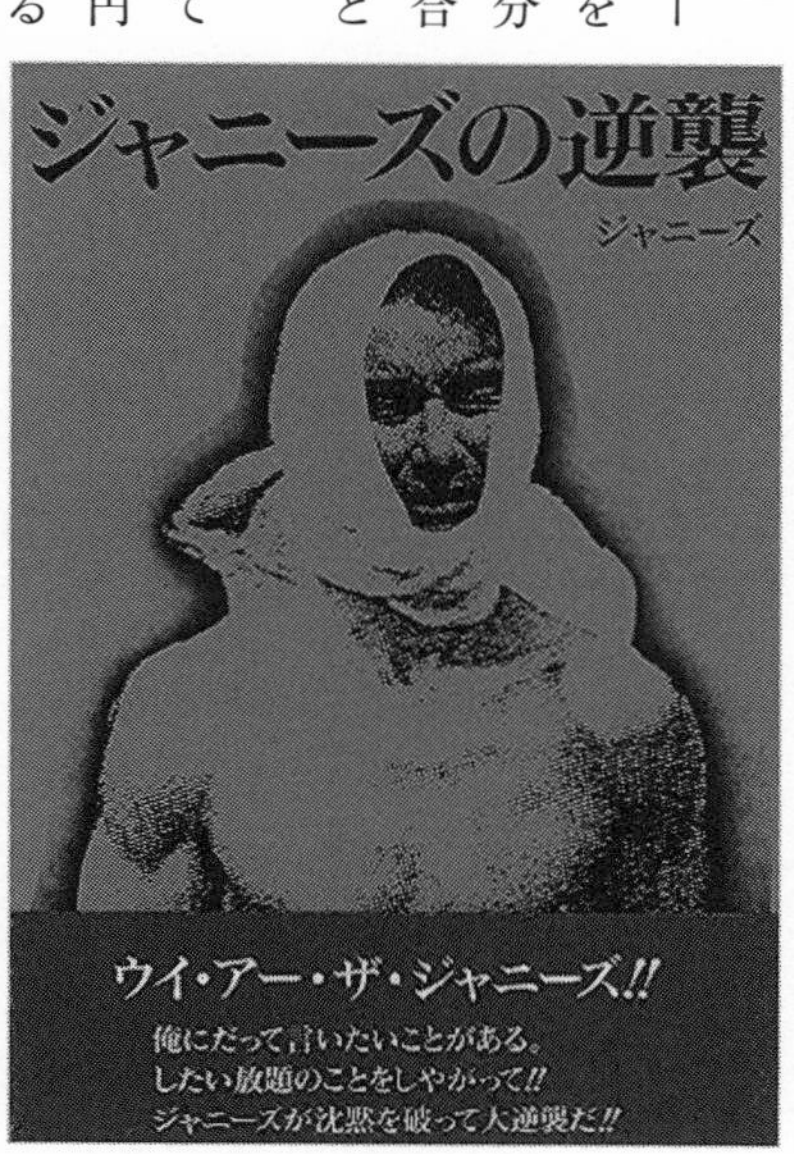

◆元ジューク・ボックスのメンバーが性虐待を暴露

北公次、中谷良に続き、元ジューク・ボックスのメンバー小谷純とやなせかおるも『さらば!! 光ＧＥＮＪＩへ』（データハウス）でジャニーズ事務所の実態を暴露した。

１９６９年にデビューしたジューク・ボックスは、相次ぐ脱退者やメンバー交代により、ブレイクすることなく解散した。この原因の一つがジャニー喜多川の性虐待にあったというのだ。

小谷は次のように被害にあう少年の心理を述べている。

「拒否すれば良いのにって、そういうもんじゃないんだよね。できないんだから。何も知らないことは怖いよね。それに少年ってのは好奇心強いでしょ。何だ、何だというちにそうなっていくわけだ」

「また、そのこと以外のやり方がとても自然で、やさしい理解者といった感じで子供の心をつかんでくるから、そんな人にそれをやられているというのも自然の成り行きのひとつになってしまうわけ」

後にいわれる「グルーミング」の手口が的確に語られているのが興味深い。また、やなせは、性行為に付き合わなかった分だけ、他のメンバーよりも給料が少なかったとも暴露した。

◆中森明菜、近藤真彦宅で自殺未遂

7月11日、近藤真彦の部屋で中森明菜が手首を切って自殺を図り、世間を驚かせた。幸い命に別条はなかったが、中森の傷はかなり深く、本気をうかがわせるものだったという。中森が近藤との結婚を求めるのに対し、ジャニーズ事務所と近藤が応じないことが原因と見られた。またこの少し前に、近藤と松田聖子のニューヨークでの密会が写真誌に報じられ、中森がそれにショックを受けたともいわれた。

当時の中森は抜群の歌唱力を持つ歌姫として、まだまだ人気が高いトップアイドルだった。一方の近藤はすでにピークアウトしていたとはいえ、やはり一世を風靡したトップアイドルである。双方の立場を考えれば結婚が難しいのもやむなしで、中森の行為はいささかあてつけがましく子供じみているようにも見えた。

しかし、自殺の理由に関しては、他に金銭にまつわる問題もささやかれていた。中森が、結婚を前提に、事務所から借金をしてまで近藤に大金を貢いでいたというのだ。さらに結婚後の新居の購入資金として、近藤の親族の不動産業者が8千万円を受け取ったという噂もあった。こうして中森から巻き上げた金の多くは、近藤の自動車レース資金として使われたともいわれていた。

そしてこの年の大晦日、不可解な「金屏風前の謝罪会見」が開かれる。自殺未遂で騒がせたことを詫びるのに、なぜ金屏風の前に2人が揃って並ぶ必要があったのか？ 浮上したのは、ジャニーズ事務所が、「近藤との婚約会見を開く」と騙して中森を呼んだのではないかという疑いである。

さらに、ジャニーズ事務所は、中森に所属事務所・研音の悪口を吹き込み、世話をするように見せかけて独立させたところで梯子を外し、中森を潰して近藤と引きはがそうとしたのではないかともいわれている。独立した中森の新事務所をお膳立てしたのが小杉理宇造であったことから、小杉が一連の明菜潰しの黒幕だったのではないかという疑惑も根強い。

ことの真相は今もわからない。ただ言えるのは、これはジャニーズ史上最大の女性スキャンダルだったということ、そしてこの一件を境に2人は破局、中森は転落の一途をたどり、一方の近藤は、事務所に守られて幸せな芸能人生を歩んだということである。

◆TOKIOの母体結成

バラエティ番組『アイドル共和国』（テレビ朝日系）で、「平家派」のメンバーだった城島茂と山口達也がプライベートバンドを結成した。ジャニー喜多川がそれを「TOKIO BAND」と命名。事実上、TOKIOの母体結成である。その翌年、同番組でSMAPのバックダンサーをつとめたジャニーズJr.のユニット「SMAP学園」の選抜メンバーとして国分太一と松岡昌宏が、城島と合流。この4名がTOKIOを結成する。

◆忍者がレコードデビュー

8月22日、忍者が『お祭り忍者』でレコードデビューした。美空ひばりの『お祭りマンボ』をリメイクした楽曲だった。解散までにシングル13枚、アルバム9枚をリリースする。実力派ゆえに長年バックをつとめ、やっと漕ぎ着けたデビューだった。

◆近藤真彦の「紅白」連続出場が途切れる

11月、『第40回NHK紅白歌合戦』の出場者が発表され、ジャニーズ事務所からは少年隊、男闘呼組、光GENJIが前年に引き続き選ばれた。しかし、8年連続出場していた近藤真彦は落選。中森とのスキャンダルの影響に加え、この頃の「紅白」は出場者のジャンルの多様性に活路を求めており、松田聖子、中森明菜、五輪真弓、小泉今日子も落選している。

◆光GENJIが「日本歌謡大賞」の大賞受賞

光GENJIが『太陽がいっぱい』で「第20回日本歌謡大賞」の大賞を受賞した。ジャニーズ事務所では田原俊彦、近藤真彦に次いで3組目の受賞となる。

◆男闘呼組と光GENJIが「レコード大賞」で金賞受賞

12月31日、「第31回日本レコード大賞」は、男闘呼組が『TIME ZONE』で、光GENJIが『太陽がいっぱい』で金賞を受賞した。

◆忍者が「レコード大賞」で最優秀ポップス新人賞受賞

12月31日、「第32回日本レコード大賞」は、忍者が『お祭り忍者』で最優秀ポップス新人賞を受賞した。忍者は同じ曲で、「第21回日本歌謡大賞」の放送音楽新人賞を受賞した。

◆忍者が「紅白」に初出場

同日、『第41回NHK紅白歌合戦』に、少年隊、光GENJIとともに忍者が初めて出場する。デビュー4カ月で『紅白歌合戦』初出場は史上最短記録といわれたが、グループ結成からは5年が経過していた。

なお、男闘呼組は落選した。

１９９１年

◆ＳＭＡＰがＣＤデビュー

９月９日、ＳＭＡＰが『Ｃａｎ'ｔ Ｓｔｏｐ‼-ＬＯＶＩＮＧ-』でＣＤデビューを果たした。この年の１月に日本武道館で最初のコンサートを行っており、満を持してのデビューだった。

しかし、デビューから順風満帆だったわけではなく、楽曲が世間から注目されるのは、１９９３年の『＄10』以降のことである。どちらかといえば当初は「落ちこぼれ」のグループだった。「ステージに立ってもあまり目立たなかった。というより個性をアピールするだけのパフォーマンスも下手で、何か決め手に欠けていた」（『「ジャニー喜多川」の戦略と戦術』）

同書によれば、デビュー１年目に名古屋のレインボーホールで開いたライブでは、ジャニーズタレントとしては落第点といえる半分以下の客しか集められなかった。もともとリストラ候補ですらあった彼らの面倒を見たのは、メリー喜多川ではなく飯島三智だった。ジャニー喜多川がやる気だったにもかかわらず、メリーは初めからＳＭＡＰが売れるとは思ってもおらず、一介のデスクだった飯島三智に「アンタ、勝手にやっておきなさいよ」という調子でマネジメントを任せたという。

それが超トップアイドルグループにまで成長したのは、飯島が、体を張って５人をマネジメントした結果なのである。

SMAPを育てた飯島三智

◆ＳＭＡＰが「日本歌謡大賞」で新人賞受賞

ＳＭＡＰが『Ｃａｎ'ｔ Ｓｔｏｐ‼-ＬＯＶＩＮＧ-』で「第22回日本歌謡大賞」で放送音楽新人賞を受賞した。同賞はジャニーズ事務所では５組目となる。日本歌謡大賞は１９９３年で終了しているため、彼らが同事務所のタレントとしては最後の受賞者でもある。

◆SMAPが「紅白」初出場

11月、『第42回NHK紅白歌合戦』の出場者が発表され、少年隊と光GENJIが連続出場を果たすとともに、SMAPが初めて選ばれた。SMAPにはまだ何の実績もなかったが、この頃のジャニーズが、人気グループとのバーターで若手をねじ込む力を持っていたことの証左といえよう。

1992年

◆KinKi Kids結成

関西出身の堂本光一と堂本剛によるコンビが結成された。結成当初は、ジャニーズ関西組や堂本ブラザーズなどといわれていた。KinKi Kidsという名称は中居正広司会の『キスした?SMAP』第1回放送(1993年4月4日)の時に生まれたとされており、CDデビューはさらにその4年後のことである。

この頃はまだ、関西の中学校に通いながら週末に新幹線でレッスンや仕事に通っていた。

◆『夢がMORI MORI』放送開始

4月18日から、SMAP出演のバラエティ番組『夢がMORI MORI』(フジテレビ系)の放送が始まる。番組名は司会の森脇健児と森口博子、当時SMAPのメンバーだった森且行の3人の名前の「森」に由来したもの。当初は森脇を柱にするはずだったが、はからずもSMAPがこの番組によりブレイクする。

1990年前後に『歌のトップテン』(日本テレビ系)や『ザ・ベストテン』(TBS系)などの歌謡番組が相次いでなくなったため、SMAPは、苦肉の策でドラマやバラエティに活路を求めていた。『夢がMORI MORI』では本格コントに挑み、アイドルでありながら気取らず笑わせてくれる、という親しみやすさが共感を呼び人気が爆発した。

1995年9月30日に同番組が終わる時には、彼らは日本中に知れ渡るトップアイドルになっていたのである。

❸ SMAP時代前期 1993—2003

一度は見捨てられかけたSMAPが大化けし、国民的アイドルとして大活躍。「歌って踊る」に「演じる・喋る」を加えたマルチアイドルという新しいスタイルを確立し、様々な分野に進出する。

1993年

◆東山紀之、NHK大河ドラマで主演

東山紀之が、NHK大河ドラマ第31作目となる『琉球の風 DRAGON SPIRIT』で主人公の啓泰を演じた。ジャニーズタレントとしては初のNHK大河ドラマ主演抜擢だった。

この時期ちょうどNHKが大河ドラマの短期化を模索しており、『琉球の風 DRAGON SPIRIT』は1月10日から6月13日まで放送された、大河ドラマ唯一の半年作品である。

◆男闘呼組が事実上の解散

6月30日、男闘呼組が人気の最中に突如グループ活動休止（実質的な解散）した。直接の理由は高橋一也の解雇といわれているが、以前から反抗的なメンバーとメリー喜多川の関係はギクシャクしていた。夏に行われる予定だったコンサートツアーのチケットが完売していたにもかかわらず、すべて中止となりファンを騒然とさせた。高橋に続き前田も事務所を離れ、全員がソロでの活動となった。成田もしばらく後に退所している。

岡本健一のみがジャニーズに残り、21年にジャニーズとの専属契約を終了しエージェント契約を結んだ。息子は元Ｈｅｙ！Ｓａｙ！ＪＵＭＰの岡本圭人である。22年7月から23年8月にかけて、期間限定で男闘呼組が再結成されている。

◆植草克秀がドラマ撮影中に大やけど

10月6日、少年隊の植草克秀が、ドラマのロケ中に大やけどする事故が起こった。北海道登別温泉の地獄谷で80度の熱泉に両足を突っ込んでしまったのだ。

翌日、入院先の登別厚生年金病院で行った植草の会見によると、その前に植草自身が犯人を追って走るシーンでも地盤が陥没しており、「その後、助監督が『アッ、チ、チ』と言ってやけどをしていたのを見たし『怖いな』とは思っていた」という。

東映テレビ事業部のプロデューサーは、「現場は何度もリハーサルをしましたし、撮影スタッフも重い機材を持って何度もそこを通ったりしていたんです。まさか、そこが陥没するなんて誰も想像していなかった」と釈明したが、事故現場は立ち入り禁止区域だった。地元の観光協会は、「スタッフが、私たちに相談もなく危険な地盤で撮影したために事故が起きた」と制作サイドを非難した。

これは、少なくとも植草には全く過失のない事故である。「（現場での）アドバイスは何もなかった」と言い、制作現場の安全管理に問題があったことは否めない。

植草はその後1カ月以上、歩くこともできなかった。植草にとっては大きな災難だったが、これが翌年の結婚につながることになる。

◆木村拓哉が『あすなろ白書』で人気に

10月11日、『あすなろ白書』（フジテレビ系）が放送開始。柴門ふみ原作の同名マンガのドラマ化で平均視聴率27・0％をマークする。主演の

取手役で世間に「発見」された

石田ひかりと筒井道隆以上に、取手治役を演じた木村拓哉がブレイク。以後、俳優としての快進撃が始まり、木村は主演作品を積み重ねていく。そして、木村の人気がSMAPの人気へとつながっていくのである。

◆少年隊と光GENJIが最後の「紅白」出場

12月31日、『第44回NHK紅白歌合戦』に、少年隊、光GENJI、SMAPの3組が出場。結果的には、8回目の少年隊、6回目の光GENJIはこれが最後の出場となる。世代交代の波が押し寄せつつあった。

1994年

◆田原俊彦が退所・独立

田原俊彦が3月いっぱいでジャニーズ事務所を退所、独立し、個人事務所「DOUBLE〝T〟PROJECT」を設立した。その前年は毎年行われるコンサートツアーもなく、『ミュージックステーション』(テレビ朝日系)にも出演できないなど、ジャニーズ事務所は冷ややかだった。

さらに、ワイドショーで放送された会見で、「僕はビッグですから」と発言。その部分が殊更に強調され、バッシングを受ける。「ビッグ」発言の影響により田原の好感度は著しく低下し、第一線から退くきっかけとなってしまった。以降長年にわたって、ジャニーズの圧力で大きく露出を減らし、辛酸をなめながらも地道な芸能活動を続ける。田原の二の舞になることを恐れて、ジャニーズ事務所のタレントは簡単に独立しないようになっていった。

◆近藤真彦が結婚

6月、近藤真彦が結婚した。

相手の和田敦子さんは29歳の近藤より2歳年下で、事務所が勧める良家の娘だった。ジャニーズタレントの長男にふさわしい相手を選んだといわれる。

その後、近藤はジャニーズ事務所で好きなレースに関わりながら重役待遇を受けるようになり、春にジャニーズを去った田原と明暗を分けることになる。

◆植草克秀が結婚

7月24日、少年隊の植草克秀28歳の誕生日に、モデルの樋口千恵子と婚姻届を提出した。2人が出会ったのは高校（明大付属中野高）在学中だった。3年生の植草が1年後輩の千恵子さんに惹かれて交際がスタートした。長きにわたって交際は続き、写真誌に撮られたこともあった。

ジャニーズタレントの20代での結婚は当時も珍しいことだったが、それが許されたのには理由があった。前年の植草の大やけどの事故である。10月6日の事故後、植草が靴を履いて歩けるようになったのは11月も中旬を過ぎてのことだった。精神的にも落ち込んだであろう入院期間に、献身的に尽くしたのが千恵子さんだった。

事故により、ジャニーズ事務所に植草に対する負い目が生じたことに加え、植草の入院生活を通じて千恵子夫人が信用に値する女性と見定められて、結婚が認められたのだ。すでにこの年の1月には、ジャニー喜多川に気持ちを伝えていたとされる。

こうしてお互いのことをよく理解し合って結ばれたように見えた2人だったが、2010年には泥沼の離婚に至る。

◆大沢樹生と佐藤寛之が光GENJIを脱退

8月31日、大沢樹生と佐藤寛之が光GENJIを脱退し、事務所も退所した。2人が抜けたことで光GENJI SUPER5にグループ名を変更したが、翌年にはグループそのものが解散してしまうことになる。

◆TOKIOがデビュー

9月21日、TOKIOが『LOVE YOU ONLY』でデビューした。1989年に結成されたTOKIOBANDから、ボーカルの小島啓が加わり、93年あたりからサブメンバーのような形で長瀬智也が加わっていた。CDデビュー直前に小島がジャニーズ事務所を去って長瀬が正式なメンバーとなる。小島の脱退は「アメリカ留学」という理由になっていたが、長瀬とチェンジされて居場所がなくなったようにも見えた。厳しい世界であり、より華のあるメンバーとの入れ替えで、それまでいたメンバーが押し出されるのは仕方のないことだったのだろう。

◆TOKIOが「紅白」初出場

『第45回NHK紅白歌合戦』に、連続出場のSMAPとともにTOKIOが初めて出場。それまで連続出場してきた少年隊と光GENJIは選ばれず、ジャニーズからは2組の出場となった。

以後2009年（第60回）に嵐とNYCboysが出場するまで、近藤真彦が出場した1996年（第47回）をのぞき、この2グループがジャニーズ枠となる。

2001年（第52回）と2004年（第55回）にはSMAPが出場を辞退しているが、そのときも他のグループで補充せずTOKIOだけが出場した。

◆KinKi Kidsがコンサートでお披露目

12月31日、KinKi Kidsが日本武道館でファーストコンサートを行った。この時点で、堂本光一、堂本剛はともに弱冠15歳。CDデビューはここからさらに3年待つことになる。

ポップで親しみやすいバンドグループ TOKIO

1995年

◆大震災直後、SMAPが『がんばりましょう』を歌う

阪神淡路大震災3日後の1月20日、『ミュージックステーション』（テレビ朝日系）に出演したSMAPが、本来歌うはずだった新曲をやめ、被災地に向けてメッセージとともに『がんばりましょう』を歌い、多くの人々を勇気づけた。このことは、SMAPが国民的アイドルといわれるようになる一つのきっかけとなった。

◆堂本剛が『金田一少年の事件簿』で主演

4月8日、堂本剛主演の『金田一少年の事件簿』（日本テレビ系）が放送された。さとうふみや作画による人気マンガのドラマ化であり、名探偵・金田一耕助の孫・一（堂本）が学園七不思議を解明していくストーリーである。2時間の単発ドラマだったが、好評のため7月15日からワンクール連続で放送された。

日本テレビの土曜日9時の時間帯は、70年代～80年代にかけてはグランド劇場と称する大人のドラマや、『池中玄太80キロ』に代表されるようにホームドラマが放映されていたが、「くるくる回るカメラワークや極端なドアップなど、音楽ビデオの手法を大幅に採り入れた」（『みんなのジャニーズ』で川口瑞夫）同作品を契機に少年ドラマ枠に変わっていった。

堂本剛の当たり役となった一少年役は、その後、松本潤、亀梨和也、山田涼介、道枝駿佑に受け継がれ、『金田一少年の事件簿』シリーズは息の長いジャニーズドラマとして定着している。

◆『SMAP大研究』出版差し止め訴訟

6月、鹿砦社が『SMAP大研究』を出版。これに対して、主婦と生活社、マガジンハウス、学習研究社、扶桑社の4社がインタビュー記事の無断使用による著作権侵害にあたるとし、またSMAPメンバーがパブリシティ権・肖像権の権利侵害を主張、出版差し止め仮処分を申請した。

ここから、ジャニーズ事務所と鹿砦社の因縁が始まった。（詳細は本項末別稿）

◆光GENJI（SUPER5）解散

9月3日、絶大な人気で一時代を築いた光GENJIが解散した。大沢樹生と佐藤寛之が1年前に事務所を辞め、以後は光GENJI SUPER5として3枚のシングルをリリースしていた。まだまだやれるのではないかと思われながらの解散だった。

諸星和己は、自伝『くそ長ーいプロフィール』（主婦と生活社）で、解散の裏にはジャニーズ事務所のマネジメントにおける契約問題があったことを記している。

◆中居正広がスポーツキャスターに

10月、ニュース番組『サンデージャングル』（テレビ朝日系）に、中居正広がプロ野球コーナーの進行役で登場した。トークがうまく野球好きの中居は、自らスポーツキャスターの仕事を強く希望したという。あおきひろしの『ボクの夢はキミたちが描く夢』（メタモル出版）によると、ジャニー喜多川は次のように告白している。

「SMAPの人気が上昇してきたこともあって、『サンデージャングル』に中居を売り込んだ。しかし、局側は引退したプロ野球選手の起用を予定していて、意見が分かれた。いまにして思えばだが、僕は無理やり押し込むわけにはいかないと思っていたから、局がそういう意向なら……という気持ちになっていたのかもしれない。それが〝中居でいく〟と決まったのは、本人の熱意以外の何ものでもなかった。

彼はプロデューサーたちに向かって、

『野球評論家とか、そういう専門家の目ではなく、僕らアマチュアの目でプロ野球をいろんな角度から見て、それに対する疑問をぶつけていきたい』

こんな趣旨のことを熱弁したんだ」

以降中居は、オリンピックのキャスターをつとめるなど、スポーツ報道分野で独自のポジションを確立。そして中居以降、多くの後輩たちが様々なキャスター業に進出していった。歌や芝居の他にキャスターというフィールドに道をつけた中居は、ジャニーズ事務所に大きく貢献したと言えるだろう。

◆初代金八トリオ結成

10月12日、『3年B組金八先生4』の放送が開始された。たのきんトリオがブレイクするきっかけとなった第1シリーズ以来、ジャニーズタレントの登竜門となっている同シリーズ4作目では、古屋暢一、榎本雄太、坂口剛が出演し、金八トリオを結成した。3人とも事務所を退所してしまったが、グループ名自体は残り、次の『3年B組金八先生5』(1999年)では亀梨和也、風間俊介、森雄介らが2代目の金八トリオを受け継いだ。以降、『3年B組金八先生6』(2001年)では増田貴久、加藤成亮、東新良和、『3年B組金八先生7』(2004年)では藪宏太、八乙女光、鮎川太陽、『3年B組金八先生8』(2007年)では亀井拓、真田佑馬、植草裕太、カミュー・ケイドらが出演。いずれも金八トリオの通称で呼ばれることがあったが、グループとして活動することはほとんどなかった。

◆滝沢秀明・今井翼がドラマデビュー

10月19日、『木曜の怪談　怪奇倶楽部』(フジテレビ系)が放送開始。この作品で主演の滝沢秀明、今井翼、川野直輝がドラマデビュー。3人とも同年にジャニーズ事務所に入所したばかりで、異例のスピードでテレビ出演を果たした。同期の3人は「怪談トリオ」と呼ばれていたが、川野が事務所を退所。のちに滝沢と今井はタッキー&翼としてデビューする。

◆V6がCDデビュー

11月1日、V6が『MUSIC FOR THE PEOPLE』でCDデビューを果たした。このグループは、もともと日本バレーボールの「Vリーグ」とのタイアップで、フジテレビの企画で出来たものである。その企画は、かつてフジテレビ社員だった藤島ジュリー景子が、その人脈を生かして実現させたものだといわれる。

当初のメンバーは坂本昌行、長野博、井ノ原快彦、佐野瑞樹、原知宏、喜多見英明の6名だったが、佐野、喜多見に代わって「剛健コンビ」の森田剛と三宅健が加わりV6となった。その後、ジャニー喜多川はグループを年長組と年少組に分けることにした。その際、原に代わり、『天才・たけしの元気が出るテレビ!!』（日本テレビ系）のオーディションコーナー「ジャニーズ予備校」出身の岡田准一が選ばれた。

平本淳也の書籍（『ジャニーズ噂の真相Q＆A』鹿砦社）によると、岡田の抜擢は他のジャニーズタレントからの反発もあったという。その岡田は現在、俳優として高い評価を得るようになった。

◆『鉄腕！DASH!!』放送開始

11月2日、TOKIOが初のメインをつとめる『鉄腕！DASH!!』（日本テレビ系）の放送が始まる。当時は木曜深夜枠の30分番組で、スタジオでのトーク形式だった。

1998年4月12日より、タイトルを現在の『ザ！鉄腕！DASH!!』に改め日曜夜のゴールデンタイムに進出。放送時間も56分に拡大され、さらに半年後の10月18日より58分へと拡大された。「DASH村」が登場するのは2000年6月4日から。以後、「DASH村」企画を軸に、番組の人気とTOKIOの好感度が大きく上がった。東日本大震災で「DASH村」企画は終わってしまったが、『ザ！鉄腕！DASH!!』は2023年現在も続く長寿番組となっている。

年長3人のトニセンと年下3人のカミセンから成るV6

1996年

◆忍者が活動休止

1月20日、かつて日本レコード大賞の新人賞を受賞した忍者が、事実上のラストアルバム『ＨｉＬａＲｉ』の発売をもって活動休止した。デビューから史上最短記録で紅白に出場するなど、大々的に売り出された忍者だったが、その後は目立った活躍もなく、文字通り〝忍者〟のような影の存在となっていた。彼らの最後も派手な引退興行も引退声明もなく、事実上の自然消滅だった。歌とダンスに秀でた実力派だったこともあり、近年では伝説のグループとして時折話題に上っている。

これまで、ジャニーズ、フォーリーブス、男闘呼組、シブがき隊、光ＧＥＮＪＩなど、ジャニーズの看板タレントたちは、全盛期を過ぎるとまだ人気があるうちに退いてきた。しかし、この忍者を最後に、いったんデビューしたグループは、個々のメンバーの脱退はあっても解散はせず、息長く活動を続ける方針に変わっていく。

◆豊川誕、偽造クレジットカード詐欺で逮捕

4月3日、70年代に歌手としてジャニーズ事務所に所属していた豊川誕（20歳の時に退所）が、偽造クレジットカードの詐欺で逮捕された。豊川は以降も更生できず、4回逮捕されている。

最初の逮捕は、同じ店で偽造カードを2度使うという単純な犯罪によるものだった。5月24日まで50日間拘置。懲役2年、執行猶予3年の判決を受けた。

執行猶予中だった1998年8月5日、今度は覚せい剤取締法違反で東京・麻布署に逮捕された。自宅兼事務所や千葉県内の知人宅などで、覚せい剤を数回使用した疑い。カード詐欺で逮捕されたあと身元引受人となっていた政治ジャーナリストの渡辺正次郎はこう嘆いた。「過去の交友関係を清算できなかったようだ。精神的にも甘く、金銭的にも苦しんでいた。1年ぐらい会っていなかったが、新しい事務所もうまくいってなかったようだ」（『日刊スポーツ』1998年2月4

日付）

懲役1年2カ月の実刑判決を受け、2000年5月に前橋刑務所を出所。この頃の豊川の風貌は、前歯が溶け、髪も後退した小太りの中年。かつて薄幸の美少年として人気を博した頃の面影はなく、ホームレスと見間違えられてもおかしくないような荒んだ姿だったという。

出所からわずか50日後の7月6日に3度目の逮捕。またしても覚せい剤所持で、小田原署に御用となる。調べによると、宿泊していた神奈川県箱根町の会員制観光ホテルの室内で、ビニール袋に入れた覚せい剤約1・5グラムを持っていた疑い。豊川は逮捕容疑自体を認めたものの、覚せい剤使用については「尿検査の結果が陽性なら（覚せい剤の）使用についても話す」と最後まで逃れようとした。注射器まで押収されているというのに、なんとも往生際が悪い（『スポーツニッポン』2000年7月8日付）。

そして4度目は2003年4月28日。東京都中央区の中華料理店内で警官（築地署地域課の巡査長）を殴り、公務執行妨害と傷害容疑で現行犯逮捕された。豊川は「確かに殴った。でも警官とは知らなかった」と答えたという（『サンケイスポーツ』2003年4月29日付）。

絵に描いたような転落人生を送った豊川だが、2011年に再起をかけた28年ぶりの新曲をリリースし歌手活動を続けた。

◆ＯＢの平本淳也がジャニー喜多川を告発

4月、13歳から18歳までジャニーズ事務所に所属した平本淳也が、『ジャニーズのすべて―少年愛の館』（鹿砦社）を上梓した。

平本は、合宿所で目撃した性虐待の深刻な実態を紹介し、ジャニー喜多川の相手の1人として、植草克秀という実名を挙げている。しかし同書は、北公次の一連の書物ほど、性虐待行為に対する暴露を強調したものとはなっておらず、「すべて」という題名の通り、ジャニーズ事務所の仕組みや所属タレントの日常などを細かく紹介している。

平本はその後も多くのジャニーズ関連書籍を上梓。2023年には「ジャニーズ性加害問題当事者の会」代表をつとめている。

◆『SMAP×SMAP』放送開始

4月15日、長年「スマスマ」の呼び名で親しまれることになるSMAPの冠バラエティ番組『SMAP×SMAP』（フジテレビ系）の放送が始まった。SMAPにとっては初のゴールデン冠番組だった。

この番組の名物コーナー「BISTRO SMAP」は、当時SMAPのメンバーだった森且行が料理を得意としていたことから始まったが、森は5月7日にSMAPを脱退、5月27日放送分が最後の出演となった。

全盛期には視聴率30％を超え、マイケルジャクソンを始め海外の有名アーティストも多数出演した。SMAP解散直前の2016年12月まで番組は続いた。

◆『ロングバケーション』大ヒット

4月15日から6月24日まで、フジテレビ系列の月9ドラマ、『ロングバケーション』が放送された。脚本は1993年に木村人気のきっかけとなった『あすなろ白書』と同じ北川悦吏子。主演は木村拓哉と山口智子で、木村にとって初めての連続ドラマ主演である。「月曜日はOLが街から消える」と週刊誌などで言われる「ロンバケ現象」が起こるほどの人気となった。

このドラマ以降、ドラマスターとしての木村の地位が確立し、森脱退のピンチを木村人気の勢いで乗り切ることができた。そして10年以上にわたる木村ドラマの黄金期を迎えることになる。

◆森且行が芸能界を引退し、オートレーサーに転向

5月7日、森且行のオートレーサー転向による芸能界引退会見が行われた。

「SMAPがあったらからこそ、今までの僕があった。やるからにはレーサーの世界でも一番になるように頑張ります」

森はきっぱりとした態度で前向きに語った。

森が一次試験を受けたのはこの年の1月。一次試験の内容は適正試験と国語・数学・理科・機械の学力試験。競争率24倍という難関を突破した森は、3月に行われた二次試験もなんなくクリア。三次試験で不合格になることはまずないため、この時点でオートレーサーへの切符を手にしたことになる。

この会見に駆けつけたSMAPメンバーはリーダーの中居ただ1人だった。森が事務所からの妨害を恐れ、誰にも相談せずに密かに試験を受けていたことに激怒したメリー喜多川が「勝手に余計なことをして。嫌になって辞める者の引退会見など出る必要はない。誰も出るな。森なんてもうSMAPじゃないんだ」と、SMAPのメンバーに通告していたからだ。しかし、中居だけは「これまで一緒にやってきたんじゃないですか。少なくとも僕は出ますから」とこの命令に背いてまで会見に臨んだのだ。

「森の気持ちはわかりすぎるほど、わかるよ。実は僕も巨人の選手になるのが夢だったんだ。だから、今日は夢を実現させるべく、ジャイアンツの仁志さんのユニフォームを着てやって来たんだけどさ。男の生きざまって、自分の夢を叶えるのが最高。森も頑張って欲しいね」

ただ、中居は会見で次のようにも述べている。

「森がオートレーサーになるのもいいさ。これまで一緒にやってきた仲だから、森のことは何でも知っているつもりだよ。ただ残念なのは、何でレーサーになるならなるで、願書を提出したことや、第一次、二次試験を受けたことを俺たちに言ってくれなかったかってこと。これまで尊重し合って本当の仲間としてやってきたメンバーとして、突然内緒でそんな準備をしていたなんてことを聞かされたことに関しては、本当にショックだったよ」

森が引退した後、SMAPは5人で夏のコンサートツアーを乗り切った。7月20日に行われた東京ドームを皮切りに8月3日兵庫西宮球場、8月10日札幌真駒内オープンスタジアム、8月15日福岡ドーム、8月17日仙台みちのく杜の湖畔公園と無事にコンサートを終えたものの、グループで最も歌とダンスに秀で、ステージパフォーマンスの要だった森を失ったダ

今も現役オートレーサーの森且行

メージは大きかった。のちにメンバーは、長いSMAPの歴史の中で最大の危機は、森の脱退だったと語っている。

森に対するメリー喜多川の怒りは大きく、「森などという人間は最初から（SMAPに）存在しない！」という方針のもと、以後、SMAPの過去の映像や写真などから森の姿が執拗なまでに消されることとなった。

しかし、ジャニーズにはすでに近藤真彦という、カーレーサーとの二足のわらじの先例が存在していた。せっかく事務所の稼ぎ頭に育ちつつあったSMAPに対して、経営者としてもっと寛容な対処法もあったはずである。メリーのお気に入りである近藤には許されていることが森には許されなかった。そこには、自分が見限ったグループが思いもよらぬ大化けをしたことに対するメリーの複雑な想いも見え隠れしている。

◆近藤真彦が8年ぶりに「紅白」出場

12月31日、『第47回NHK紅白歌合戦』にSMAP、TOKIO、近藤真彦が出場した。近藤は1988年（第39回）以来8年ぶりの出演となり、『ミッドナイト・シャッフル』を歌った。KinKi Kidsが近藤のオープニングのダンサーをつとめ、ジャニーズを退所して久しい野村義男がギター演奏で参加した。

◆カウントダウンライブのルーツとなるイベント開催

阪神大震災の災害復興チャリティーイベントとして、神戸ワールド記念ホールでV6が年をまたいで「V6 COUNTDOWN'97」を行った。翌年からJ-FRIENDSのカウントダウンライブが開催されるようになり、次第に規模が大きくなって、大みそかの華やかなコンサートとして定着していく。

1997年

◆豊川誕もジャニー喜多川との夜を暴露

3月25日、前年に逮捕され執行猶予中の身だった元所属タレント豊川誕が『ひとりぼっちの旅立ち』（鹿砦社）を上梓した。

ゲイバーや喫茶店で働いていた豊川に、「ジャニーズ事務所のマネージャー」を名乗る若い男が声をかけてきた。実際は、事務所に出入りしていただけの売り込み屋にすぎなかったが、その男の斡旋により、メリー喜多川と面談が実現。そして採用が決まるのである。

デビュー前の仕事は、まず先輩の仕事を見ること。そしてもう一つ「辛い仕事」（豊川）が待っていた。

「どこで寝ていたのか。ジャニーさんの部屋であった。

彼のベッドで毎晩、自由にされ続けたのだ。自分のやっていることが何であるかわかっているつもりだ、だてにゲイバーで働いていたわけじゃない。ジャニーさんに、ベッドに誘われた時は正直、驚いた。だが、これからの、この人に育ててもらわなければどうにもならないということも、僕は十分すぎるほど、理解していたのである。

これも勉強。そう自分に言い聞かせて、毎晩、ジャニーさんの相手を務めていたが、不思議に彼を恨む気持ちはなかったのである」

その甲斐あってわずか1週間で豊川はフォーリーブスのバックにつき初舞台を経験。

ただし、ジャニー喜多川と豊川の関係は、北公次に比べれば非常に短く、本命ではなかったと推測される。これについては諸説ある。豊川がゲイの経験者であったため、ノンケを好むジャニーの寵愛を受けられなかったという説と、ジャニーは北のことを本当に好きだったという説、さらに当時、郷が抜けたショックのあまり、性欲が減退していた可能性もあるという。

元ジャニーズ・アイドル　豊川誕半生記
ひとりぼっちの旅立ち

◆メリーの夫・藤島泰輔が死去

6月28日、メリーの夫、ジュリーの父親である作家の藤島泰輔が、食道ガンのため64歳で他界した。

藤島は、父は日本銀行監事、祖父は日本郵船専務、そして本人は今上天皇の学習院のご学友、というセレブ階級出身で、彼のエグゼクティブ人脈はジャニーズ事務所の経営にも活かされたといわれる。
亡くなる際は、一人娘のジュリーのことを気にかけていたという。

◆KinKi KidsがCDデビュー

7月21日、KinKi Kidsが満を持してCDデビューを果たした。ビッグネーム山下達郎の作曲・プロデュースによるシングル『硝子の少年』と、アルバム『A album』の同時発売だった。『硝子の少年』はまたたくまにミリオンセラーとなる。

ジャニーズ屈指の歌唱力を持つ2人は、その後も『愛されるより 愛したい』『全部だきしめて／青の時代』『フラワー』などミリオンを連発する。

デビューに先立ち、2月14日に所属レコード会社となるジャニーズ・エンタテイメントが設立されている。

◆中居正広、ノーパンしゃぶしゃぶ嬢と密会報道

中居正広がノーパンしゃぶしゃぶ嬢のアパートを訪れ、一夜を共にしたことを『FRIDAY』（1997年11月21日号）が掲載。

中居は記者会見で「複数の人間が集まってパーティをしていただけ」と釈明したが、タオルを顔に巻き付け、サングラスをかけた不可解な変装姿で部屋を出てくるところまでしっかり撮られていた。一方の女性は「（中居クンは）家にも来たし外でも会ったけど、二人きりで会ったことはありません」（『同誌』）と口裏を合わせるようにコメントしているが、実際には中居との交際があったことを『ナイタイスポーツ』や『噂の眞相』が暴露している。

この時、中居は「紅白」の司会に内定していたが、NHKはこの報道について「仮に事実であっても法に触れるわけではないし問題なし」としている。

◆Ｊ-ＦＲＩＥＮＤＳ結成

12月、阪神・淡路大震災へのチャリティー活動の一環として、ジャニーズ事務所所属の関西出身者がいるアイドルグループから、ＴＯＫＩＯ、Ｖ6、ＫｉｎＫｉ ＫｉｄｓによるスペシャルユニットとしてＪ-ＦＲＩＥＮＤＳが結成された。以降、毎年年末にＣＤリリースやジャニーズカウントダウンライブを行い、収益の一部を被災者救済の義援金として寄付するとともに、募金の呼びかけなど社会貢献活動を行った。震災発生当時の小学校1年生が義務教育を終了するまでということで、２００3年3月まで活動が続けられた。

なお、Ｊ-ＦＲＩＥＮＤＳにはＳＭＡＰは参加していない。というのも、ＳＭＡＰに関西出身者がいないからなのだが、巧妙にＳＭＡＰを排除したようにも見える。これについてメンバーは、『ＳＴＯＰ ＴＨＥ ＳＭＡＰ』（文化放送・１９９７年12月18日）の中で「事務所から、ハブだよー」と嘆いている。

◆中居正広が「紅白」で初の司会

『第48回ＮＨＫ紅白歌合戦』の白組司会を中居正広がつとめた。ジャニーズ事務所のタレントとしては初めて司会者としての出場だった。紅組の司会は和田アキ子。

◆木村拓哉の独立騒動

この頃、木村拓哉の独立騒動があったといわれる。

主演ドラマのブレイクで押しも押されぬスターになった木村の最大の不満は、人気に見合わぬ薄給だった。ギャラをアップしなければ独立する、という事務所との交渉の結果、それまでの給料制が歩合制に変わったといわれている。これ以降、多くのタレントを苦しめてきたジャニーズの薄給が改善されていく。結果的には、タレントにとってもがんばり甲斐のあるシステムになったことが、ジャニーズの繁栄をもたらしている。

1998年

◆『夜空ノムコウ』がミリオンセラーに

1月14日リリースのシングル『夜空ノムコウ』が、SMAP27作目にして初のミリオンセラーとなった。その後2000年に『らいおんハート』がミリオンとなり、2003年リリースの『世界に一つだけの花』が2016年にトリプルミリオンになっており、これらがSMAPのシングルCD売上ベスト3である。いずれの曲も様々なカバージョンが出され、広く親しまれている。

◆Jr.ブーム到来、『8時だJ』放送開始

SMAP人気で入所希望の少年が増え、Jr.に逸材が集まり活気も出てくる。Jr.がタレントとして認知されるようになり、Jr.ブームが到来した。Jr.だけのライブイベントも開催され、滝沢秀明などはデビュー組をしのぐほどの人気だった。そして4月15日から、ゴールデンタイムのJr.専門のテレビ番組『8時だJ』(テレビ朝日系)が始まる。

同番組は、1999年9月15日、ハワイで嵐がデビュー会見をした直後の9月22日まで放送され、その間がこの時期のJr.ブームのピークだった。Jr.ブーム世代からは、嵐、関ジャニ∞、タッキー&翼など、ジャニーズの中核を担ったグループが生まれた。また、バンドユニットFiVeの前身Vも、この番組内で結成された。

◆カウントダウンライブ生中継始まる

1996年から始まったカウントダウンライブが、会場を東京ドームに移し、フジテレビ系で生放送されるようになった。J-FRIENDSとしての公演は2002年まで続き、以降はSMAPを除いたデビュー組タレントの多くが参加するイベントになった。

◆中居正広が2年連続で「紅白」の司会に

12月31日、中居正広が前年に引き続き『第49回ＮＨＫ紅白歌合戦』の白組司会を担当した。紅組の司会は久保純子。「紅白」の司会者は連続してつとめるパターンが多く、中居の起用はある程度予想されたものだった。

1999年

◆Jr.タレントの乱交パーティ

『ＦＲＩＤＡＹ』に「抱かれた女子短大生たちが衝撃の告白　ジャニーズJr.４人が溺れた〝乱痴気パーティ〟現場」という記事が掲載された（１９９９年1月29日号）。記事では、４人の未成年Jr.タレントが「女の子の膝枕で寝たり、抱き合ったり」「結構飲んで」「くわえタバコでリラックス」と暴露。さらに12時過ぎから始まった３次会について、女子短大生が証言している。

「カラオケの後、女10人、男10人くらいで、同じホテルのスイートルームに移動したんです。Jr.は４人とも来ていました。そこからはもう、ほとんど乱交パーティ状態でしたね」

ジャニーズ事務所は、自分たちが関知していない「パーティ」であることだけを認め、飲酒と喫煙を理由にパーティに参加していたJr.タレントは解雇された。

◆元フォーリーブス・江木俊夫の覚せい剤混入事件

元フォーリーブスの江木俊夫が女性に覚せい剤入りの酒を飲ませたとして、７月１日、覚せい剤取締法違反（使用）の疑いで逮捕された。

事件の発端は5月11日にさかのぼる。江木の元付き人だった小坂孝幸が、経営する六本木のスナック「Ｇｌｕｃｋ（グリュック）」に知り合いの自営業の女性を連れてきた。江木は小坂と共謀し、ホテルに連れ込むことを目的に、女性が飲むレモンサワーに覚せい剤を混入。しかし、女性は誘いを拒否してスナックから飛び出してしまう。途端に気分が悪くなり病院で治療を受けることになったのだ。

医師から「薬物を飲まされたのが原因」と言われ、翌12日に女性は麻布署に相談。尿検査の結果、覚せい剤反応が確認された。内偵を進めた同署は、覚せい剤を若干量所持していた小坂を逮捕。続いて江木も逮捕され、覚せい剤を女性に使用したことを大筋で認めた。そして自らも6月末から7月初めにかけて覚せい剤を使用していたことが明らかになったのだ。

9月22日、東京地裁（近藤宏子裁判官）で初公判が開かれた。江木は女性に覚せい剤入り焼酎を飲ませたことについて、「彼女はひざに乗ったりして自分に好意を持っていると思った。下心はあったが、彼女が酔っていたので目を覚まさせてやろうと飲ませた」と述べ、検事に「ふざけるんじゃない」と怒鳴られる一幕もあった。

江木はこの件について、２０００年6月22日に生出演した文化放送の『チャレンジ！ 梶原放送局』で、こう釈明している。「（女性を）どうにかしようというのではなく、おもしろいから入れてみようかと、軽いノリで、たまたまその場に居合わせてしまった。その場を出ればよかったが…最大の汚点ですね」

この江木の発言は社会通念ばかりでなく女性に対する配慮も欠落しており、いっそう見識が疑われることになった。

なお、江木の公判に弁護士側証人として出廷した青山孝は、「被害者女性との示談金（30万円）は芸能プロ、バーニングプロダクション社長に立て替えてもらった」と江木の金銭事情について証言。「（フォーリーブスの頃は）最初は3万円の小遣いで、解散するころでも50万円。辞めるときに２００万円もらったが、ハデに使っていなくても、金の残ったメンバーはいない」と、ジャニーズ事務所の待遇の悪さも暴露されている。

◆ＴＢＳ社員による芸能人乱交パーティ発覚

ジャニーズタレントが「乱交パーティ」に参加していたことを、『噂の眞相』（１９９９年8月号）で21歳の女性が証言した。その日、女性がマンションの一室で会ったタレントは、堂本光一、長瀬智也、いしだ壱成、東幹久など。この他にも、長瀬と同じＴＯＫＩＯの山口達也、研音の小橋賢児や若手俳優・加藤晴彦が同じマンションで目撃されている。

同誌によれば、このパーティを仕切っていた「ボス」は、芸能プロ社長の矢島義成。矢島は『サンデー毎日』（１９９９

年8月8日号）でも「芸能ゴロ」として紹介されていた。

ＴＢＳ宣伝部の社員が矢島に相談して始まった「内輪の息抜きパーティ」だとしているが、矢島はきちんと説明せずに女性をパーティに参加させ、あとになって暴力団の名前をちらつかせて脅し、女性たちの口を封じていたという。芸能人以外では多くのＴＢＳ社員がパーティに来ていたとされ、同誌はＴＢＳの社会的責任を追及した。

その後、夕刊紙や写真誌が相次いで取材攻勢をかけた。長瀬と山口は『ガチンコ』（ＴＢＳ系）で完全否定したが、『ＦＲＩＤＡＹ』（１９９９年８月13日号）ではパーティに使用されたマンションに彼らが出入りしている写真が掲載された。さらに『噂の眞相』９月号では、続報として男性タレントだけでなく女性タレントもパーティに参加していたと伝えられ、瀬戸朝香、松嶋菜々子、雛形あきこらの名前が挙がっている。

◆城島茂と日テレ社員による乱交パーティ疑惑

乱交パーティをすっぱ抜いた記事はさらに続く。『週刊現代』が「もう一つの芸能人乱交パーティ」（１９９９年８月21・28日号）という記事を掲載したのだ。

今度は日テレ社員とジャニーズタレントにまつわるもので、20歳の女性がＴＯＫＩＯのリーダー・城島茂、『ザ！鉄腕！ＤＡＳＨ‼』のチーフディレクター、元城島担当だったジャニーズ事務所マネージャーら3人に〝マワされた〟と告白したのだ。

「3カ月ほど前のその日、友人（20歳）と午前1時頃、都内のバーに行ったところ、城島君が、Ｎさんや番組スタッフと飲んでいたんです。城島君とは、この友人が以前に2回、別の店で面識があったので、私たちがバーに入るとすぐに城島くんたちのほうから一緒に飲もうと誘ってきました。（中略）そのうち、いつの間にか『これから城島君の家で飲み直そう』という話になったんです。彼らが何か企んでいる気配などまったく感じませんでした。それまでの飲み会の延長と信じ込んでいました。それで彼らの案内に従ってついて行ったんです」

城島と元マネージャーの2人は先にマンションに戻り、女性と友人はＮが運転する乗用車に乗せられてマンションに向かった。女性は友人をリビングルームに残し、城島にベッドルームを案内してもらったが、3人は各2回以上、コンドームなしでSEXを強要したという。

この件について日本テレビは、「番組を請け負わせている制作会社を通して調査したが、そのような事実は確認できなかった」と回答した。しかし、『噂の眞相』（1999年10月号）は、同番組スタッフの乱交は局内でも有名な話だとしている。老若男女に愛される同番組にもこんな闇があったのだ。

◆『週刊文春』の告発キャンペーンとジャニーズの提訴

文藝春秋社が発行する『週刊文春』が10月から6カ月間、計16回にわたるジャニーズ告発キャンペーンを行った。前半8回は主にOBによる告発で構成され、性虐待や薄給などジャニーズ事務所の暗部が暴き立てられたのだ。これに対し、ジャニーズ事務所はキャンペーン記事が5回目に入った同年11月26日、名誉毀損で文藝春秋社を提訴。1億7百万円の損害賠償を請求した。

60年代の女性誌における報道や北公次らの暴露本、『噂の眞相』のスキャンダル記事や鹿砦社の出版物など、これまでにも性虐待に言及した出版物は数多くあった。いずれも黙殺されてきたのに、なぜ提訴に踏み切ったのか。

「ジャニーズ事務所側としては、媒体によっては裁判沙汰にすることで余計ネタにされてしまうことを危惧し、ある程度は目をつむることにしていたようですが、さすがに『週刊文春』は60～70万部も発行しているので、我慢できなかったらしい」（出版関係者）（裁判についての詳細は32ページから54ページ）

◆ジャニーズのホテトル斡旋疑惑

またもジャニーズタレントの下半身ネタが『噂の眞相』（2000年1月号）で暴露された。

ジャニーズ事務所がタレントのためにホテトル買春を斡旋した疑惑を報じられたのだ。記事では、個人ホテトルを経営する女性が、「個人名で、I」と名乗る人物から電話をもらい、全日空ホテルに向かったところから告白が始まっている。

「普通のお客さんと違ってたのは、『とりあえず、女の子を6人ほど連れて部屋に来てくれないか』って言うんです。話を聞くと、『他にも連れがいる。詳しくは話せないが芸能関係者で、金は払うからとりあえず来てくれ。それからわかってると思うが、口の堅い女の子を頼む』って言うんです」

指定されたのは、全日空ホテルのエグゼクティブフロアだった。一般客がおいそれと泊まれるような部屋ではない。女性はいぶかりながらも女の子を連れて部屋に向かった。

「部屋に入ると、電話をかけてきたIがひとりで座ってました。最初はどういう事かと思いましたよ。そしたらニヤニヤ笑いながら『ジャニーズって知ってるでしょ？　君は誰のファンなの』なんて言ってきたんです。私は特に誰のファンでもなかったから適当に『やっぱりキムタクかな』なんて答えたんですけど、内心は驚きましたよ。でも、大っぴらに遊べないジャニーズタレントにはホテトル好きが多いって噂は聞いていましたから、本当だったんだって思いましたけど（笑）」

そこでIは初めて、自分がジャニーズ事務所のマネージャーであることを明かした。長瀬智也、堂本光一、さらに2人のJr.を含む計4人のタレントがそれぞれの部屋で待っており、ホテトルの女性たちは各タレントの部屋を回って次々と相手をつとめたという。

◆嵐がハワイ沖のクルーズ客船でデビュー

9月15日、V6に続く2代目バレーボールワールドカップキャラクターとして、大野智、櫻井翔、相葉雅紀、二宮和也、松本潤の5人から成る嵐が、ハワイホノルル沖のクルーズ客船でデビュー記者会見を行った。ジャニーズJr.内で人気の高かったメンバーが選ばれ結成されたが、一番手というよりは、二番手クラスを集めた印象のグループだった。11月3日には『A・RA・SHI』をリリースし、CDデビューも果たした。

結成前に大野と二宮がジャニーズ事務所に辞意を伝えていたほどで、結成会見までほとんど話したことがないメンバーがいるというサプライズだった。いきなり決まったデビューに5人は戸惑ったという（『とれたて嵐』鹿砦社）。相葉はこの時たまたまパスポートを持っていたおかげで抜擢された。

嵐はデビュー後、ブレイクまでに時間がかかった

また、デビュー曲『Ａ・ＲＡ・ＳＨＩ』をＪ＆Ｔ名義で作詞したのは、Ｓｅｘｙ Ｚｏｎｅメンバー菊池風磨の父、菊池常利だった。

◆Ｖ６とＫｉｎＫｉ Ｋｉｄｓが「紅白」にゲスト出演

『第50回ＮＨＫ紅白歌合戦』で、歌で出場するＳＭＡＰとＴＯＫＩＯのほかに、Ｖ６とＫｉｎＫｉ Ｋｉｄｓがゲスト出演し、Ｖ６は第1部、ＫｉｎＫｉ Ｋｉｄｓは第2部のコーナーのプレゼンターをつとめ、持ち歌のサビも歌った。

２０００年

◆海外メディアがジャニー喜多川の裁判を報道

1月30日、『ニューヨークタイムズ』が、ジャニーズ事務所とジャニー喜多川が名誉毀損訴訟を起こしたことを国際面で採り上げた。タイトルは「陰り始めた、日本のスターメーカー」である。

一流海外メディアが日本の芸能界を採り上げるのは異例のことだった。一連のスキャンダルがすでに芸能の枠を超えた社会問題となっていることの表れでもあった。国内のメディアが報道を渋っていること自体が、日本のメディアの不健全な体質を物語っている。

同紙は、公式ニュースソースに頼ってばかりで、提供された情報以外の掘り起こしをめったにしない日本のメディアを痛烈に批判した。

「評価が高く多くの発行部数を誇る出版物がこの問題について書いたのはこれが初めてです」という、故・須藤甚一郎（芸能リポーター・目黒区議会議員）のコメントも紹介している。

「マスメディア（私自身を含む）がもっと前にこれらの主張を完全に調査したならば、多分、われわれは他の男の子が虐待を受けるのを防ぐことができたでしょう」という故・梨元勝の自戒のコメントで記事は締めくくられた。

さらにイギリスの『オブザーバー』（英Ｇｕａｒｄｉａｎ紙日曜版、２０００年4月23日付）は、「日本の大手芸能プロ、少年に対するわいせつ行為で告発される」と題する記事を掲載。裁判についてだけでなく、これまでの「事務所ＯＢたち」の暴露についても触れている。

「１９８８年には、フォーリーブスの前メンバーが手記を出版。ジャニー喜多川の性的虐待を含む描写を発表した。さらに１９９６年、事務所の元タレント平本淳也によって書かれた２冊の本が出版されたが、その本の中で平本は、合宿所で喜多川が少年を強姦するところを目撃したと言っている」

記事では２冊となっているが、平本は『ジャニーズのすべて―少年愛の館』『ジャニーズのすべて（２）反乱の足跡』『ジャニーズのすべて（３）終わりなき宴』（鹿砦社）と正確には３冊上梓していた。

◆ジャニーズ、海外公演再開

２月22日～27日、ＫｉｎＫｉ Ｋｉｄｓが台湾・香港の２カ所で５公演を行った。ジャニーズとしては、１９８８年少年隊のアジアツアー以来12年ぶりの海外公演となる。

10月21日～26日には、ＴＯＫＩＯも台湾・香港公演を行った。

◆元ジャニーズの真家ひろみ亡くなる

３月６日、元ジャニーズの真家ひろみが心筋梗塞で亡くなった。享年53歳。

真家は解散後、しばらく俳優業やワイドショーの司会などをこなし、宝塚出身の白河かほると結婚して、２人で個人事務所を経営する。１９８２年にはタクシー業界に入り「元アイドルの異色運転手」としてテレビに紹介されたりもしていた。かつては真家とジャニー喜多川との確執でジャニーズが解散したともいわれたが、亡くなる少し前の真家は、ジャニーズ事務所への恨み言は述べず、むしろ懐かしむようですらあった。

「今のタレントは歌も踊りもすごい。特に木村拓哉君はいいですね。ジャニー（喜多川）さんはタレントを発掘し育てる天才。面倒をみてくれたメリー（喜多川）さんに会いたいなあ」（『日刊スポーツ』２０００年３月７日付）

しかし、告別式の祭壇にジャニーズ事務所からの花はなかった。フォーリーブスの青山孝や、元ハイソサエティーのリーダー高橋洋一らジャニーズOBたちが、「対応がひどすぎる！」と激怒したという。

◆森田剛が告訴されたレイプ疑惑

3月16日、V6の森田剛が告訴された。妃今日子というセクシータレントに対する「強姦罪、強制わいせつ罪」という、とてもアイドルとは思えない容疑だった。

妃が森田に誘われて友達とホテルに行ったところ、友達だけが森田に追い出され、一緒にいたテレビ朝日の社員と森田から暴行を受けたというのだ。彼女の所属事務所社長・澤村進によると、森田はその後も彼女を「強姦されたことをバラしてやる」と脅し、2回にわたって暴行したという（『FRIDAY』2000年5月12・19合併号）。

ところが、ジャニーズ事務所の代理人である、のぞみ総合法律事務所の小川恵司弁護士は真っ向から反論。「昨年末にホテルに女の子を呼んで遊んだのは事実だが、会話やトランプをして騒いだだけ」だとしたのだ。さらには澤村社長ら4名に対し、刑事告訴までちらつかせた。

事件は、妃の売名行為だったという報道と、妃がショックで食事もノドを通らずやせ細り、「売名どころか復帰すら難しい状況」（『アサヒ芸能』2000年7月27日号）という純然たる被害者としての報道で真っ二つにわかれた。

その後、妃は事件が「狂言だった」と週刊誌で告白し、事件は解決したかに見えた。ただし、妃の所属事務所が話し合いのためにジャニーズ事務所を訪れた際、赤坂署の私服警官が9人も立ち会ったといわれており、「ジャニーズ事務所が警察の裏のつながりを利用して圧力をかけた」ともとれる。いずれにしても弱小プロダクションにとっては相手が悪すぎた。後味の悪さが残る顛末である。

◆『ザ少年倶楽部』放送開始

4月、若手中心の音楽バラエティ番組『ザ少年倶楽部』の放送が始まる。NHKデジタル衛星ハイビジョン（現在はNHK BSプレミアム）を通じ、アジア地域でもジャニーズが見られるようになった。アジア公演の再開とともに、ジャニーズの新しいアジア戦略が始まったといえる。2006年からはスタジオトーク主体の音楽バラエティ番組『ザ少年倶楽部プレミアム』の放送も加わった。これらの番組について、のちに日本音楽事業者協会（音事協）が、公共放送であるＮＨＫが、ジャニーズ事務所のタレントしか出演させない番組を制作していることは独占禁止法にも抵触しかねないと抗議している。

◆国会でジャニーズの性的虐待と指導法が問題に

４月13日、第１４７国会「青少年問題に関する特別委員会」で、当時自民党衆議院議員の阪上善秀理事が、ジャニー喜多川の件を含めて、ジャニーズ事務所について次のいくつかの質問を行った。

・ジャニーズ事務所の実態を労働基準監督署では把握されているのか
・１９８８年に光ＧＥＮＪＩの当時14歳のメンバーが深夜の歌番組に出演した疑いで労働基準監督署が調査に入ったが、なぜ問題にならなかったのか
・ジャニーズ事務所では中学生の少年に平日のドラマの仕事が入ることがあるが、義務教育段階の子供を抱える芸能プロダクション、学校長、子供に対してどのような指導をしているのか
・『週刊文春』のグラビアで、ジャニーズで働く少年８名の喫煙、飲酒写真が掲載されていることをあげ、文部省並びに捜査当局は、ジャニーズ事務所にいかなる指導、勧告を行ってきたのか、脱法行為を指摘されている少年（喫煙写真が出た米花剛史）が大手を振ってテレビに出演しているのでは他の青少年に対して示しがつかないのではないか

そして、性虐待問題については、

・児童から信頼を受け、児童に対して一定の権力を持っているジャニー喜多川によるその児童に対する性的な行為が事実とすれば虐待に当たるのではないか
・ジャニー喜多川は児童の親がわり、親権者がわりではない（から児童虐待にあたらない）という解釈は「大いに疑問」などと質し、さらに、
・ジャニー喜多川が性虐待を行った後に、数万円の金銭を少年たちに与えていることは、東京都や大阪府などで定められた、青少年健全育成条例の買春処罰規定に抵触するのではないか

とも質問した。

阪上の質問は、ジャニーズ事務所の問題を一通り網羅していた。役人答弁の中から、性的虐待の認識そのものを否定しなかったり、ジャニー喜多川を捜査しない点について自己弁護したりなど、ところどころで行政の本音を引き出すものだった。（詳細は55ページ～71ページ「国会で論議されたジャニーズの児童虐待問題」）

一貫して性虐待を続けたジャニー喜多川

◆稲垣吾郎と菅野美穂の熱愛報道

6月、稲垣吾郎と菅野美穂の「マンション内同居」が発覚。東京都渋谷区の超高級マンションの3階に住む菅野が、同じマンションの1階に住む稲垣の部屋に、合鍵で入っていく様子が写真誌にスクープされたのだ。2人は1998年のテレビドラマ『ソムリエ』（フジテレビ系）での共演がきっかけで知り合い、1999年に公開された映画『催眠』の共演で急速に距離を縮めたとされる。これに対して双方の事務所は、どちらも同棲については否定したものの、交際については認めているともとれるコメントを出している。

その後、路上駐車違反事件で謹慎中となった稲垣を菅野が支え、2003年のキャバクラ嬢との密会報道も乗り越えて2人の交際は続き、2006年5月には、自宅マンションから出てくる稲垣に続いて菅野の姿が写真誌に撮られた。2007年1月は「稲垣吾郎と菅野美穂　今春にも結婚発表か?」と報じられたが、2008年夏には破局したといわれる。

2013年に菅野は俳優・堺雅人と結婚した。

◆慎吾ママが大ウケ

フジテレビ系バラエティ『サタ☆スマ』内の「慎吾ママのこっそり朝御飯」という企画内で登場したキャラクター、慎吾ママが人気になる。8月18日には香取慎吾が慎吾ママ名義で『慎吾ママのおはロック』をリリース。これが累計売上130万枚以上の大ヒット曲となった。また慎吾ママの挨拶「おっはー」が、テレビ東京『おはスタ』で山寺宏一らに使用されたことで大流行し、２０００年の新語・流行語大賞の年間大賞を受賞した。

◆『ＳＨＯＣＫ』シリーズ始まる

11月、堂本光一が座長・主演を務めるミュージカル作品シリーズ『ＳＨＯＣＫ』の初演『ＭＩＬＬＥＮＮＩＵＭ ＳＨＯＣＫ』が上演された。以降帝国劇場で毎年『ＳＨＯＣＫ』シリーズが上演され、彼のライフワークとなっている。

２００５年『Ｅｎｄｌｅｓｓ ＳＨＯＣＫ』になってからは、脚本・演出・音楽も堂本が手掛けている。派手で危険な演出も多い難度の高い舞台で、高い評価を受けており、２００８年には、スタッフ・出演者一同が第33回「菊田一夫演劇大賞」を受賞。２０２０年には堂本が第45回「菊田一夫演劇大賞」を受賞した。

◆中居正広の交際相手が中絶を告白

11月7日、『噂の眞相』（２０００年12月号）で、中居と交際していたＮ子さんが妊娠し、ジャニーズ事務所の介入によって半ば無理矢理に中絶させられたことを告白した。続く２００１年1月号では、２人の電話のやり取りをあらためて誌上に再現。同誌のサイト「ＷＥＢ噂の眞相」では、その音声ファイルまで公開された。

Ｎ子さんが中居と出会ったのは１９９６年。以前から中居のファンだったＮ子さんは、たまたま飲み屋で出会った中居に声をかけ、その場で携帯電話の番号を教えたという。それから２人は短期間で男女の関係に。その後、別れたり復縁したりを繰り返した後、Ｎ子さんは妊娠。中居は「お互いのことを思いやろう」とか、「第一に君のことを考える」と言いながら、「大丈夫だよ。まだただの細胞だし、手術だって簡単で大したことはない。おれの友達も何人も堕ろしてるけど、その日のうちに仕事だってできちゃうくらいだし」と堕胎を勧めたという。さらに、中絶の説得にはマネージャーの飯島まで介入。Ｎ子さんはやむなく中絶手術に同意した。その際、中居は両親に謝罪すると話したが、結局は果たさなかった。

ジャニーズ事務所は広告代理店を通じて、これは全てウソだとＣＭスポンサー関係に対して手を打ったといわれ、表向きは完全に黙殺・放置を貫いた。大スキャンダルだったが、芸能マスコミは一切後追いしなかった。

◆木村拓哉が工藤静香と〝できちゃった婚〟

11月23日、木村拓哉が工藤静香との婚約会見を行い、12月5日に結婚した。人気絶頂のトップアイドルが突然の結婚、しかも相手は妊娠しているというのだから驚きだ。

かねてから木村は、工藤静香ファンを公言して憚からなかった。とはいえ、工藤のタレントとしての旬はとうに過ぎていたことから、工藤の計画妊娠説が浮上し、「木村はハメられたのでは」等様々な憶測が飛びかった。

結婚後は木村に生活感を出させないために、この夫婦はお互いに家庭の話を厳しく封印させられた。

2001年

◆『HERO』が高視聴率をマーク

1月8日から3月19日にかけてフジテレビ系「月9」枠で木村拓哉主演『HERO』が放送された。木村にとって、工藤静香との結婚後最初の主演連続ドラマであり、結婚の影響が懸念されていたが、平均視聴率34・3%をマークし、人気へのダメージは全く見られなかった。この平均視聴率は木村の歴代ドラマでも最高の数字で、『HERO』は木村の代表作の一つとなっている。

その後、2006年には単発ドラマの特別編が放送され、2007年には映画化。2014年7月期には13年ぶりの「続編」が放送され、ドラマ低迷時代としてはまずまずの20%前後の視聴率を獲得する根強い人気ぶりである。

◆KinKi KidsとV6が海外公演

2月9日～2月11日、V6が台湾で3日間連続公演を行った。さらに11月4日～11月9日にはカミセンが台湾・香港公演を行った。

また前年に引き続き、KinKi Kidsが5月8日～5月13日に台湾・香港公演を行った。好日子（ハーリーズ）たちに大人気で公演は盛況だった。

◆KAT‐TUN結成、テレビ初出演

3月16日、音楽番組『ポップジャム』（NHK）の司会を務めていた堂本光一の専属バックダンサーとしてKAT‐TUNが結成された。KAT‐TUNというグループ名は亀梨和也、赤西仁、田口淳之介、田中聖、上田竜也、中丸雄一ら、メンバーの名字のイニシャルをつなげたものであり、連載漫画のように「また見たくなる」という意味を込めてカートゥーン（続き物の漫画）にもかけているという。3月30日、『ミュージックステーション』（テレビ朝日系）でテレビに初登場している。

◆『チョナン・カン』放送開始

4月13日、韓国をテーマにした草彅剛の冠バラエティ番組、『チョナン・カン』（フジテレビ系）の放送が開始された。草彅が韓国映画を観て韓国語に興味を持ったことがきっかけだったという。この番組を通じて草彅は韓国語をマスターし、韓国大統領と対談したり、韓国語の小説の翻訳をこなすまでのレベルに。韓流ブームに先駆けて、日韓友好に大きな役割を果たしている。番組は途中リニューアルを経て、２０１０年3月まで続けられた。

◆稲垣吾郎が駐車違反現場から逃走し、逮捕

8月24日、稲垣吾郎が東京都渋谷区の路上で駐車違反を起こした。大した罪ではないはずなのに、稲垣は反則切符を切ろうとした女性警官3人の制止を振り切って乗用車を発進。警官1人に全治5日のけがを負わせた。

このあと稲垣は全ての芸能活動から外され、5カ月の謹慎生活を経て、２００２年1月に復帰した。多くのマスコミでは、稲垣を「容疑者」ではなく「メンバー」と呼び、ジャニーズ事務所に対して及び腰だった。

稲垣が警官を振り切ろうとしたことが、何か隠していたからではないかと憶測を呼んだ。釈放後の記者会見での「なぜ逃げたか」という質問に対しては、「事件のときの気持ちはいろいろな状況において、人に囲まれてパニックを（起こ）していた…」と答えている。

『週刊文春』は、稲垣が車を急発進させて逃げようとしたのは、薬物犯罪の捜査と勘違いしたためであり、薬物使用の事

実を事務所ぐるみで隠蔽しようとしたなど、２週（9月6、13日号）に渡って掲載した。これに対し、ジャニーズ事務所側では「事実無根の中傷記事」として、文藝春秋社を相手取り1億１０００万円の損害賠償と謝罪広告を求める訴訟を起こした。

一方『週刊現代』は、留置場で稲垣と2人だけで過ごしたI氏なる人物の会話記録を記事にして掲載。そこには稲垣が薬物には「誘われても断る」マジメな青年であるかのように書かれていた。

ところが、その記事は改ざんされたものだった。自分が渡した記録が『週刊現代』によって改ざんされたことに憤ったI氏が、その控えを鹿砦社に託したことから、『スキャンダル大戦争①』（鹿砦社）において、稲垣は「誘われたら断れない人もいる」と『週刊現代』記事とは１８０度違う返答をしていたことが報じられた。しかし、ジャニーズ事務所は鹿砦社を黙殺した。

◆嵐、ハワイ公演中止

デビュー会見を開いたゆかりの地、ハワイで、11月に初の海外公演を行う予定だった嵐。しかし、９・11のテロの影響で中止になってしまった。その後、２００2年3月30・31日にファンツアーイベントがハワイで開催された。当時まだ知名度も低かった嵐のこのイベントは、後の人気ぶりからは考えられないようなこじんまりとしたものだった。

時を経て、デビュー15周年の２０１４年9月19日・20日、３万人を動員した大規模なコンサートがハワイで行われた。

◆ジェイ・ストーム設立

11月12日、ジャニーズ事務所の子会社として、ジェイ・ストームが設立された。代表取締役は藤島ジュリー景子。ストーム＝嵐であることからわかるように、もともとは嵐のプライベートレーベルであり、ジュリーの嵐に対する思い入れの強さが表れている。

06年に内部にＫＡＴ-ＴＵＮのプライベートレーベル「Ｊ-Ｏｎｅ Ｒｅｃｏｒｄｓ」を立ち上げている。08年にはＴＯＫＩＯがユニバーサルミュージックから移籍。14年には内部に関ジャニ∞が自主レーベルＩＮＦＩＮＩＴＹ ＲＥＣＯＲ

DSを設立しテイチク傘下のレーベルから移籍。19年にはジャニーズ・エンタテイメントがジェイ・ストームに事業譲渡され、内部に設立されたJohnny's Entertainment Recordに所属タレントが移管。レコード会社業務を徐々にジェイ・ストームに集約させている。

◆SMAPが稲垣の謹慎で「紅白」を辞退

11月、『第52回NHK紅白歌合戦』の出場者が発表されたが、デビューから11年連続出場中だった常連のSMAPの名はなかった。稲垣吾郎の不祥事による辞退だった。

2002年

◆不可解なフォーリーブス再結成

ジャニーズ事務所が裁判で『週刊文春』と第一審で争っている最中の1月29日、フォーリーブスが24年ぶりに再結成された。フォーリーブスの名とかつてのヒット曲を使って公演することが許されたのである。

裁判で問題になっている記事では、元フォーリーブスの青山孝はジャニーズの薄給や未払い、解散後の冷遇などを告発していた。しかし裁判では、青山も、『光GENJIへ』（データハウス）など暴露本を何冊も上梓しあれだけジャニー喜多川を非難してきた北公次も、口を閉ざし、『週刊文春』に協力することはなかった。「フォーリーブスの再結成を許可する」ことと引き替えに、ジャニーズ事務所に懐柔されたのだろうと見られている。

◆TOKIO、V6、タッキー&翼が海外公演

TOKIOが春のツアーの中で、2回目の海外公演となる台湾公演を行った。また、V6が、11月2日・3日に香港公演、同月15日〜17日に台湾公演を行った。V6は4月20日に韓国で開かれた『2002ドリームコンサート』にも日本人として初出演している。

デビュー前のタッキー&翼も、5月17~19日、台湾公演を行っている。ジャニー喜多川が随行したという。

◆『週刊文春』は一審で敗訴

3月27日、東京地裁（井上哲男裁判長）は、ジャニー喜多川が起こした『週刊文春』キャンペーン記事に対する名誉毀損裁判で、文藝春秋社に880万円の賠償金支払いを命じた。『週刊文春』側の敗訴だった。ジャニー喜多川の社会的評価を下げたと認定され、「喜多川社長が、事務所に所属する少年タレントに性的嫌がらせをした」との記載については、少年たちの証言に曖昧な点があるなどして真実性・真実相当性は認められなかったとしている。

文春側は控訴した。

◆タッキー&翼がCDデビュー

9月11日、滝沢秀明と今井翼の男性アイドルデュオ、タッキー&翼がCDデビューした。シングルではなくアルバム『Hatachi』を最初に発売する変則的な方法だった。Jr.時代の絶大な人気の割には期待されたほどのヒットにならなかった。

◆山下智久が無色透明の液体をかけられる

9月17日、ジャニーズJr.だった山下智久が、国立代々木競技場第二体育館での公演を終え出てきた際、出待ちのファンにまぎれていた男からいきなり無色透明の液体をかけられた。男はその後ファンに取り囲まれると、自分で液体を飲み倒れて病院へ搬送された。山下は肩に液体がかかった程度でけがはなく、翌18日の検査でも異常は見られなかった。

男は集中治療室で手当てを受け、21日に退院。暴行容疑で逮捕された。

芸能人への液体かけ事件といえば、1957年1月に、当時19歳だった美空ひばりが同い年の女性に塩酸300グラムを浴びせかけられ、左顔面、胸、背中に3週間のヤケドを負った事件が有名だ。その女性は美空のファンだったらしいが、山下を襲った男の場合は屈折したファン心理が働いたわけではないらしい。

男は北海道岩見沢市在住で22歳。手荷物の鞄の中には、ヒットラーや麻原彰晃の写真が入っていたという。

◆関ジャニ8結成

12月、村上信五、渋谷すばる、横山裕、錦戸亮、丸山隆平、安田章大、大倉忠義、内博貴の8名により関ジャニ8が結成された。テレビ番組『J3KANSAI』（関西テレビ）に出演していた関西のジャニーズJr.から選ばれた8名であったことと、番組の近畿圏におけるチャンネル番号の「8」からグループ名が決まったとされている。メンバーの1人だった内博貴は、その後未成年飲酒で補導され芸能活動を自粛し脱退となり、7名グループとして長く活動することになる。

Jr.時代から山Ｐ人気は絶大だった

◆『週刊女性』が「ジャニーズ事務所広報誌」から降りる

『JUNON』や『週刊女性』を擁する主婦と生活社は、90年代にはジャニーズに好意的で広報機関のような出版社だった。それが、この頃から様子が変わってくる。

その理由として、錦織一清と水沢アキの不倫と金銭問題の記事を掲載したことがきっかけ、と言われているが、それだけではない。『JUNON』で美少年コンテストを行ったり、w-indsのデビューを後押ししたりと、ジャニーズと競合するようなことをしていた主婦と生活社を、ジャニーズは苦々しく思っていた。そこで誌面でのタレントの扱いなどの要求をエスカレートさせたり、出版社にとっておいしいカレンダー利権も引き上げるといった制裁を行った。

これに対し、主婦と生活社は、一転して『週刊女性』に「渾身スクープ！　キムタク極秘通院！　プラセンタ顔面注射」（2002年5月7・14日号）などのアンチ記事を載せるようになる。やがて、滝沢秀明と鈴木あみの交際記事、メリー・ジュリー母娘がブティックで優遇されているという噂の記事などを、ジャニーズが次々と提訴するのである。無視しておけば済むレベルの記事に法外な賠償を請求する訴訟は、見せしめと嫌がらせ以外の何物でもないだろう。

その後『週刊女性』は長年アンチ記事を出し続け、2011年には喫煙報道で森本龍太郎を無期謹慎に追い込んだ。17年以降は新しい地図の上げ記事を積極的に掲載していた。しかし2020年にはカレンダー利権が戻り、ジャニーズアンチ記事もトーンダウン。一方で新しい地図の上げ記事は継続し、両建てポジションを取っている。

2003年

◆中居正広と一般女性の交際報道

『FRIDAY』(2003年5月30日号)が中居正広と一般女性の交際を報じた。記事には、中居が仕事を終えてふくらんだコンビニの袋を提げて戻るところや、相手の女性が自転車に乗って買い出しに出かける写真などが掲載された。

気の多い中居にしては珍しく、この地味な交際はその後も続き、04年4月、05年5月にも彼女との関係が報じられた。04年には渋谷の焼き肉店で、中居と母親、彼女が3人でマンションのパンフレットを広げて話し込んでいたという。05年に中居がハワイに家族旅行した際、彼女が空港で妻のように荷物をさばく姿が撮られている。

◆ジャニーズ事務所などに2億円の追徴課税

7月、東京国税局は、ジャニーズ事務所と関連会社であるジャニーズ・エンターテイメント、ジャニーズ出版などに対して、2001年12月期までの2年間で法人所得計約6億5千万円の申告漏れを指摘。このうち3億数千万円を所得隠しと認定し、重加算税など2億円超を追徴課税した。

ジャニーズ事務所は、コンサート運営の関連会社ヤングコミュニケーションからの売上げの一部を除外したり、2000年9月に台風で中止になった、KinKi Kidsのコンサート賠償金を同社に代わって支払ったり、稲垣吾郎の事件でスポンサーに払った1億数千万円の損害賠償を、立替金として損金処理したりした。国税局はそれらの経理処理を「隠蔽」にあたるとして追徴課税したのだ。

さらに、グッズ販売会社ジェイ・ステーションなどにも計約10億円の所得隠しがあるとして、脱税（法人税法違反）で同社と同社社長の武田荘三が東京地検に告発された。

これに対し、ジャニーズ事務所広報部長の白波瀬傑は次のように述べている。

「ジェイ・ステーションの申告漏れ疑惑については、現時点ではその内容を把握しておりませんのでコメントのしようがありませんが、仮にそのような事実があったとすれば、なぜ（ジェイ社が）そのようなことをしたのか理解できません。ジャニーズ事務所とジェイ・ステーションは、タレントグッズに関する取引関係があるだけです。ジェイ・ステーションから小社に、不明朗なカネが流れているという事実はいっさいなく、大変心外です。小社への税務当局からの調査は、特別なことは何もありません」（『週刊現代』２００３年6月28日号）

しかし、ジェイ・ステーションが扱う商品のほとんどはジャニーズ事務所所属のタレントのもので、ジェイ・ステーションはジャニーズ事務所が51％を出資して出来たれっきとした子会社だった。

それが、「脱税」発覚の1年前に資本を引き上げ、代わりに藤島ジュリー景子や、同事務所の裏の後始末仕事を引き受けているとされる伊豆喜久江らの個人出資に切り替えられたのだ。登記上は「単なる取引会社」の関係となっていた。

◆二審で『週刊文春』が逆転勝訴

7月15日、東京高裁（矢崎秀一裁判長）は、一審判決を翻して、ジャニー喜多川の性虐待行為をはっきりと認定した。

「喜多川が少年らに対しセクハラ行為をしたとの各証言はこれを信用することができ、喜多川が少年達が逆らえばステージの立ち位置が悪くなったり、デビューできなくなるという抗拒不能な状態にあるのに乗じ、セクハラ行為をしているとの本件記事は、その重要な部分について真実であるとの証明があった」（矢崎裁判長）

「少年らに合宿所で日常的に飲酒、喫煙させていた」などの一部の記述を真実の証明がないとして、文春側の賠償額は８８０万円から１２０万円に減額されたが、性虐待だけでなく、無理なスケジュール、関西出身ジャニーズに対する冷遇、ファンを無視したファンクラブの運営、マスコミの追従も認定された。

控訴審では、法廷内についたてを立て、性虐待行為についての少年たちの証言が行われた。さらにジャニー喜多川本人の証言も行われたことから注目を集めた。

「要するに、みんながファミリーだと言いながら、そういうふうに考える人もいるわけです。だから、やっぱり、昨日も申上げたけど、血のつながりのないというほどわびしいものはないと」「でも、それはやっぱり、何らかの事情で自分たちが裏切り行為をしたとか、そういう気持ちの中で離れていっていると思うんです。」「彼たちはうその証言をしたということを、僕は明確に言い難いです。はっきり言って」（宝島社『追跡！平成日本タブー大全』の「カリスマの闇」）

「告発した被害者を『裏切り』者と呼ぶとは、いかにも始末の悪い人物」（「カリスマの闇」で李策）であり、裁判が続いていた最中もこれ以降も、全く反省はなくジャニー喜多川の性虐待行為は続いていたのである。

◆TOKIOが24時間テレビ初のメインパーソナリティに

1978年に始まった『24時間テレビ』（日本テレビ系）も、この頃にはマンネリ化しつつあった。そこで、よりエンターテインメント色を強めるための一環として、新たにメインパーソナリティを置くことになった。その初代をつとめたのがTOKIOである。

以降番組の顔ともいえるこのポジションをずっとジャニーズが担当することとなる。それまでも、テーマ曲を担当したり、番組パーソナリティーとして出演したりと、番組とジャニーズのつながりはあったが、それが一層強化されることになった。

◆NEWS結成

9月15日、11月16日に開幕する「バレーボールワールドカップ2003」のイメージキャラクターとしてNEWSが結成された。山下智久、小山慶一郎、増田貴久、加藤成亮、手越祐也、草野博紀、森内貴寛の関東勢と、関西を中心に活動していた錦戸亮、内博貴による総勢9名のグループである。結成披露の記者会見は、新高輪プリンスホテル「飛天の間」で行われた。グループ名は文字どおり「新しい情報」という意味があり、東西南北に国際的な活躍をしていくよう期待が込められたものだった。

内と錦戸は関ジャニ∞のメンバーでもあり、増田貴久や手越祐也らはデビュー前から『ｙａ-ｙａ-ｙａｈ』（テレビ東京系）にも出演していた。山下を中心に、メンバーをあちこちから寄せ集めたとも見え、結成当時から求心力に欠ける印象があった。

その後、森内、草野、内はトラブルを起こしてグループを脱退、2011年には錦戸と山下が脱退。増田、手越はボーカルユニット・テゴマスを結成しＮＥＷＳと並行して活動していたが、2020年には手越も脱退し、2023年現在は3人グループとなっている。

◆森内貴寛が喫煙報道によりＮＥＷＳを脱退

11月30日、『ＢＵＢＫＡ』（2004年1月号）に、ＮＥＷＳの森内貴寛が同年代の少女とベッドで添い寝したり、少女の首に手を回してカラオケ店でキスをしたりしている写真が並んだ。アイドルとして好ましくない写真だったが、問題となったのがテーブルに置かれた「ハイライト」と「ピース」のタバコと、数本の吸い殻が入った灰皿。未成年者の喫煙が疑われる状況になってしまったのだ。

この写真が出てからまもなくして、森内は「ＮＥＷＳが頑張っている姿を励みに、僕も勉強を全力投球で頑張ります」と、高校受験のため芸能活動を一時休止すると発表した。ＮＥＷＳが結成されてから、わずか3カ月の活動期間だった。

現在はアミューズに所属してロックバンド「ＯＮＥ ＯＫ ＲＯＣＫ」のボーカル・ｔａｋａとして活動している。さすがに森進一と森昌子という2人の国民的歌手の長男だけあって、その歌唱力は折り紙付き。ネイティブとほとんど変わらない発音の英語の歌詞を織り交ぜ、海外の音楽シーンでも高く評価されている。

山下を中心にした豪華なグループだったNEWS

◆『世界に一つだけの花』の大ヒットと受賞辞退

ＳＭＡＰが35枚目のシングルとして3月5日にリリースした『世界に一つだけの花』がダブルミリオンの記録的な売上げとなった。ところが彼らは、『第45回日本レコード大賞』のノミネート直前に受賞を辞退。「ナンバーワンよりオンリーワン」とは当時のコメントである。

レコード大賞には政治力が強く働いており、ジャニーズはここ10数年そこに絡む努力はしなくなっていた。しかし国民的大ヒットとなった『世界に一つだけの花』の受賞は誰から見ても妥当なもので、わざわざ断る理由がわからない。このころから、ＳＭＡＰやメンバーの「謎の辞退」がしばしば起こるようになる。後に発露するメリーのＳＭＡＰに対する憎しみの強さを考えると、アラサーとなっても衰えることなくますます大きくなるＳＭＡＰに危機感を抱いたメリーが、ＳＭＡＰを抑え込むために受賞を辞退させた可能性もある。

◆ＳＭＡＰ「紅白」初の大トリ

12月31日　ＳＭＡＰが『第54回ＮＨＫ紅白歌合戦』でジャニーズ初の大トリをつとめた。歌った曲は『世界に一つだけの花』。グループとしては史上初、ポップス歌手としては１９７８年の沢田研二以来25年ぶりの大トリだった。以降ＳＭＡＰは、２００５年、２０１０〜２０１３年と6回の大トリをつとめている。

［Ｔｏｐｉｃｓ］

ジャニーズVS鹿砦社出版差し止め訴訟

批判本を含むジャニーズ関連書籍を多数発行している鹿砦社は、ジャニーズ事務所と3件の訴訟も経験している。その経過は以下のようなものである。

◆『ＳＭＡＰ大研究』の出版差し止め訴訟

１９９５年6月に発売された『ＳＭＡＰ大研究』には『ａｎ・ａｎ』（マガジンハウス）や『ＪＵＮＯＮ』（主婦

と生活社）などに掲載されたSMAPメンバーのインタビューが引用されていた。それらの記事を無断で使われたとして、主婦と生活社、マガジンハウス、学習研究社、扶桑社の4社が著作権、SMAPメンバーがパブリシティ権・肖像権の権利侵害を主張、出版差し止め仮処分を申請した。7月に著作権侵害でのみ仮処分が決定。ジャニーズ側が獲得目標としたパブリシティ権・肖像権侵害は認められなかった。鹿砦社は全面的に争う構えで、本案訴訟へともつれ込む。

一審判決は、1998年10月29日。出版社側の訴えが認められ、同書の発行禁止と損害賠償計466万円の支払いが鹿砦社に命じられた。しかしSMAPメンバーによる賠償請求については「雑誌に掲載されたインタビューは出版社が企画に沿った記事を作成するための素材収集のために行われたに過ぎず、原告らが記事の著作者とは言えない」として退けられている（『朝日』1998年10月30日付）。二審も一審判決を支持、鹿砦社は上告を断念し敗訴が確定した。

◆『ジャニーズ・ゴールド・マップ』の出版差し止め訴訟

鹿砦社は1996年9月、ジャニーズメンバーらの自宅周辺マップなどを掲載した『ジャニーズおっかけマップ』を発売。これにはジャニーズ側からのクレームもなかったので、さらに詳細なデータを盛り込んだ『ジャニーズ・ゴールド・マップ』の制作に取り掛かった。

ところが、同年12月の発売を前に、SMAP、TOKIO、KinKi Kids、V6の各メンバー18名が原告となって、「出版を差し止めないとプライバシーを侵害、取り返しのつかない損害を被る」と主張し、出版差し止めの仮処分を請求した。これに対し、被告の鹿砦社側は「（タレントの住所は）公開の原則の適用を受けるべきで、プライバシーの権利を侵害しない」と真っ向から対立する。11月21日、仮処分が決定。翌1997年6月23日、一審の判決が言い渡される。判決では出版の差し止めが命じられ、鹿砦社が敗訴。同社は「ゲラ（校正刷り）などの直接証拠も提出されないのに、原告の主張をうのみにして出版を事前に差し止めたことは重大な問題」として、控訴する（『共同通信』1997年7月8日付）。

『ジャニーズ・ゴールド・マップ』の控訴審判決は、１９９８年３月31日。控訴が棄却され、一審通り出版の差し止めが命じられる。鹿砦社は上告するが、11月10日、最高裁は上告棄却を決定、出版禁止が確定した。直接の証拠資料もない中での、この判決は少なからず問題とされ判例集にも収録されている。

◆『ジャニーズおっかけマップ・スペシャル』の出版差し止め訴訟

鹿砦社はさらに１９９７年10月『ジャニーズおっかけマップ・スペシャル』を発売。同書にもジャニーズメンバーの自宅や実家の住所、地図が掲載されており、みたびジャニーズ側より出版・販売の仮処分申請が出され、12月に決定した。

一審判決は、１９９８年11月30日。東京地裁は同書の出版差し止めを命じるとともに、ジャニーズメンバーの自宅や実家住所を特定して載せた出版物の出版、販売を将来にわたって禁止する判決を言い渡した。「将来にわたっての出版禁止」という異例の判決は、「鹿砦社は以前に原告らの住所を載せた本を出し、差し止める一審判決が出た後も今回の『おっかけマップ・スペシャル』を出している。こうした態度や経緯を見ると、近い将来に鹿砦社が同じ内容の出版物を出す恐れは極めて高い」とされたことによる（『共同通信』１９９８年11月30日付）。

鹿砦社では控訴するが、１９９９年7月21日の控訴審判決は一審判決を支持。控訴は棄却される。なおも鹿砦社は上告。２０００年7月14日、最高裁は上告を棄却し、一審判決を支持した二審判決が確定した。

これにより、足かけ6年にわたって繰り広げられ芸能界、マスコミ・出版界を騒がせた熾烈な裁判闘争は一応の終焉を迎えることになるが、根本的な問題は明らかにならなかった。

『ＳＭＡＰ大研究』を除く2件の出版差し止め訴訟は、いずれもタレントの住所公開がプライバシーの侵害にあたるかどうかが争点となっていた。だが、実は『おっかけマップ』以前にも『有名人宅早わかり帖』（ＫＫロングセラーズ）、ゼンリンの住宅地図、高額納税者名簿など、芸能人の住所をさらした出版物はそれまでにも存在した。

なぜ鹿砦社が裁判になり、他社が「お目こぼし」されるのか？

「それ（プライバシーを売り物にすること）が持ちつ持たれつの関係で成り立っている業界の外部の者、それも、これまでこの業界には縁もゆかりもない新参者によってなされ、さらには多くの読者や支持者を獲得しようとしていることが問題だったのである。あろうことか、それは彼らが長年築き上げてきた利権構造を破壊することにもなるし、勢いに乗じて、スキャンダル暴露という手段によって、その批判さえ激しく行おうとしている。これは断じて許されないことなのだ」（鹿砦社・松岡利康）。簡単に言えば、既得権者たちが保っていた「おいしい関係」に新参者の鹿砦社が割り込んできたから叩いたのだろう。プライバシーや人権を隠れ蓑にしているが、ジャニーズの目的は目障りな出版社潰しにあった。芸能人とプライバシーの問題は今もまだ解決していないのである。

ちなみに鹿砦社は2011年、3・11原発事故の責任者の自宅住所、地図などを掲載した『東電・原発おっかけマップ』『タブーなき原発事故調書』を出版している。

④ SMAP時代後期 2004―2008

30代に入ったSMAPは、なおもトップアイドルであり続けた。一方でなかなか育たなかった後輩グループの中から、嵐が抜け出てSMAPにキャッチアップする。

2004年

◆香取慎吾、NHK大河ドラマで主演

香取慎吾が、NHK大河ドラマ第43作『新選組！』の主役をつとめ、近藤勇を演じた。ジャニーズタレントの大河ドラマ主演は、1993年の東山紀之以来11年ぶり。三谷幸喜脚本の新しい新撰組像に香取のキャラクターがマッチし好評だった。

◆『DOREAM BOYS』シリーズ始まる

1月、滝沢秀明主演で『DREAM BOY』が上演された。翌2005年はKAT-TUNと関ジャニ∞主演の『Hey! Say! Dream Boy』、2006年から『DREAM BOYS』となり2012年まで亀梨和也、2013年から2018年まで玉森裕太、2019年、2020年は岸優太、2021年、2022年は菊池風磨、

２０２３年は渡辺翔太が主演をつとめている。

ボクシングをテーマに少年の夢や友情が描かれるストーリーだが、ジャニーズ50周年に絡んだ２０１３年には、近藤真彦の半生として、カーレースをテーマにしたものが上演された。

◆ロケ中の木村拓哉が女性にケガを負わせる

１月28日付の『日刊ゲンダイ』と『東京スポーツ』は、ドラマの撮影現場で木村拓哉が女性に大ケガを負わせた事故を報じた。

『プライド』（フジテレビ系）でアイスホッケー選手を演じる木村拓哉は、横浜市内のスケートリンクを訪れていた。収録の合間に木村はリンクに出て、客席側に向かって猛スピードでパックを打ったのだ。これが女性の顔面を直撃。唇が切れ、前歯が１本折れるという事態となり、近くの病院で応急処置が施されたという。

１週間も経ってから表沙汰となり、ようやくフジテレビ広報部とジャニーズ事務所は「お詫び」を発表した。ジャニーズ事務所は「撮影中に起きた」と発表していたが、フジテレビは「休憩中」に起きたとして両者の見解に食い違いが生じた。撮影中だった場合、業務上過失傷害となり、被害届なしに警察が介入する可能性があったからだ。

２月９日になってやっとフジテレビがその後の経過を報告。「けがをされた方とご家族に多大なるご迷惑をおかけしたことをおわびします。１日も早い回復をお祈り申し上げます」という木村のメッセージを発表した。木村は事故当日に被害者あてに手紙を書いた他、後日に電話でも謝罪したとしている。同社は報告が遅れた理由を「被害者の女性と家族からの強い希望」と説明した。それがたとえ事実であっても、表沙汰になってから対処したという印象は拭えない。

実は同時期にもう一つの撮影中の事故がフジテレビで問題となっていた。１月19日に放映されたバラエティ番組『退屈貴族』の撮影で、火渡りができるとする老人を、灯油３リットルもの猛火の上を歩かせ、大やけどを負わせていたのだ。しかも、スタッフは老人を置き去りにして帰社。老人は生死の境をさまよう重体となり、フジテレビは警察から事故の調査を依頼されていた。８年も経ってからジャーナリストによって事件が暴かれたのだが、フジテレビに天下りしていた元警察幹部によってもみ消されたとされ、同局の隠蔽体質が糾弾されている。

◆ジャニー喜多川の未成年性虐待が確定

『週刊文春』が1999年に特集したジャニーズ告発キャンペーン記事をめぐる訴訟が、2月24日、最高裁第三法廷（藤田宙靖裁判長）で行われ、ジャニーズ側の上告を棄却する決定が下された。

「所属タレントへのセクハラに関する記事の重要部分を真実と認め、文春側が支払う損害賠償額を一審の880万円から120万円に減額した二審・東京高裁判決が確定した」（『朝日新聞』2004年2月25日付）

ジャニー喜多川の性虐待は1967年に起きた「ジャニーズを巡る〝同性愛〟裁判」の頃から問題視され、37年目にしてようやくの決着となったのだ。芸能界を夢見る少年たちに対し、巨大な権限を持つ芸能事務所社長が性虐待行為を行っていた。これが真実と認定された意義は大きく、『日刊ゲンダイ』（2004年2月28日付）で芸能評論家の肥留間正明は「社会的な事件」と述べた。

ところが、この重要な判決に対し、新聞は小さなベタ記事で報道するにとどまり、テレビは見て見ぬふりをした。

芸能リポーターの故・梨元勝は「ご存じのように、テレビ局というのはスポンサーがあって、番組を作る。その番組の視聴率がいいことがよりいいわけですよね。そうすると『視聴率が取れるタレント』に何かが起きたときは、テレビ局はジャニーズに限らず守りに回るんです。とはいえ、本来報道はそういう関係から独立したものであるべきでしょう。例えば『欠陥車が走ってる』ということを見つけた時、『スポンサーだから報道しない』というのでいいわけがない」と語っている（『創』2000年8月号）。

実際この後も、ジャニー喜多川は全く悔い改めることなくジャニーズ所属の少年たちへの性虐待を続けており、それを知らずにジャニーズ事務所に入所する被害者を生み続けてきた。2023年、再び性虐待問題が注目されるとともに、この時メディアがきちんと報じなかったことの罪深さが改めて問われている。

【ジャニー喜多川性虐待問題の変遷1】

1967年9月　裁判や週刊誌でジャニー喜多川の「少年愛」が暴露される。
1980年代　月刊誌『噂の眞相』がこの問題を幾度となく採り上げる。
1988年12月　元所属タレント北公次が暴露本『光GENJIへ』（データハウス）を上梓。
1989年10月　元所属タレント中谷良が『ジャニーズの逆襲』（データハウス）を上梓。
1995年11月　原吾一がジャニーズ事務所の疑惑とスキャンダルのすべてを暴露する『二丁目のジャニーズ』（鹿砦社）を上梓。
1996年　元ジャニーズJr.の平本淳也、『ジャニーズのすべて―少年愛の館』（鹿砦社）他を上梓し性虐待を告発。
1997年3月　元所属タレント豊川誕が暴露を含んだ本『ひとりぼっちの旅立ち』（鹿砦社）を上梓。
1997年8月　本多圭が性虐待を含むジャニーズ事務所の問題点を追及した『ジャニーズ帝国崩壊』（鹿砦社）を上梓。
1999年　『週刊文春』が性虐待や児童虐待の実態・未成年タレントの喫煙などを 報道。ジャニーズ事務所とジャニー喜多川が提訴する。
2000年4月　第147国会で、自民党衆議院議員・阪上善秀がジャニーズ事務所の性虐待や児童虐待を質問。
2002年3月　第一審判決　ジャニー側勝訴。
2003年7月　第二審判決　性虐待行為を事実と認定。
2004年2月　最高裁上告棄却　120万円の損害賠償と性虐待行為認定が確定。
2005年3月　元ジャニーズJr.の木山将吾、『SMAPへ―そして、すべてのジャニーズタレントへ』（鹿砦社）で性虐待を告発

◆NEWSがシングルデビュー

5月12日、NEWSが『アテネオリンピックバレーボール世界最終予選』のイメージソングを含む、シングル『希望〜Yell〜』でデビューした。厳密には、2003年11月7日に『NEWSニッポン』をリリースしていたが、セブンイレブンの独占発売であり、一般の流通と販売チャネルによるリリースはこれが初めてだった。

◆Question?結成

5月、KAT-TUN等のバックバンド演奏を行うグループとしてQuestion?が結成された。FiVeと並ぶ実力派バンドとして人気となり、2012年には単独ライブツアーも行うが、2013年には相次いでメンバーが脱退しフェードアウトしている。

◆タッキー&翼がタイのJ-POPコンサートに出演

7月24日、タッキー&翼がタイ・バンコクで初の海外公演となるタイJ-POPコンサートに出演。バックとしてKAT-TUNも帯同していた。バンコク滞在中には、孤児院やろうあ者施設など4カ所を訪問し、計200万バーツ（約600万円）を寄付し、現地との親交にもつとめた。

この時期のジャニーズは、タイ進出を模索していた。それまでにもKAT-TUNなどJr.がタイの音楽祭に出演してタイとのつながりを深めており、タイ最大手の芸能プロダクションGMMグラミーと提携し、タイJr.などタイ人タレントの育成も試みていた。

◆関ジャニ∞がシングルデビュー

8月25日、関ジャニ8が「無限の可能性」という思いを込めて関ジャニ∞へとグループ名をあらため、『浪花いろは節』でシングルデビュー。最初は関西地区限定で発売し、9月22日から全国でも発売された。当初は事務所からあまり期待されておらず、デビュー会見はテイチクの屋上でのぼりを持たされただけという扱いだったが、下積みの長かったメンバーたちはとても喜んだという。ハワイで華々しくデビュー会見した嵐との「格差」は、関ジャニ∞の定番自虐ネタとなっている。

◆嵐、初の『24時間テレビ』メインパーソナリティに

『24時間テレビ』で何度もメインパーソナリティをつとめ、一時は番組の顔といえる存在だった嵐。彼らが最初にメインパーソナリティをつとめたのは２００４年のことである。当時嵐はブレイク前の低迷期にあり、番組の平均視聴率は、「チャリティーマラソン」導入により2ケタ代をマークするようになってから最低だった。しかしこの頃から、徐々に嵐の名前が知られるようになり、やがてブレイクにつながっていくのである。なお、ジャニーズ性虐待問題に揺れる２０２３年、なにわ男子がメインパーソナリティをつとめた同番組は、この時を超える最低視聴率を記録している。

◆長瀬智也が『弟』で石原慎太郎を好演

11月17日～21日、5夜連続10時間におよぶドラマ『弟』（テレビ朝日系）が放送された。原作は石原慎太郎の『弟』（幻冬舎）。石原裕次郎の生涯を兄の視点で描いた作品である。構想6年、総制作費は国内外のロケで15億円という局の威信を懸けた大型ドラマだった。

長瀬智也は、２００１年の映画初出演作『ソウル』により、翌年に第15回石原裕次郎新人賞を受賞していた。この縁で慎太郎の17～39歳を演じ、長瀬の俳優としての評価が大きく高まった。

◆ＳＭＡＰが「紅白」辞退、滝沢秀明が審査員として「出場」

ＳＭＡＰが『第55回ＮＨＫ紅白歌合戦』の出場を辞退した。理由は新曲発売がなかったからということだったが、この年は香取が大河ドラマ『新選組！』の主演をつとめ好評を博しており、その話題性だけでも十分出場へのニーズはあるはずで、不自然さが否めない。初めて行われた「出場歌手希望世論調査公表」の結果、ＳＭＡＰが氷川きよしに続く2位に終わってプライドを傷つけられたため、などともいわれたが説得力に欠ける。これもＳＭＡＰの「謎の辞退」の一つである。

飯島やSMAPに出場辞退を決める権限まではないはずで、辞退はジャニーズ事務所の意思だろう。

一方で、次期大河ドラマの主演をつとめる滝沢秀明が審査員として出演した。

2005年

◆滝沢秀明がNHK大河ドラマ主演

前年の香取慎吾に続き、滝沢秀明がNHK大河ドラマ44作目の『義経』で主演をつとめ、源義経を演じた。滝沢にとっては、1999年の『元禄繚乱』以来2度目の大河ドラマ出演である。滝沢は22歳で、大河ドラマ単独主演の最年少記録を更新。はかなく美しい義経を演じ、若さと運動神経を活かしたアクションシーンでも魅せた。

この義経役がきっかけで、翌年から、義経をメインテーマにした主演舞台『滝沢演舞城』が始まった。

中世コスチュームがハマっていた

◆『ごくせん』第2シリーズが大ヒット

『ごくせん』（日本テレビ系）シリーズは、仲間由紀恵演じる任侠集団で育った熱血高校教師役ヤンクミが主人公の学園ドラマ。ジャニーズにおいては『金八先生』シリーズ同様、生徒役として若手やデビュー前のJr.を出演させる登竜門だった。

2002年放送された第1シリーズでは、生徒役を松本潤、小栗旬らがつとめ、平均視聴率17・6%の人気ドラマとなった。

2005年1月15日から3月19日まで放送された第2シリーズでは赤西仁と亀梨和也が生徒役となり、人気が爆発。平均視聴率は28・0%、最終回は32・5%の高視聴率をマーク。それとともに赤西、亀梨の人気と知名度も急上昇し、翌年のＫＡＴ‐ＴＵＮの華々しいデビューにつながっていく。
『ごくせん』はさらに２００８年に高木雄也、中間淳太、桐山照史、玉森裕太らの生徒役で第３シリーズが放送され、22・８％の平均視聴率を得る。スペシャルを含めシリーズ全てが好評だったが、『ごくせん』といえば、一般には最も人気の高かった赤西・亀梨コンビの第２シリーズのイメージが強い。

◆藤島ジュリー景子の結婚・出産が明るみに

ジャニーズ事務所の後継者藤島ジュリー景子が、結婚し女児をもうけていたことが明らかになった。かつて東山紀之との結婚が噂されたり、テレビ局プロデューサーとの不倫関係がとりざたされたりもしたが、結婚相手は芸能界とは関係のない一般男性だった。

母のメリー喜多川は『週刊新潮』（２００５年２月10日号）で、ジュリーの結婚と出産について答えている。

「ええ、娘の出産は事実だし、去年、結婚もしています。相手の男性は一般の家庭の方で、うちに婿に来てくれたんです。私が紹介されたのは５、６年前ですが、２人は日本で出会ったんじゃないの。仕事は違うし、彼がうちの事務所に入って仕事をすることはあり得ないわ。彼は自分で仕事をしてますから」

実際は、この夫がジャニーズの子会社、ジェイ・ストームとアートバンクの役員をつとめていた。しかし結婚生活は長く続かず２００９年に離婚している。夫が放蕩三昧だったためなどと報じられたが、元夫の問題よりは、メリーが婿という他人を信用できなかったということのようだ。

◆さらに続く、赤裸々な性虐待告発

３月、光ＧＥＮＪＩの候補メンバーだった木山将吾が、『ＳＭ

2004年に生まれた一人娘を抱くジュリー

APへ―そして、すべてのジャニーズタレントへ』（鹿砦社）を上梓。性虐待や薄給がすでに司法的に認定されたこともあり、臆することなく当時の性虐待や合宿所の不健全な生活が告白された。

さらに、「栄養剤だといって不思議なドリンク剤」を飲まされたり、「まだ成長期にもかかわらず、怪しげな注射を打たされ、本来なら十代の後半には髭が生え、声が太くなり、男臭くなっていくはずが、いつまでも少年のようだった」といった気味の悪い記述も見過ごせない。

それ以外にも、初登場1位のヤラセデビュー、後継者の呼び声高い東山紀之の奇行、ジャニーに「だんな様」と呼ばれる田原俊彦、メリーと夫婦同然だった近藤真彦など、新たなジャニーズの闇が暴かれている。

同書は改訂され『KAT-TUNへ』（鹿砦社）として2007年3月に出版されている。

◆ジェイ・ドリーム設立

6月、ジャニー喜多川を代表取締役社長、飯島三智を取締役とし、SMAPの映像作品の制作や管理を業務とするジェイ・ドリームが、ジャニーズ事務所の子会社として設立された。このころから社内に飯島・SMAPをめぐる軋轢や、ジャニーとメリーの間の齟齬が生じていたことの発露だろう。

ジェイ・ドリームは後にはKis-My-Ft2やSexy Zone、ジャニーズJr.などSMAP以外の飯島傘下のタレントの作品も手掛けた。2016年1月12日に飯島が取締役を退任、現在は休眠会社となっている。

◆内博貴が女子アナと飲酒して無期限謹慎

7月14日深夜、NEWSの内博貴が仙台市内の公園で酒に酔って騒ぎ、大声を張り上げるなどして暴れているところを警察（仙台中央署）に補導された。

この時NEWSは、仙台市内で開催中の『女子バレーボールワールドグランプリ2005』（フジテレビ系）のスペシャルサポーターをつとめていた。内が補導される前、フジテレビのスポーツ局社員とともに飲酒し、さらに深夜から菊間千乃をはじめとする女性アナウンサー数人と飲んでいたことが明らかにされた。NEWSの他のメンバーとは別行動だったとしていたが、後に錦戸亮も飲酒に同席していたことが判明した。

ジャニーズ事務所は内を無期限謹慎とし、出演していたドラマ『がんばっていきまっしょい』も降板になった。問題は当時の内が未成年だったことである。飲酒の席に同席していたフジテレビ社員が非難され、フジテレビは役員3人を減俸とし、菊間千乃ら飲酒した社員5人とその上司7人を減給とする処分を決めた。さらに菊間はレギュラー番組をこの時点で一週間降板（その後、無期限出演停止）になった。

これを聞いた国家公安委員長・村田吉隆は、19日午前の閣議後の会見で「社内処分が1週間の謹慎というのは大甘」「警察が事情聴取したのか確かめたい」「（他局で）『大したことはない』というコメントがあったが、こうした報道（機関）の規範意識はかなり問題がある」などと述べた。

9月になって宮城県警は菊間他のフジテレビ社員らの立件を見送ることに決めた。菊間は、4カ月後の11月より同局のバラエティ番組『O・D・A』から番組出演を再開。２００６年からはゴールデンタイムの番組やレギュラーの情報番組にも復帰した。

一方の内は、無期限謹慎を経て、２００６年12月30日にジャニーズ事務所から、身分を研修生に格下げすることが発表された。ようやく現場復帰できたのは、２００７年7月9日の少年隊主演舞台『ＰＬＡＹＺＯＮＥ ２００７「Ｃｈａｎｇｅ２Ｃｈａｎｃｅ」』であった。２００８年2月にはドラマ『一瞬の風になれ』（フジテレビ系）出演でテレビへの復帰も果たしたが、結局、ＮＥＷＳおよび関ジャニ∞への復帰は許されなかった。

その後、舞台で活躍したり、Ｑｕｅｓｔｉｏｎ？と共に活動したりしていたが、２０１３年10月21日、ジャニーズ事務所公式サイトに内の単独公式ページが開設され、ようやくJr.卒業となった。

また菊間は後に弁護士に転身し、この時自分が飲ませたわけではなく、内は既に他のところで飲んでいたと語っている。

◆Ｋｉｓ‐Ｍｙ‐Ｆｔ２結成

7月26日、Ｋｉｓ‐Ｍｙ‐Ｆｔ２が結成された。

前年4月に前身のＫｉｓ‐Ｍｙ‐Ｆｔがローラースケートでのパフォーマンス集団として結成されており、主な初期メンバーは北山宏光、飯田恭平、横尾渉、藤ヶ谷太輔の4人。NEWSとしてデビューしていた増田貴久が頭文字「M」の代役として参加していたこともあった。

グループ名はメンバーのイニシャルと、「タップダンサーのグレゴリー・ハインズが尊敬するサミー・デイビス・ジュニアの靴にキスをしたという逸話」にちなんで付けられた。

これにA.B.C.Jr.で活動していた玉森裕太、千賀健永、宮田俊哉、二階堂高嗣の4人が加わり、8人グループとして品川ステラホールで行われたイベント『SUMMARY』より活動を開始した。翌年には飯田が脱退したが、「i」は北山の「Ki」ということで、グループ名のつじつまが合った。

なお、飯田は2023年、「ジャニーズ性加害問題当事者の会」に合流している。

◆『花より男子』に松本潤が出演

10月21日より12月16日までTBS系で放送された『花より男子』（第1シリーズ）に松本潤が出演。主演は井上真央、松本はその相手役・道明寺司を演じた。平均視聴率は19・8％で、このクール最高をマーク。

御曹司で俺様な性格の中に優しさを垣間見せる役柄が松本にハマり、松本が注目されるきっかけになった。

その後、井上とはしばしば交際説が流れている。

◆『青春アミーゴ』がミリオンセラーに

テレビドラマ『野ブタ。をプロデュース』（日本テレビ系）での共演をきっかけに、亀梨和也と山下智久によって、期間限定ユニット「修二と彰」が結成された。ユニット名はそれぞれの役名からジャニー喜多川が付けた。11月2日、唯一のシングル『青春アミーゴ』が発売されると、たちまちミリオンセラーを記録。亀梨はまだCDデビューしておらず、これが初のCDとなった。

当初ユニット活動は2005年末までの予定だったが、人気を受けて2006年に入ってもテレビ番組への出演が続いた。楽曲がスウェーデンの作曲家チームによって製作されたものだったことから、2006年にはスウェーデンでも発売された。

◆中居正広、「紅白」司会を辞退

前年のＳＭＡＰの「紅白」出場辞退に続き、この年は中居が「紅白」司会を辞退した。またもや「謎の辞退」である。報じられた辞退の理由は、「紅白の視聴率低下に頭を抱えていたＮＨＫが、手当たり次第に大物に司会のオファーを出したところ、みのもんたと中居の双方からＯＫが来てしまったため、〝司会グループ〟なるポストを用意した。しかし、過去に単独で白組の正司会者を経験している中居側は〝一山いくら〟のような扱いを不服として司会を辞退した」（『日刊ゲンダイ』２００６年11月21日付）というものだ。しかしこれも中居や飯島が勝手に決められたとは考えにくく、ここにもジャニーズ事務所の意思が反映されていたと見るのが妥当だろう。

◆近藤真彦がデビュー25周年

ジャニーズ最年長タレント近藤真彦がデビュー25周年を迎えた。12月14日、ソロとして7年7カ月ぶりに新曲『挑戦者』をリリース。芸能活動への復帰を宣言した。

2006年

◆櫻井翔がソロコン開催

1月、櫻井翔が全国5カ所のライブハウスで初のソロコンサートを開催した。本来6カ所の予定だったが、悪天候で千歳空港に着陸できず、オーラスの札幌公演は中止になっている。まだ嵐ブレイク前とあって会場の収容人数は2千名程度、今からは想像もつかないアットホームなコンサートで、櫻井はプロのダンサーや

ブレイク前の櫻井はトンがっていた

バンドを従えて得意のラップなどを披露した。

エリート官僚を父に持つ櫻井は、デビューしてもなお、親から芸能活動を認めてもらえず家庭内で確執があった。しかしこのコンサートに父の俊氏を誘い観てもらった時、「何となく認めてくれたのかな」と感じたと、テレビ番組の中で語っている。

◆草野博紀が「カラオケボックス飲酒」で自粛処分

1月31日、またNEWSがらみのトラブルが発生した。森内貴寛、内博貴の時と同様、当時17歳だった草野博紀の未成年飲酒であった。

『BUBKA』（2006年3月号）は、草野博紀がカラオケボックス内でファンと見られる女性と2人で飲酒したとする記事と写真を掲載。そこにアルコール飲料と見られる缶も写っていた。

ジャニーズ事務所は「本人に確認したところ飲酒の事実はないとのことですが、誤解を招く行動」として自粛処分を決めた。写真は謝礼欲しさに出版社に持ち込まれた隠し撮りと思われるもので「ハメられた」可能性も捨てきれなかった。写真を撮られた時期がちょうど内博貴が謹慎中だった前年秋頃だったというタイミングの悪さはあったが、事実関係の確認も不十分なまま処分が決められたことには同情の声もあった。このトラブルにより、近いとされていた内の復帰まで遠のいてしまった。

草野も内同様、NEWSとしての復帰はならなかった。「研修生」に降格されての再スタートとなり、内と同じ2007年7月9日の少年隊主演舞台『PLAYZONE　2007「Change2chance」』で現場復帰した。しかしその後、結局ジャニーズを離れている。

こうして6人になったNEWSは連帯責任という形でグループ単位での活動を2006年いっぱい休止。その間メンバーがソロやユニットを中心に活動したことが、NEWSの求心力が失われていくきっかけの一つになった。

◆中居正広と中野美奈子の熱愛報道

『ＢＵＢＫＡ』（２００６年２月号）に中居正広と中野美奈子（フジテレビアナウンサー）と思われるプリクラ写真が掲載された。

中野が２００７年３月限りでフリーになるという説や寿退社説などの噂も加わり、この交際報道は加熱した。２００７年２月には「入籍の噂」まで全国的に広がっていった。

この結婚騒動に対し、公式サイトで中居の名で異例の否定コメントが掲載された。「最近、中居正広に関しての全く事実無根の大変悪質な情報が、ネット等で多数出回っており、中居本人、そして関係者共々今回の件で、大変困惑し、迷惑しております。この情報は、事実ではございません」

『東京スポーツ』（２００７年７月20日付）の「梨元勝の特捜リポート」では、「入籍説が流れたころは、もう別れていた」と報じられた。この他、「中居は今までにもそうでしたが、マスコミにいろいろ騒がれると、ほとんど別れていますね」と指摘する女性記者のコメントもあった。

◆『滝沢演舞城』始まる

３月７日、新橋演舞場で滝沢秀明主演の時代劇ミュージカル『滝沢演舞城』が初演された。滝沢は前年、ＮＨＫ大河ドラマで源義経を演じたことから、この舞台でも義経がメインテーマになっている。日本舞踊家の花柳錦之輔が振付を行うなど、和テイストでありながらアクロバットもあるジャニーズならではのユニークな舞台である。

２０１０年から新橋演舞場歌舞伎座改築工事が始まったのに伴い、２０１２年まで日生劇場に場所を移し、『滝沢歌舞伎』の名で公演を行っていたが、２０１３年より新橋演舞場に戻るとともに、名前も『滝沢演舞城』に戻した。しかし２０１４年からは再び『滝沢歌舞伎』として上演している。滝沢が芸能活動を引退すると、ＳｎｏｗＭａｎをメインキャストに『滝沢歌舞伎ＺＥＲＯ』として引き継がれた。

堂本光一の『ＳＨＯＣＫ』シリーズと双璧をなすジャニーズの名物舞台だったが、滝沢の退社に伴い２０２３年の『滝沢歌舞伎ＺＥＲＯ ＦＩＮＡＬ』がシリーズ最後の公演となった。

◆KAT-TUNがトリプルデビュー

2001年に結成されたKAT-TUNは、Jr.でありながら人気が高く、翌2002年に早くも東京国際フォーラムにて初の単独コンサートを開催している。以後も写真集を発売したり単独コンサートを精力的にこなしたりと実績を重ねた。2005年には、赤西と亀梨がドラマ『ごくせん』(日本テレビ系)に出演したことで人気が広まった。

そして2006年3月17日、初の東京ドームコンサート『KAT-TUN SPECIAL TOKYODOME CONCERT Debut〝RealFace〟』が行われた。CDデビュー前のグループによる単独ライブ自体が東京ドーム史上初であり、いきなり大きな会場を使ったことと併せて話題になった。続く22日、1枚目のシングル『RealFace』、アルバム『Best of KAT-TUN』、DVD『RealFaceFilm』でトリプルデビューを果たした。レーベルは、KAT-TUNのために内部に新しく立ち上げられた「J-OneRecords」で、期待の高さがうかがわれた。この時点での勢いは、「ポストSMAPはKAT-TUNで間違いなし」とまでいわれていたのである。

結成からデビューまで5年を要したKAT-TUN

◆亀梨和也と小泉今日子の熱愛報道

往年のトップアイドル小泉今日子の年の差恋愛が『FRIDAY』(2006年5月12・19日号)にスクープされた。相手はなんとKAT-TUNとしてCDデビューしたばかりの亀梨和也。2004年に永瀬正敏と離婚後、一人暮らしをしていた小泉のマンションに向かう亀梨の姿が激写されたのだ。当時、小泉は40代を迎えており、20歳離れた男女の関係が世間の耳目を集めた。

記事によれば、都内にある自宅マンションで小泉は亀梨と半同棲中。亀梨のためにスーパーで買い物をしたり、愛車プリウスを自由に乗らせたりしているという。２人が知り合ったきっかけは、その半年前に、恵比寿にあるギョーカイ人御用達のバーで店のママから紹介されたとしている。この報道を受け、ジャニーズ事務所は交際を否定した。

しかし同年12月26日号の『ＦＲＩＤＡＹ』では、小泉が自宅に亀梨が〝帰って〟くるのを迎え入れるため、近所のスーパーで肉、野菜などを買い込む〝半同棲〟の日々を採り上げている。２００７年４月頃には、亀梨が事務所に「結婚したい」と伝え、さらに２人は７月下旬には〝パリ婚前旅行〟までしていたと『東京スポーツ』（２００７年７月11日付）で報じられた。また、新進デザイナーのラフ・シモンズの２００８年度春夏メンズコレクションショーでも２人の姿が目撃された。同時期に出た『女性セブン』によると、友人のスタイリストの結婚式に出るための渡仏だったようだ。

しかし、２００８年春に２人は破局したといわれる。

◆山下智久がタイ人アイドルとコラボ

ＮＥＷＳが活動停止中の山下智久と、ジャニーズが提携し育成していたタイ・ＧＭＭグラミー所属の兄弟アイドルＧＯＬＦ＆ＭＩＫＥが期間限定ユニットＧＹＭを組んだ。８月30日には『フィーバーとフューチャー』をリリースした。ＧＹＭとして音楽活動をする一方、Jr.の北山宏光、伊野尾慧、戸塚祥太、八乙女光から成るユニットＫｉｔｔｙと組みＫｉｔｔｙ ＧＹＭとして、８月18日～９月10日に放送された『女子バレーボール ワールドグランプリ２００６』（フジテレビ系）のスペシャルサポーターをつとめた。

ＧＹＭ解散後の10月７日に、ＧＯＬＦ＆ＭＩＫＥはバンコクで日タイ修好１２０周年を記念したライブイベント『タイＪ-ＰＯＰ コンサート』で嵐と共演の予定だったが、９月に起きたタイのクーデターの影響で中止となっている。

２００７年夏にＧＯＬＦ＆ＭＩＫＥとしてジャニーズエンタテインメントからシングル『ニッポン アイニイクヨ』と、アルバム『凛-Ｒｉｎ-』を発売したものの、ジャニーズはあまり力を入れず、鳴かず飛ばずに終わった。結局彼らの所属するＧＭＭグラミーとジャニーズ事務所が方針や金銭面で折り合わず、提携解消になったといわれる。

ジャニーズのタイプロジェクトはついえてしまったが、ＧＯＬＦ＆ＭＩＫＥはその後もタイで人気タレントとして活動を続けた。

◆田中聖「未成年喫煙流出」騒動

『BUBKA』（2006年9月号）は、KAT-TUNの田中聖がくわえタバコをしている写真を掲載した。田中が会場のトイレで自画撮りしたものと報じられ、時期はデータの日付から2004年夏のイベント開催中と見られた。この時、田中は18歳の未成年。しかし、元NEWSの内や草野のように研修生に格下げするといった話は出なかった。

山下智久や渋谷すばるも、成人後に未成年時代の喫煙写真が流出したが、お咎めはなかった。同じ未成年時の喫煙も、発覚時に成人していれば罪に問われないようである。

◆嵐、初のアジアツアー、台湾・韓国で公演

嵐が初の海外公演で、9月15日～18日に台湾公演、9月21日～23日には韓国・光州で「2006 ASIA SONG FESTIVAL」に参加、11月10日～12日に韓国・ソウル公演を行った。

10月7日にはバンコクの日タイ修好120周年記念プレイベントに出演する予定だったが、9月19日に発生したクーデターのため中止になった。

◆櫻井翔、報道番組のキャスターに

10月2日より櫻井翔が深夜の報道番組『NEWS ZERO』（日本テレビ系）月曜日のニュースキャスターに就任した。ジャニーズでは、中居正広がオリンピックメインキャスターをつとめるといったスポーツキャスター業での実績はあったが、報道部門へのキャスター進出は初。慶応大学経済学部卒の学歴に加え、総務省のエリート官僚である父・俊へのアピールも込めた抜擢と見られた。

当初はジャニーズアイドルに報道キャスターがつとまるのかという偏見もあったが、ソツのないキャスターぶりを見せ、後輩・小山慶一郎のキャスターへの道を開いている。

◆赤西仁がアメリカ留学で突然の活動休止

10月12日、ジャニーズ事務所から各メディアに対して、赤西の芸能活動休止と海外留学を知らせるファックスが届けられた。翌日には赤西本人がジャニーズ事務所内で休業会見を開き、あらためて海外留学の意思を表明した。

しかし、留学の目的については、「語学に興味がありまして」という程度で、留学先も明言しなかった。休止期間や復帰についても曖昧な回答だったため、「背景には相当な理由があるはず」と疑う声もあった。デビュー曲『Ｒｅａｌ Ｆａｃｅ』は売上１００万枚を突破し、シングルの初動売上げが3作連続で40万枚突破を記録している絶好調の時に、それに水を差すメンバー離脱など普通に考えればあり得ない。グループのライバル・亀梨和也との確執説、赤西の薄給をめぐるジャニーズ内部の内輪モメ説、女性問題に対する事務所への不満説など、原因がいくつも取り沙汰された（『ジャニーズスキャンダル調書』鹿砦社）。

この不可解な留学の理由はその後の経過から見ると、ジャニーズ事務所（メリー）がＫＡＴ‐ＴＵＮをわざと失速させようとした可能性がある。ＫＡＴ‐ＴＵＮはジャニー案件であり、メリー・ジュリーは権力とのパイプになりうる櫻井翔を擁する嵐を優先したかった。ここで後輩のＫＡＴ‐ＴＵＮにぶっちぎられては嵐の出る幕がなくなってしまう。実際、この留学でＫＡＴ‐ＴＵＮは勢いを止められ、そのスキに嵐はブレイクのきっかけをつかんでいる。

◆『武士の一分』原作本に写真掲載を拒否

12月1日、山田洋次監督、木村拓哉主演の映画『武士の一分』（松竹）が公開された。山田洋次監督の『時代劇三部作』（『たそがれ清兵衛』・『隠し剣　鬼の爪』）の完結編といわれる。同じＳＭＡＰの草彅剛が出演した『日本沈没』に敗れたものの、興行収入は40億円を超え、松竹配給映画としては歴代最高記録を樹立した。

ところが、映画公開に合わせて文藝春秋社から発売された原作本である藤沢周平の『隠し剣秋風抄』には、推薦のオビに木村の名前があるだけで写真が掲載されていない。小社発行の『紙の爆弾』（２００７年2月号）では、出版関係者から「原作を愚弄している。ひいては山田洋次監督をなめている」との批判が続出していることを報じている。「かつては、出版社も所有している原作を映画制作会社に渡すだけだったんですが、ここ数年は映画ビジネスにも積極的に参入しているんです。当然、原作本の文庫本を売ることにも力を入れてます。その方法として、主演の推薦文と写真を載せて映画公開と合わせて文庫本を発売。映画もヒット、本の売り上げも伸びるという相乗効果を狙うんです」（出版プロデューサー）。

夏に公開されたV6の三宅健が主演した映画『親指さがし』でも原作本のオビで写真を使用するなとして揉めたことがあったという。版元の幻冬舎が多額の写真使用料を支払うことで解決したが、今回の版元は、数々のジャニーズアンチ記事を掲載し、裁判まで戦った文藝春秋社である。ジャニーズ事務所は木村の名前すら使うなとゴネたという。原作のオビに写真を掲載することは映画宣伝のための大切な仕事であり、事務所はその役割をまっとうすべきだろう。

◆テゴマスデビュー

NEWSの活動停止期間を利用して、手越祐也と増田貴久のユニット、テゴマスが、11月15日、スウェーデンで「Tegomass」としてシングル『Miso Soup』でデビューした。NEWSがスウェーデンの作曲家チームから曲提供を受けており、前年に修二と彰の『青春アミーゴ』がスウェーデンでも好反応だったことから、欧州先行デビューとなった。12月20日には日本でも「テゴマス」としてシングル『ミソスープ』でデビューしている。

歌唱力抜群のテゴマスはJr.時代から2人で歌っていた。手越の美声と増田の低音のハーモニーは絶妙で、KinKi Kidsに続くジャニーズの本格デュオだった。

◆二宮和也がジャニーズ初のハリウッドデビュー

二宮和也が、12月に公開されたクリント・イーストウッド監督のハリウッド作品『硫黄島からの手紙』（ワーナー・ブラザーズ・ピクチャーズ）に出演し、アメリカで高い評価を得た。

二宮がオーディションを受けたのは2005年。クリント・イーストウッド監督は、二宮の初単独主演作『青の炎』と、台本を読んでいる姿の映像を見て二宮にほれ込み、当初二宮が考えていた役より重要な役に選び、二宮に合わせて脚本を一部変更した。

◆木村拓哉「日本アカデミー賞」辞退

木村拓哉が「第30回日本アカデミー賞」主演男優賞のノミネートを辞退した。またもや「謎の辞退」である。

理由は「優秀賞のほかの皆さんと最優秀賞を競わせたくない」というもの。ジャニーズ事務所は「木村に限らず、うちはレコード大賞や各音楽祭など、賞レースというものを十数年前からやっていません。映画も同じで、辞退は今に始まったことでないのです。それに映画はあくまで監督のもので、受賞はおこがましいのです」とコメントしたが、違和感がぬぐえない。それにしては２０１６年に二宮和也、２０１７年に岡田准一が主演男優賞を受賞している。ジャニーズ事務所（メリー）が、木村の俳優キャリアの箔付けを妨げるために受賞を辞退させた可能性がある。

◆中居正広が８年ぶりに「紅白」の司会に

『第57回ＮＨＫ紅白歌合戦』で中居正広が仲間由紀恵と共に司会をつとめた。１９９８年以来、８年ぶり３回目となる。

2007年

◆『花より男子２』で松本潤ブレイク

1月５日より3月16日まで『花より男子２』（ＴＢＳ系）が放送された。２００５年の第1シリーズが好評だったため、続編を望む視聴者の要望に応える形で第2シリーズが制作されたものだ。平均視聴率21・6％と前回以上のヒットとなり、特に最終回は27・6％という盛り上がりを見せた。

このドラマで松本潤人気が一気に高まった。かつて木村拓哉がドラマでのブレイクによりＳＭＡＰ人気を牽引したのと同様に、これ以降、松本の人気に引っ張られるように、嵐も注目度を上げていく。

◆滝沢秀明が全治１カ月半の重傷

『デイリースポーツ』（２００７年2月25日付）で、滝沢秀明が「暗がりで階段から足を滑らせ転落」し、鼻骨骨折により全治1カ月半の重傷を負ったと報じられた。

てっきり舞台裏でのけがと思われ、「けがをしても頑張るタッキーはステキ」というファンの声で溢れたが、その1カ月半後、『週刊女性』（2007年5月1日号）に真相が暴露された。三軒茶屋のキャバクラ店『L』のホステスによると、深夜2時ぐらいに団体客の1人として来店した滝沢は閉店の午前4時まで飲んだ。6～7万円の勘定をタッキーが支払い、すっかり上機嫌なまま、女の子たちに見送られて店を出たのだが、その直後に「ドーン」という大きな音がして、見ると滝沢が倒れていたという。階段や床は血の海となっていた。泥酔が招いた自業自得のケガだったのだ。

◆赤西仁がKAT-TUNに復帰

4月20日、海外留学により芸能活動を休止していた赤西仁と、KAT-TUNメンバー全員が揃って帰国会見を行い、赤西の芸能活動復帰を表明した。

デビュー以来、順調に人気を獲得してきたKAT-TUNだったが、赤西が離脱してからはすっかり失速していた。一方の赤西は、米ロスで留学生活を送っていると報じられていたが、実際は英語レッスンのために入学したはずの英語学校にはわずか4日しか通学せず、頻繁に日本に帰国していたという目撃証言もある。11月中旬には一時帰国した様子を週刊誌に報じられてもいた。

KAT-TUNは6名での再スタートとなったが、その後もグループの混乱は続き、デビュー当時の勢いが戻ることはなかった。

◆事務所の関ジャニ∞推しが始まる

関ジャニ∞はもともと、関西ローカル色が強く、あまり事務所に期待されていなかった。ところが、KAT-TUN、NEWSが相次いで失速したことで、にわかに注目され、事務所が関ジャニ∞のプッシュを始める。

嵐と競合しない三枚目キャラの関ジャニ∞

4月には演歌・歌謡曲系のレーベル「テイチクレコード」からロック・ポップス系のレーベル「インペリアルレコード」へ移籍。5月から9月まで、5カ月をかけて47都道府県全てを回って全113公演を行い、その中には初の東京ドーム公演もあった。

以降、関ジャニ∞は、嵐に続いて、ポストSMAPの一翼として存在感を増していく。

◆長瀬智也と浜崎あゆみが破局

「突然ですがっ、恋人とお別れしましたぁ」7月15日、浜崎あゆみがファンクラブ公式サイトで「報告！」と題して恋人との別れを告げた。この一文はエイベックス社長・松浦勝人のブログにも掲載された。

その恋人とは長瀬智也。2001年頃から交際が始まり、10代の頃にペアタトゥーを入れるなど仲睦まじいカップルだった。

しかし元々、ジャニーズにとって浜崎は、好ましい相手ではなかった。なぜなら浜崎は、浜崎くるみ名義のモデル時代からジャニーズファンで、当時、原宿にあったジャニーズの合宿所に出入りし、Jr.たちと遊びまくっていたという過去があるからだ（『漫画実話ナックルズ』2007年9月号）。それを知ったジャニー喜多川が激怒し、当時、浜崎が所属していたサンミュージックに抗議を入れたという経緯がある。また浜崎は、後に嵐とのスキャンダルが明るみになるAYAとも親しい関係にあった。

これまで、2人が交際する姿がスクープされた時は、決まって浜崎の話題作りと見られるタイミングだった。たとえば、2004年のロス極秘旅行からの帰国時は、ライバルの大塚愛が台頭して浜崎の存在に陰りが見え始め、ニューアルバムの売上げが不安視されていた時期だった。そして、今回の破局報道も、新曲『Glitter／fated』の発売直前である。しかも、その曲に合わせて作ったショートフィルムのタイトルは『距離～Distance Love～』というもので、男女の別れを思わせる内容だった。そう考えていくと、長瀬が浜崎に利用されているように見えてくるのだ。

なお、破局が発表された直後の2007年8月初旬に行われた『non・no』のインタビューで、長瀬は次のように心中を語っている。「人間のタイプも仕事に対する考え方も、全く違った。でも、それが刺激になったし、心の余裕にもつながったと思う。相手もきっとあくせくした世界で頑張る中で、オレのマヌケな顔を見たりするのがゆとりだったのかもしれない」。

◆二宮和也と長澤まさみの熱愛報道

『日刊スポーツ』(2007年8月13日付)が二宮和也と長澤まさみの熱愛をスクープした。2人は2005年に『優しい時間』(フジテレビ系)で共演し、交際スタート。長澤の自宅マンションに通う二宮の姿がたびたび目撃され、結婚の可能性も報じられた。

ジャニーズ事務所は即座に「交際、熱愛の事実はない。ドラマの共演者らと一緒に食事したことはあるようですが、友達以上の関係ではない。引っ越しもしていない」とコメントした。一方、長澤が所属する東宝芸能はコメントを控えていたが、その後、慌てて否定のコメントに訂正している。

2人の交際は2009年頃まで続いていたようだが、その後、突然破局している。

◆中居正広と倖田來未の熱愛報道

中居正広と倖田來未の熱愛報道が『スポーツニッポン』(2007年8月15日付)の一面を飾った。9月に入ると「中居正広、倖田來未の2人に電撃入籍説が浮上⁉」(『日刊ゲンダイ』2007年9月7日付)という説が流れた。同紙によると、倖田が誕生日を迎える11月に入籍を発表し、クリスマスイブに親しい関係者だけを集めて結婚パーティを開くという噂がネットに広がっているという話だった。

さらには『女性セブン』が2人の〝通い愛〟を報じた。10月末に転居した中居のマンションに倖田が足しげく通っているというのだ。一緒に中居の自宅マンションに帰宅する際のツーショットも掲載され、多くの芸能マスコミが2人の熱愛を信じたが、一方で『紅白歌合戦』を盛り上げるためのプロモーションではないかと冷めた目で見る芸能関係者もいた。

一時は中居サイドが結婚を認めたとされ、翌2008年には「年内結婚説」まで浮上したが、その年の2月、倖田の「35歳すぎると羊水腐る」という失言を機に騒動がぴたりとやむ。倖田側はバッシングでそれどころではなく、熱愛報道もうやむやとなっていったが、5月15日発売の『女性セブン』では、2人が箱根にお忍び旅行をしている姿が報じられた。しかし、結局は恋愛が成就することはなく、その後、倖田はKENJI03と結婚し、男児を出産している。

◆Hey! Say! JUMP結成、シングルデビュー

9月21日、期間限定ユニットだったHey! Say! 7を前身としてHey! Say! JUMPが結成された。Hey! Say! 7とは、文字どおり平成生まれの岡本圭人、山田涼介、中島裕翔、知念侑李、森本龍太郎の5名である。さらに、その「上級生」である藪宏太、高木雄也、伊野尾慧、八乙女光、有岡大貴の5名によるHey! Say! BESTが加わった10人のグループがHey! Say! JUMPである。このような世代の違うユニットを合わせたグループは、光GENJIやV6を踏襲するものだ。

11月2日開幕の『2007年ワールドカップバレーボール』ではスペシャルサポーターをつとめ、11月14日に大会公式イメージソングの『Ultra Music Power』でシングルデビューを果たした。

◆井ノ原快彦と瀬戸朝香が結婚

9月28日、井ノ原快彦と瀬戸朝香が深夜のツーショット会見を行い、翌日、入籍した。

2人の出会いは1995年放映のドラマ『終わらない夏』（日本テレビ系）の共演だった。1998年9月に熱愛が騒がれたが、瀬戸のわがままぶりに井ノ原がついていけなくなり別れたとされていた。ところが、2005年4月になって、7年ぶりの再会で恋が再燃したと『FRIDAY』（4月15日号）が報じたのだ。瀬戸の所属事務所がはっきりと復縁を認め、井ノ原も会見で「交際しています」とこれを認めていた。

あまりに素直に認めてしまったため、当初は単なる話題作りではないかと勘ぐられていたが、その後も順調に交際を続

けていたらしく、会見を開いてファンに結婚することを報告したというわけだ。ここに至るまでに井ノ原は周到に事務所を説得したという。

翌年の2008年5月3日には挙式をしている。2児に恵まれ、評判のおしどり夫婦である。

◆NEWS台湾公演

10月6日・7日に予定されていたNEWS初の海外公演となる台湾公演だったが、折悪しく台風に見舞われた。台風15号直撃のため、6日は公演中止となり、翌日7日に振り当てられ、昼夜2公演が行われた。

◆近藤真彦に長男誕生

10月8日、結婚14年目の近藤真彦に待望の長男が生まれた。敦子夫人は8日午後4時半ごろに都内の病院で出産。予定日より約2カ月早かった。母子ともに健康というが、子供は当然NICU（新生児集中治療管理室）に直行、夫人の退院後も1カ月入院した。出産から発表まで20日もあったのは、そうした事情もあったのではないかと見られる。

「（結婚して）14年ですから、今回（の妊娠）が初めてじゃなく、過去にはつらい思いも経験しました」（近藤）。前年も流産を経験していたという。29歳で結婚した近藤は43歳、夫人は41歳にして、やっと恵まれた子宝だった。

◆赤坂晃が覚せい剤所持で逮捕

10月28日、元光GENJIの赤坂晃が、東京都豊島区の路上で覚せい剤約0・6グラムを所持していたとして、警視庁大塚署に現行犯逮捕された。高級外車で現場付近に乗り付けた際、職務質問を受け、所持品から覚せい剤約1グラムや吸引に使う道具などが見つかり、尿検査の反応もあった。29日には東京都立川市の自宅が家宅捜索され、送検された。

赤坂は、「自分で使うために持っていた。今年4月ごろから使っていた」と容疑を認め、「（覚せい剤は）職務質問を受ける直前に近くの路上で外国人から買った」「ストレスがあった」などと供述した。赤坂の言う「ストレス」とは、同年3月の協議離婚と、元夫人が5歳の長男を引き取ることになった家庭問題だったのではないかと報じられた。

10月29日正午頃、ジャニーズ事務所は「本人は、素直に事実関係を認め、自らの行為を深く反省しております。しかしながら、このような犯罪行為は決して許すことのできないものであり、29日、解雇処分と致しました」とファックスでコメントを出し、同日、赤坂の解雇を発表した。

11月21日、東京地裁から懲役1年6カ月、執行猶予3年（求刑・懲役1年6カ月）を言い渡され、判決後、赤坂は「離婚して子供に会えないつらさから逃げようとして使用した。ファンの方々には大変申し訳ないことをした」と謝罪した。

現役ジャニーズタレントの薬物による現行犯逮捕は、社会に大きな衝撃を与える出来事だったが、２００９年末に再び覚せい剤所持で逮捕される。

◆中居正広が異例の「紅組」司会に

中居正広が『第58回ＮＨＫ紅白歌合戦』の司会をつとめた。ただし、男性タレントとしては異例の〝紅組〟の司会であった。そうなった経緯としては、女性司会者は直前まで長澤まさみが「司会者の大本命」（『日刊ゲンダイ』２００７年11月10日付）といわれていたが、飯島がダメ出しをし、飯島が納得した女性タレントからはＯＫの返事がもらえず、さりとてＮＨＫの局アナでは話題性に乏しいということで、苦肉の策で中居を紅組の司会に回したといわれている。白組司会は、ＮＨＫにも貢献度の高い売れっ子の笑福亭鶴瓶。中居が台本を頭に叩き込んで司会に臨むのに対し鶴瓶はオールアドリブで、話す番になると中居が合図を出していたという。プライベートでも親しい絶妙コンビの司会は好評で、歴代紅白司会の中でも神回に数えられている。

２００８年

◆長瀬智也、相武紗季との交際を認める

前年に浜崎あゆみと別れたあと、相武紗季との関係が取り沙汰されていた長瀬智也が、『週刊文春』（２００８年4月24日号）の直撃取材に対して交際を認めるコメントをした。

その後2008年から2009年にかけて、堂々とデートする仲むつまじいツーショットがしばしば目撃されていた。しかし2010年頃から破局が言われるようになり、いつしか交際は立ち消えになった。

◆山口達也が内縁の妻と入籍

3月8日、山口達也が5歳年下の元モデルと入籍。同日夜の日本武道館ライブでファンに報告した。2人はグループ交際をきっかけに、1999年から交際を始めた。その後2004年3月、サーフィン好きの山口は湘南の高台81坪に、彼女と共同名義で地上2階、地下1階の豪邸（土地と建物で2億円）を建設。着工を見届けた2003年9月にはバリ島に婚前旅行に出かけ、完成後は近所に挨拶も済ませて夫婦同然の生活を送っていた。

女性は入籍時には妊娠しており、5月6日には第1子となる男児が誕生した。父親となった山口は、主婦向け生活情報誌『ESSE』（扶桑社）に連載を持って、家庭や子供の話題をつづり、ジャニーズ初のパパドル路線を切り開いた。

◆『CHANGE』に見る木村拓哉の陰り

5月20日から始まった木村拓哉主演のフジテレビ系月9ドラマ『CHANGE』が物議を醸した。放送開始が5月という中途半端な時期だったことから違和感があったが、小学校の教師が総理大臣になるというストーリーの唐突さがやり玉に挙げられた。総理大臣と秘書官の恋愛も無理やりな感が否めなかった。

結果は「月9」という看板の時間帯でありながら、視聴率20％台の攻防だった。テレビの視聴率全般が下落傾向にあるとはいえ、木村が主演した2000年の『ビューティフルライフ』や翌年の『HERO』など30％越えを記録していた全盛期に比べると、どう見ても勢いが感じられない。この頃から、何をやっても高視聴率を叩き出してきた木村の神通力にも陰りが見られるようになりはじめた。

◆渋谷すばる、女性に飲酒強要騒動

渋谷すばるが、自ら主催したプライベートパーティで女性に飲酒を強要していたことを、7月5日発売の『週刊女性』

が報じた。それは、関ジャニ∞ツアー中の5月15日のことだった。大阪で開かれたパーティに男女数人が参加していたのだが、ある女性が渋谷の機嫌を損ねてイッキ飲みを強要されたのだ。その結果、女性は急性アルコール中毒となり、病院に運び込まれた。昏睡状態に陥り、一歩間違えれば命の危険もあったという。この報道に対し、ファンは「コンサート期間中にありえない」と反発した。

この事件の影響か、事務所の関ジャニ∞プッシュにより、他のメンバーがどんどん全国区での露出を増やす中、渋谷は出遅れてしまう。本来はトークもうまいのだが、ずっと出番に恵まれなかった。

◆櫻井・松本の写真流出、大野の大麻報道――相次ぐ嵐スキャンダル

デビュー9年目にしてやっとブレイクした嵐。しかし、注目を集める分、有名税の洗礼が待っていた。過去のスキャンダルが相次いで報じられたのだ。

２００８年4月9日、「ジャニーズファンは見てはいけない！『嵐』櫻井翔&松本潤　アイドル2人仰天４Ｐ写真！」というセンセーショナルな見出しと共に、櫻井翔と松本潤が女性2人と密着する流出写真が『ＦＬＡＳＨ』に掲載された。といっても、写真を撮られたのは10年も前の１９９８年のこと。当時、櫻井16歳、松本14歳。嵐結成前のJr.時代のものだった。大げさな見出しの割には、写真はそれほど過激ではなく、記事もどこか遠慮がちなものだった。４人に交友関係があり仲が良かったことはうかがわせるものの、性的関係が確信されるような内容ではなかった。

この報道から3カ月あまりの後、さらなるスキャンダルが嵐を見舞う。７月28日、『週刊現代』が「『嵐』大野智『大麻で３Ｐ』」との見出しで、大野の疑惑を6ページにもわたって大きく報じたのである。嵐にとっては、翌月に『24時間テレビ』（日本テレビ系）のメインパーソナリティを控えた大切な時期であり、大野主演の連続ドラマ『魔王』（ＴＢＳ系）が7月4日から始まったばかりだった。記事では、２００５年夏、大野が渋谷のカラオケボックスで複数の男女と大麻を回しながら吸引したことや、その後2人の女性と女性のマンションに行き、３人でベッドに入り性行為におよんだことなどが、多くの生々しい写真と共に暴露されていた。

ジャニーズ事務所は、女性関係については認めたものの、犯罪性のある大麻については記事を否定。しかし、記事が具

体的だったことから信憑性が感じられ、多くの人に大野の大麻疑惑は限りなく黒に近いグレー、という印象を抱かせた。このスキャンダルに対して、事務所も他メディアも黙殺を決め込んだ。結局、後追い報道もほとんどなく、『24時間テレビ』はつつがなく放送され、嵐や大野の出演する番組やCMも何事もなかったように続行された。

この時はまだ明らかにはなっていなかったが、『FLASH』と『週刊現代』に写真を持ち込み、取材に応じたのはAYAこと牧野田彩だった。

AYAは元々『ASAYAN』（テレビ東京）のオーディション出身の歌手で、かつては嵐メンバーをはじめとする若きジャニーズたちの遊び相手、そしてお伽相手だった。ジャニーズファンのAYAは彼らとの交友をせっせと写真におさめていた。これが、のちの災いの元になった。

やがて嵐を筆頭にジャニーズタレントの人気が高まるにつれ、AYAは事務所から疎まれるようになり、ジャニーズタレントとの交流は断たれた。ジャニーズ事務所のブラックリストに入ってしまった影響もあって、AYA自身のタレント活動も行き詰まり、ついには生活に困って写真を出版社に持ち込んだのだった。

AYAと嵐の本当のスキャンダルが明るみになるのは、彼女が自殺する2年後まで待つことになる。

◆A・B・C-Z結成

8月29日、前身ユニットA．B．C．のメンバー戸塚祥太、河合郁人、五関晃一、塚田僚一の4人に橋本良亮が加わって、A．B．C-Zが結成された。A．B．C．は「acrobat boys club」の略で、ステージ上でのアクロバットを得意とするグループ。「Z」には橋本良亮が加入してアルファベット全部が完成したという意味と、またZeroに戻って再スター

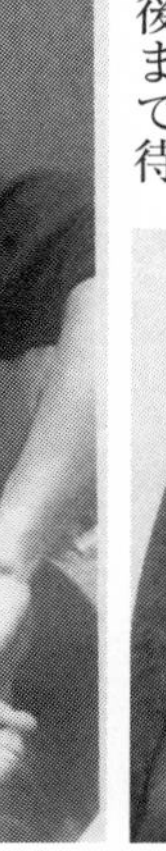

こんな写真を出されては、女性スキャンダルは否定しようもなかった

トを切る意味もあるという。

◆嵐2度目の海外ツアーで上海上陸

嵐が、２００６年以来2度目の海外ツアーで、10月11日・12日台北、11月1日・2日韓国・ソウル、11月15日には上海で公演を行った。

ジャニーズとして初めての中国本土での公演となった上海公演は、中国公安当局からＮＧが続出するなど困難も多く、準備に半年かかったという。

［Ｔｏｐｉｃｓ］

ジャニーズ性虐待裁判とメディア

◆文藝春秋社が語る「性虐待裁判」の真相

２００4年9月、鹿砦社から、ジャニー喜多川の性虐待について「芸能裁判」という視点から本格的にメスを入れた書籍『平成の芸能裁判大全』が発売された。

この中で、ジャニーズ事務所と裁判を争った文藝春秋の法務部・藤原一志が、判決の本質を解説するロングインタビューが掲載されているので、その一部を抜粋して紹介しよう。

◇　◇　◇

―ジャニーズ裁判について伺いたいのですが、ジャニーズスキャンダルはどこもタブーなのに、あえてキャンペーンを張ったのはなぜでしょう。

「やはり少年たちの人権の問題だからです。それも一二～三歳から一四～五歳ぐらいですからね。ジャニーズジュニアというのは。これがみんな等しく同じ悲鳴を上げているわけで、それを取材の途中で聞き込んだ。相手が誰であろうとも、おかしいことに関しては、白日の下にして世間に問わなくてはいかんだろうと。それは雑誌ジャーナリズムの常じゃないでしょうか。そういったところからスタートしています。それでさらに取材してみたら、なんだキミもか、キミもか、ということになって、これは一回だけの記事じゃすまないぞ、キャンペーン張らなくちゃいかんと」

―証人として出廷を要請されると思われる少年たちの抱き込みといいますか、ジャニーズ事務所側からの口封じがあったという報道もありますが、本当でしょうか。

「それは検証しようがないですなぁ。取材した少年は全部で一二人いるわけですが、お願いして証言台に立ってくれた二人のほかにも声は掛けています。ただ、このうちの数名は、編集部員によれば、圧力が掛かっているようだったとは聞いています。ただ、実際にどんな圧力が掛かったのかまでは私どもではわかりませんね」

―では一審と二審の判決が違うのはなぜでしょうか。

「なんで一審で負けたかというと、これが馬鹿な話でしてね。事件は、少年たちにとっては一〇年以上前の話で、それも日常的にしょっちゅうホモセクシャル行為を受けていたわけですが、それを何月何日の何時頃とかね、言いなさいと。そういうのを相手方の反対尋問で問われても憶えているわけがないじゃないですか。一二〜三歳の少年ですよ。それがアークヒルズだったか、隣の全日空ホテルだったか言えと言われてもね。あの二棟は裏表に建ってますからね、どっちの建物の部屋かわからないじゃないですか。地方から出てきているような子供が初めて車で連れて行かれて、いつの間にかそうした行為をされているわけですから。

裁判官は、彼らが明確に証言できないと、『場所が特定されない、曖昧である、日時も不確かだ。よってこの証言は信用するに足らない』と言う。現実的に考えて無茶ですよ。例えば、平成〇年の〇月〇日にアークヒルズの一室でこうされた、二度目はここで、三度目は……なんて憶えていると思いますか。記憶しておきたくないおぞましいことなんだから。誰にも語れず、悶々としていたわけですよ、少年たちは。もちろん、親にも語っていない。傷を早く忘れたいんですよ。それを、傷跡をひっかくようにして反対尋問される。それでちゃんと答えられたらむしろ偽証ですよ。話をあらかじめ作っているとしか思えないということになってしまう」

―七月の控訴審判決は実質勝訴だと思いますが、実際には一二〇万円ほど支払っていますね。一般の人からみると、何だやっぱり払ったんじゃないかと。結局は払ったから裁判は敗訴なんじゃないかと思うムキもあるかと思うのですが、このあたりいかがですか。

「あれは一つの事件ですが、二つに分けて考えて頂くといいと思うんですね。一つはジャニー喜多川のホモセク行為があったかどうかという裁判。もう一つはこれまでと同じような名誉毀損裁判。少年たちに合宿所で飲酒、喫煙させていた件や、ジュニアの万引き事件を封印した件などです。後者については、こちらの主張が全面的には認められず、一二〇万円を支払えとなった。まあその点では、記事を書く上での反省点もあると真摯に受け止めなければならないとは思っています。で、ホモセク行為があったかどうかについては、まあこちらも名誉毀損なんですが、完全に勝訴した。結果、トータルすると八八〇万円と言われたのが一二〇万円になったわけですから、差し引きで七六〇万円少なくなった。これはどう考えても勝ったことになるわけですよ」

―たしかにそうなんですが、一般の人は、でも文春はお金払っているよね、と思いがちですよね。

「一般の人は　たしかにそうです。それについては、先ほど言った他のメディアの書き方がちょっとアンフェアではないかという気がします。中身をきちんと分析して伝えない」

―メインは「ホモセクシャル行為」であって、そこを見て欲しいと。

「最高裁の判例には、主要な部分についての真実性を証明すればそれで事足りると書いてあります。一つの訴訟があったとして、その主要な部分、今回でいえば少年たちへのホモセクシャル行為、これを立証したわけですから本来は一〇〇％勝ってもいい」

⑤ 嵐・SMAPツートップ時代 2009－2014

嵐がブレイクを果たし、SMAPに代わるジャニーズトップアイドルの座について世代交代を果たす。アラフォーとなったSMAP人気も健在で、嵐・SMAPを中心に多くのタレントがひしめくジャニーズ爛熟時代が到来した。

2009年

◆東山紀之が自叙伝の連載開始

東山紀之が1月から『週刊朝日』に自叙伝の連載を始める。華やかで端正な東山のイメージと対照的な、川崎の工場地帯での貧しい生い立ちを赤裸々に描いて注目を集めた。10年に単行本『カワサキ・キッド』が出版された。

◆青山孝史の死去

2009年1月28日、フォーリーブスメンバーの青山孝史（孝から改名）が肝臓ガンのため57歳で亡くなった。ガンとわかったのは亡くなる3カ月前で、その後も5回ステージに立っていた。青山は4人の中で最も歌唱力が高く、フォーリーブスの再結成を一番強く望んだのも彼だったという。メインボーカル青山の死去により、フォーリーブスは活動を休止した。

◆国分太一、恋人の存在を明かす

3月24日発売の『女性自身』のインタビュー記事の中で、国分太一が恋人の存在を明かした。相手は3歳下の一般の女性で、結婚も考えていることなどを率直に語った。これを受け、ジャニーズ事務所も交際を認めた。２０１０年に女性は勤務していたＴＢＳを退社することが報じられ、いよいよ結婚秒読みかと思われたが、結婚にこぎつけたのは２０１５年のことである。

◆草彅剛逮捕

２００１年の稲垣吾郎に続き、また国民的グループＳＭＡＰのメンバーが逮捕される事件が起こった。

4月23日午前3時頃、東京都港区の檜町公園で、草彅剛が、泥酔して騒ぎ全裸になったとして、公然わいせつ罪で現行犯逮捕された。草彅は、約6時間にわたりビールのジョッキと焼酎のロックを計10杯以上飲んでいたと見られ、取り調べ中も室内に酒の臭いが充満するほどだったという。尿検査も行われたが薬物反応はなかった。

23日の夕方、東京ミッドタウン内の草彅の自宅マンションは30分ほどの家宅捜索を受けたが、押収品はなかった。逃亡や証拠隠滅のおそれはないとして、24日午後、釈放された。

その日の午後9時には、弁護士を伴って所属レコード会社のビクターの会議室で謝罪会見を開く。黒いスーツにグレーのネクタイ姿で現れた草彅は深々と頭を下げ、反省の弁を述べた。

草彅は２００６年6月より、総務省の地上デジタル放送普及促進のイメージキャラクターをつとめていたため、事件の影響が注目されることとなった。とりあえず草彅を使うわけにはいかず、日本民間放送連盟は急遽ゆるキャラの「地デジカ」を新たなイメージキャラクターとしたが、7月24日には復帰することになった。その裏には、ジャニーズ事務所が、総務省に対し「無償で出演」の条件を持ち出したことがあったといわれる。結局その他の民間ＣＭも全て続行された。草彅の日頃のいい人イメージと、ジャニーズ事務所（飯島三智）の危機管理が功を奏したといえよう。

◆NYCboysを結成

6月7日、ジャニーズJr.のコンサート『フォーラム新記録‼ジャニーズJr.1日4公演やるぞ！コンサート』にて、中山優馬w／B.I.Shadow（中島健人、菊池風磨、松村北斗、高地優吾）にHey！Say！JUMPの山田涼介、知念侑李を加えた7人で、期間限定ユニットNYCboysが結成された。

『女子バレーボール ワールドグランプリ2009』のスペシャルサポーターに抜擢され、7月15日に中山優馬w／B.I.Shadowのデビュー曲『悪魔な恋』と共に『女子バレーボールワールドグランプリ2009』のイメージソングである『NYC』を両A面シングルとして発売する。中山優馬がジャニー喜多川のオキニであったため、彼を引き立てるために強引な結成とデビューが行われたようにも見えた。

◆森本龍太郎、ストーカーに携帯電話を奪われる

17歳の少年が当時14歳の森本龍太郎の携帯をひったくって逮捕される事件が起こった。少年はファンの間でも有名な森本の熱狂的なファン。自宅周辺に出没したり、しつこくつきまとうなどのストーカー行為を繰り返し、森本の両親が神奈川県警に相談してもやめなかった。

6月16日の夜、森本は待ち伏せしていた少年を説得するためファミリーレストランに一緒に入り、話し合いの後一緒に店を出たところ、急に少年が脅してきた。驚いた森本が助けを求めようと電話したとたんに携帯をひったくられ、怖くなった森本はその場を去った。17日未明、森本が電話で少年を呼び出したところを、待ち構えていた青葉署員が同行を求め、署内で逮捕された。

まだ14歳の森本が自らストーカーに対応しようとして危険な目に逢ったことに同情の声が寄せられた。また、男性ジャニーズファンの存在がクローズアップされる契機にもなった事件だった。

◆嵐デビュー10周年、ベストアルバムがミリオンセラーに

デビュー10周年に人気の高まりが重なった嵐は、テレビや雑誌で多くの特集が組まれて露出が目立った。この頃には顔

と名前もかなり一般に浸透し、トップアイドルとして勢いづいていた。

8月19日には通算3枚目となるベストアルバム『All the BEST! 1999-2009』が発売され、ミリオンセラーになる。累計190万枚を売り上げ、2001年のSMAPの『Smap Vest』を越えて、この時点でのジャニーズで最も売れたアルバムとなった。その後2019年、デビュー20周年のベストアルバム『5×20 ALL the BEST!! 1999-2019』がダブルミリオンとなっている。

◆東山紀之が結婚

プレイボーイで鳴らした東山紀之がついに年貢をおさめた。ジャニー喜多川の誕生日に当たる2009年10月23日、女優木村佳乃と入籍したのだ。木村は渡辺プロダクション傘下のトップコートに所属する、成城大学卒のお嬢様女優。ジャニーズ重役でもある東山の妻にふさわしいと事務所も認めた相手だった。社長の誕生日を選んだのは、親しかった森光子の「結婚に日柄は大切」というアドバイスに従ったものだという。その後、東山の不倫騒動もあったが木村は動じず夫婦仲は良好で、2児に恵まれている。

◆赤西逮捕の怪情報がメディアに流れる

10月30日、赤西逮捕の怪情報がメディアに流れた。NHKや民放各社、新聞社などが警察に詰めかけ騒然としたが、結局逮捕はなかった。

警視庁組織犯罪対策5課により、赤西の張り込みは行われたものの、空振りに終わったということだった。以前、オリキの女性が赤西を尾行していた捜査員を見つけ、ジャニーズ事務所に報告していたため、警戒した事務所が赤西に注意を促して逮捕を免れたといわれる。この年の8月には、立て続けに、押尾学、酒井法子のドラッグ事件が起こり、芸能界に対する警察の捜査が強化されている最中だった。そして、赤西には、数多くのドラッグ使用を疑われる実態があった。もともと遊び人の赤西だったが、アメリカから帰国すると遊びは一段とエスカレートし、「エーライフ」など、ドラッグパーティーの噂が根強いクラブに頻繁に出入りしていることが伝えられていた。

赤西の遊び仲間はマスコミから「赤西軍団」と命名される。その主なメンバーは、ジャニーズ事務所では山下智久、錦戸亮、事務所外では小池徹平、城田優、元プロテニスプレイヤーの宮尾祥慈ら。2008年11月8日、仲間の1人宮尾祥慈が、交際相手のAV女優倖田梨紗と共に大麻所持で逮捕され、懲役6カ月執行猶予3年の判決を受けている。しかしその後も赤西らと宮尾は交流を続けていた。2010年になるとクラブでの乱痴気写真が多数流出し、彼らの遊びの噂を裏付けた。

その後赤西の結婚により、赤西軍団は自然消滅したものと思われていた。しかし2014年7月、「携帯電話強奪事件」により、ジャニーズ事務所を去ったあとも、赤西と山下、錦戸の夜の交流が続いていたことが明るみになった。

◆成田昭次逮捕

2009年9月27日、元男闘呼組メンバー成田昭次が、大麻取締法違反容疑で警視庁渋谷署に逮捕された。渋谷区内の成田の自宅の家宅捜索の際、乾燥大麻約3グラムが見つかったことから現行犯逮捕となった。成田は容疑を認め、12月10日、東京地裁で懲役6カ月、執行猶予3年の判決を受けた。

成田はジャニーズ在籍中に「できちゃった結婚」して娘をもうけていたが、逮捕当時は離婚して一人身だった。男闘呼組解散後はライブハウスを中心にインディーズの音楽活動を続けていた。経済的には苦しかったようだが、好きな音楽を生業に長年活動を続け、アイドル時代からの熱心なファンもいただけに、残念な出来事だった。

流出した赤西軍団の夜遊びショット

◆Ｖ6、2回目のアジアツアー

11月14日～11月22日、Ｖ6が7年ぶり2回目のアジアツアーとして、韓国と台湾の2カ国4日間5公演を行った。

◆赤坂晃、執行猶予中の再逮捕

12月29日、執行猶予中の赤坂晃が、再び覚醒剤使用の疑いで逮捕された。赤坂はこの年の10月から、元Jr.らを揃えた新宿歌舞伎町のバー「ルクソール」で雇われ店長をしており、バーにいるところを身柄確保された。

２０１０年3月3日、千葉地裁での初公判で赤坂は、新宿区内のホテルで覚醒剤をあぶって吸引した起訴内容を認め、即日結審となった。覚せい剤使用の理由として、父親の介護ストレス、「ルクソール」オーナーとの待遇面のトラブル、新店舗独立構想が軌道に乗らなかったことなどを挙げた。3月30日、2年の求刑に対し、1年6カ月の実刑判決が言い渡された。

◆嵐、ＮＹＣｂｏｙｓが「紅白」初出場

嵐とＮＹＣｂｏｙｓが『第60回ＮＨＫ紅白歌合戦』に初出場した。嵐は『嵐×紅白スペシャルメドレー』、ＮＹＣｂｏｙｓは『紅白60回記念ＮＹＣスペシャル』を歌った。ずっとＳＭＡＰ、ＴＯＫＩＯの2組だったジャニーズからの出場が4組になった。司会は6回目となる中居正広。紅白歌合戦におけるジャニーズの存在感が増してきた年だった。

２０１０年

◆相次ぐ写真流出

このころから水面下で、ジャニーズタレントの乱痴気醜態写真が大量に流出する。『ＢＵＢＫＡ』や『実話ナックルズ』に多くの写真が掲載されたこともあった。写っているのは当時のジャニーズ中核世代の赤西軍団メンバーや嵐である。

これらのうち、特に嵐の写真は、ＡＹＡが撮ったものではないかと見られる。ことの経緯は不明だが、『週刊現代』掲載後、ＡＹＡは所有していた写真の一部をある芸能ブローカーに渡していた。その相手は、バーニングプロダクションの周防郁雄配下の人物ではないかといわれている。写真をめぐって、ＡＹＡは芸能界の勢力争いに巻き込まれ、自殺に追いこまれたのではないかとも考えられている。

◆ＮＹＣデビュー

３月２日、前年夏に結成された期間限定ユニットＮＹＣｂｏｙｓの中から山田涼介・知念侑李・中山優馬の３人がＮＹＣとして正式デビューすることが発表され、４月７日シングル『勇気１００％』でデビュー。すでにＨｅｙ！Ｓａｙ！ＪＵＭＰとしてデビューしていた山田と知念は、２つのグループを掛け持ちして活動を続けることになった。

２０１３年頃から、それぞれの本来の活動の活発化に伴い、ＮＹＣとしての活動は見られなくなった。

AYAから流出したと思われる写真

◆井ノ原快彦『あさイチ』キャスターに

３月29日から、井ノ原快彦がＮＨＫの朝の情報番組『あさイチ』にレギュラーキャスターとして出演を開始する。生活情報番組のキャスターはジャニーズとしては初。井ノ原はちょうどこの月の2日に長男をもうけ、父親になったばかりだった。主婦向けの番組ということで、家庭を持ち子供もいる井ノ原の父親目線が好評で、『あさイチ』はこの時間帯で最も視聴率の取れる番組となった。

◆小山慶一郎、ニュースキャスターに

4月1日より、小山慶一郎が日本テレビ夕方のニュース番組『ｎｅｗｓ　ｅｖｅｒｙ.』の水曜レギュラーとなる。報道部門のキャスターは櫻井翔に続き2人目。その後、東日本大震災の取材ぶりなどが評価され、２０１４年4月からは週4回、4時台のメインキャスターをつとめるようになった。

◆森田剛、上戸彩との交際と破局

『女性セブン』（4月1日号）が、ホワイトデーに上戸彩が森田のマンションに合鍵を持って向かったことを報じた。これをきっかけに上戸は、4月15日の会見で、名前こそ出さなかったものの森田との交際を認めた。それを受けて森田も、4月29日のコンサート後、（交際は）「順調ですか？」の問いに「大丈夫です」ときっぱり答え、交際を認めた。２人の交際の歴史は長い。２００１年のドラマ『嫁はミツボシ』（ＴＢＳ系）での共演以降多くの交際報道が流れたが、交際宣言はなされなかった。そこには双方の事務所の思惑があった。

長い交際機期間を経てやっと交際を認めた2人だったが、皮肉にもその直後に破局が訪れていた。それが報じられたのは9月24日、そしてそれからまもなくの10月7日、上戸と16歳年上のＥＸＩＬＥのリーダーＨＩＲＯの熱愛が報じられた。２０１２年9月14日、上戸はＨＩＲＯと結婚した。

成就はしなかったが、清純派女優上戸との長い交際は森田にとって、２０００年の妃今日子レイプ疑惑のダーティーイメージの払拭には役立った。

◆相次ぐ事故で、運転禁止令

２００９年から２０１０年にかけて、ジャニーズでは交通事故が相次いだ。全てタレント側が加害者となるものばかりであった。

２００９年3月1日、六本木の首都高で、錦戸亮が玉突き事故を起こし、女性に全治1週間のけがを負わせ、自動車運転過失傷害の疑いで書類送検された。

同年10月12日、埼玉県八潮市の首都高で、長野博が、前方不注意により、渋滞中の乗用車に追突。

2010年2月1日、松本潤が、目黒区の交差点で、積雪によるスリップで追突。

同年3月15日、手越祐也が南麻布のコインパーキングから左折で都道に進入する際、右方向から来たタクシーに追突。

同年4月17日、新宿区の山手通りで、渋谷すばるが乗用車に追突。

同年6月4日、目黒区の交差点で、二宮和也のベンツが前方不注意で自転車に衝突。自転車の女性は全治2週間のけがを負い、二宮は自動車運転過失傷害で書類送検された。

松本と二宮の事故を受け、事務所は嵐全員を年内いっぱいの運転禁止にした。さらに、母を交通事故で亡くし、自らはレーサーでもある近藤が、この状況に怒り、2011年3月まで、タレント全員に運転禁止を命じたという。

◆赤西仁、KAT-TUN脱退

2010年に入ってから、赤西仁のソロ活動が活発化していた。1月、初主演映画『BANDAGE バンデイジ』の公開に先駆け、劇中バンドであるLANDSのボーカリストとして発売したシングル『BANDAGE』とアルバム『Olympos』を発売。2月7日～28日には日生劇場でソロライブ「Star Live 友&仁(You&Jin)」を開催。6月19日・20日にはロサンゼルスでもライブを行い、アメリカに10月まで滞在した。12月9日には、ワーナー・ミュージック・グループと契約し、2011年に全米デビューすることを発表した。

一方KAT-TUNは5月2日～6月28日、ツアー前半部を行っていたが、赤西は不参加。そして後半部初日の7月16日東京ドーム公演の開始前に、ジャニー喜多川から、赤西が正式にKAT-TUNを脱退する方針が発表された。

7月20日、公式携帯サイトでソロ活動が発表され、8月31日にはKAT-TUN公式サイトのプロフィールから赤西の名前が消えて、赤西単体の公式サイトが開設された。

◆KAT-TUN海外公演

ツアー後半初日の7月16日に、突然赤西の脱退が発表された厳しい状況の下、KAT-TUNはツアーを続行。ツアーには初の海外公演も含まれており、8月6日・7日韓国、8月27日・28日台湾で公演を行った。苦境のＫＡＴ-ＴＵＮに対して、現地のファンからの温かい励ましもあった。

7月31日にはタイ公演が予定されていたが、反政府デモによる混乱を受けて中止となっている。

◆ジャニーズの天敵、梨元勝の死去

かつて突撃取材の芸能リポーターとして人気を博した梨元勝が、8月21日、肺がんのため65歳で亡くなった。テレビの寵児であった一方で、テレビの言いなりにはならなかった梨元は、テレビではアンタッチャブルなジャニーズやバーニングのタレントの批判も辞さなかった。２００１年、稲垣吾郎の逮捕の際には、ジャニーズ事務所に遠慮し報道を控えたいテレビ局側と対立し、『やじうまワイド』『スーパーモーニング』（テレビ朝日系）への出演をボイコットする。そして２００６年6月15日には、静岡朝日放送のローカル番組『とびっきり！静岡』で「ジャニーズのことはやらないでくれ」と告げられ、翌日には降板した。

これ以降テレビ出演は減ったが、ネット上に『梨元芸能！裏チャンネル』などを開設し、新たなネット芸能ジャーナリズムを模索している最中の、志半ばの死去だった。

◆ＳＭＡＰ上海公演の延期

ＳＭＡＰ初の海外公演として、２０１０年6月の上海万博時に予定されていた上海公演が、会場の混乱など「安全上の理由」により10月に延期になった。ところが、公演を目前にした9月7日、尖閣諸島で中国漁船衝突事故が起こったことから、長年棚上げされてきた尖閣諸島をめぐる日中領土問題のパンドラの箱が開いてしまった。その余波を受けて、ＳＭＡＰの公演は再延期された。

結局は２０１１年9月16日に、穏健派温家宝首相（当時）のはからいで国賓待遇を受け、北京公演を成功させることができたものの、この頃から、ジャニーズの中国プロジェクトも日中外交問題のあおりを受けるようになる。

◆ＡＹＡの自殺と嵐のスキャンダル

10月25日午後8時過ぎ、東京都渋谷区のマンションで、30歳の女性が飛び降り自殺した。

この女性、ＡＹＡこと牧野田彩は２００８年、出版社に嵐メンバーのスキャンダル写真を持ち込んだ人物である。その後彼女は、ますます生活に困窮し、ＡＶ女優になっていた。しかしＡＶの世界でも行き詰まり、薬物にまみれて生活は崩壊していた。この日、消防と警察が彼女のマンションを訪れたことから興奮状態に陥り、その場から逃れるように7階の窓から飛び降りたという。

ＡＹＡの死から間もなくの11月4日、まるで待ち構えていたように、『週刊文春』に「『嵐』を喰った女の告白」と題した記事が掲載された。ここでは、多くのプライベート写真と共に、記者が彼女から聞いたとされる、性的関係を含んだ、嵐を中心とするジャニーズタレントたちとＡＹＡの、過去の赤裸々な交友が記されていた。

それによれば、嵐メンバーのうち櫻井を除く4人が彼女と肉体関係を持っていたという。衝撃的な内容であったが、ジャニーズにとって不幸中の幸いにも、犯罪性のある、薬物使用を疑わせるような記述はなかった。

折しも嵐は、この年の大晦日の『第61回ＮＨＫ紅白歌合戦』で初めて司会をつとめることが決まり、記事が出る前日の11月3日に発表されたところだった。しかもその日は、嵐のデビュー記念日でもある。

ネット上では大騒ぎになったこの大スキャンダルは、テレビやスポーツ紙が後追いできるものではなく、ジャニーズ事務所は黙殺を貫き、表向きはなきものとされた。番組やＣＭも全てそれまで通り、「紅白」の司会もつつがなくつとめた。

その後も嵐人気は衰えることなく、トップアイドルの座に上り詰めていく。

◆山下智久、北川景子との交際と破局

明治大学で1年違いの先輩と後輩だった山下智久と北川景子は、学生の頃から、2人のものと思われるキスプリクラが流出するなど交際の噂があったが、友人だとして否定されてきた。

しかし２００９年7月期のドラマ『ブザー・ビート～崖っぷちのヒーロー』（フジテレビ系）の共演の数カ月後から交際

が始まり、ツーショットが目撃されるようになった。

山下は交際を隠さず、以降様々な場所でデートが目撃された。２０１０年3月15日、『笑っていいとも』（フジテレビ系）の「テレホンショッキング」に北川が出演した際には、スタジオに並んだ花の中に「山下智久より」と書かれたものがあった。その後も数々の目撃情報が寄せられたが、秋には破局が訪れたという。

北川との破局後、山下は白人女性と交際したが、こちらもあまり長くは続かなかったようだ。

◆植草克秀、離婚に伴い息子裕太も再スタート

２０１０年12月初旬、植草克秀が妻千恵子さんと離婚した。弁護士を立てて1年ほど前から話し合っていたといい、6月には別居していた。

離婚に伴い、2人の子供は千恵子さんと暮らすようになった。ジャニーズ事務所で活躍し将来を嘱望されていた長男裕太が、２００９年の9月からぱったりと姿を見せなくなり、どうしたのかと憶測を呼んでいたが、２０１０年にはジャニーズを辞めていた。そこには離婚の影があったのだ。

その後裕太は２０１１年11月、「ジュノン・スーパーボーイ・コンテスト」最終選考会でフォトジェニック賞を受賞、２０１２年にはバーニング系事務所に入り芸能界に復帰した。『ジュノン』といえばジャニーズとは因縁の主婦と生活社、バーニングといえばジャニーズのライバルである。裕太はさらに、名前を千恵子さんの旧姓樋口に変え、「樋口裕太」として の再スタートだった。まるで裕太からジャニーズと植草の痕跡を全て消し去りたいかのようであったが、それには理由があった。

２０１４年4月15日発売の『週刊女性』は、前年10月に植草に女児が生まれ、同時に「できちゃった婚」していたことを報じた。相手の女性は植草より2歳年下の、古くからのおっかけファンだった。記事によれば、昔から不倫関係にあり、一度は別れたもののずっと関係が続いていたという。千恵子さんに対するＤＶもあったという。さらに、離婚調停では植草は千恵子さんに毎月約20万円の養育費を支払うことを決めていたが、再婚して娘が生まれたことを理由に、養育費の減額を家庭裁判所に申し立てたという。

その後裕太は父親譲りの運動神経を活かし、舞台を中心とした芸能活動を続けている。

◆嵐、初の「紅白」司会に

12月31日、嵐が『第61回ＮＨＫ紅白歌合戦』で初の白組司会をつとめた。グループでの紅白の司会担当は紅組・白組通じて史上初。

ジャニーズからは、前年出場のＮＹＣｂｏｙｓが新たに編成されたＮＹＣに替わり、ＳＭＡＰ、ＴＯＫＩＯ、嵐、ＮＹＣの４組出場となった。ＳＭＡＰは３回目の大トリ。

２０１１年

◆山下智久アジアソロツアー

ソロ志向を強めていた山下智久が、1月29日から5月22日まで、香港、韓国・釜山、タイ、台湾４カ国の海外公演を含むアジアソロツアーを行った。震災の影響で北海道公演と台湾公演が延期となり、当初の予定を繰り越してのツアーとなった。

この頃、ドラマを通じて山下のアジア人気は高く、海外公演は盛況だった。

◆東日本大震災、その時ジャニーズは

２０１１年3月11日、未曾有の大災害、東日本大震災が起こった。東北では多くの地域が津波にのまれて壊滅的な被害を受け、首都圏も大混乱した。

ジャニーズ事務所では、3月の公演を中止すると共に、15日には、被災地の緊急輸送や電源補充にと、舞台やコンサートで使っている３００キロワットクラスの電源車２台と11トントラック５台を災害対策用に無料で貸し出すことを明らかにした。

また、所属タレントが義援金を募るプロジェクト「Ｍａｒｃｈｉｎｇ Ｊ」を発足。4月1～3日には、代々木第一体育館前広場に多くのタレントが集って被災地支援を呼びかけた。

混乱と自粛により急に仕事が減ったので、空いた時間を利用して、中居正広や田中聖は個人で被災地に支援に赴いた。特に中居は一般人に混じって何度もボランティアに参加し、また2億円の寄付をするなど、被災地への尽力を惜しまなかった。

一方、山下智久は、ソロコンサートの延期が決まるとさっそく、16日、家族、当時交際中だったフランス人女性、関西出身で仲の良い錦戸亮と共に関西にバカンスに向かった。神戸や京都で女性や錦戸といる様子がネットに寄せられ、関西滞在が明るみになった。

4月3日、「Ｍａｒｃｈｉｎｇ Ｊ」第一弾最終日、山下と錦戸はドラマ撮影を理由に姿を現さず、支援に熱心な中居が苦言を呈する場面もあった。さらに4月5日には、山下が生田斗真と石垣島を訪れ、昼はダイビング、夜はドンチャン騒ぎをしていたことが『週刊文春』（２０１１年4月21日号）で報じられた。

また、手越祐也は、震災後すぐに九州に向かい、キャバクラで豪遊していたことが、手越に付いたキャバクラ嬢の3月25日付のブログで暴露された。さらに現地女性のＴｗｉｔｔｅｒで、九州で遊び歩く様子も暴露された。「Ｍａｒｃｈｉｎｇ Ｊ」のためしぶしぶ東京に戻ったものと見られる。

◆『3年B組金八先生』シリーズ終わる

１９７９年から断続的に制作・放送され、時代の中学生の悩みをテーマにしてきた学園ドラマの金字塔、『3年Ｂ組金八先生』シリーズが、3月27日の特番をもってファイナルを迎えた。最終回の主要生徒を演じたのは岡本圭人。このシリーズから多くの若手タレントがドラマデビューし、ジャニーズの若手育成には不可欠なドラマだった。

◆二宮和也、佐々木希と交際報道

二宮和也と女優佐々木希の最初の交際報道は、5月22日の『日刊スポーツ』だった。双方の事務所は「友達です」と当たりさわりのないコメントを出した。

その2カ月後、『週刊文春』（２０１１年7月28日号）に、ツーショット写真が掲載された。しかし二宮の表情はぎこちなく、本当に付き合っているのか、交際報道には何か意図があるのではないかと疑いが持たれた。

トップアイドルとなった嵐メンバー二宮との交際報道は、佐々木には何かとメリットがある。というのも、佐々木はジャニーズと親しい関係の「トップコート」の所属。佐々木のイメージと注目度アップにジャニーズが協力することがないとも言い切れない。

２人の交際は、その後立ち消えになった。

◆森本龍太郎無期限謹慎に

６月、『週刊女性』（２０１１年7月5日号）が2枚の写真と共に森本龍太郎の喫煙を報じた。それを受けたジャニーズ事務所は事実を認め、森本の芸能活動を無期限停止することを決定した。

６月29日発売の新曲のジャケットの差し替えなどはなかったが、これを最後に森本は姿を消す。8月7日からの舞台は森本を除くＨｅｙ！Ｓａｙ！ＪＵＭＰメンバー９人での出演となり、本番前の会見では全員で謝罪した。11月に公式サイトから森本のプロフィールが消され、無期限謹慎からのフェイドアウトとなった。

◆ジャニー喜多川宅に男がたてこもる

８月17日午前9時半頃、東京都渋谷区の高級マンション青山パークタワー内のジャニー喜多川宅に、52歳の男がたてこもる事件が起きた。

男はマンションのオートロック前でジャニー喜多川を待ち伏せし、オートロックを開けた際にジャニー喜多川と共に通り抜け、最上階、34階の自宅前についていて

事件を報じる東京スポーツ

いった。ジャニー喜多川が自宅ドアを開けた瞬間、男は先に部屋の中に入り、中からカギをかけて30分ほど1人でたてこもったのち、駆けつけた渋谷署員に現行犯逮捕された。ジャニー喜多川にけがはなく、室内の物品損害もなかった。

男は警察に「知り合いのジャニー喜多川さんの家に入っただけ」と話すのに対し、ジャニー喜多川は「男と面識はない」と説明。男は世田谷区の会社経営者で、かつてジャニーズ事務所とグッズ関連の取引があったことから、事業の利権にまつわるトラブルなのではないかと憶測されたがはっきりしなかった。

ジャニー喜多川にとって、この事件での何よりの災難は、自宅が知られたのみならず、顔のアップまで広く報じられてしまったことだろう。さらに、同じマンションの別の部屋には、お気に入りの堂本剛が住み、中山優馬他複数の所属タレントも出入りするかつての「合宿所」のような部屋もあったことまで知られるところとなってしまった。結局ジャニー喜多川は、事件後2日後にはマンションから姿を消し、9月上旬に立ち退いた。

『日刊ゲンダイ』（2011年9月18日付）によると、引っ越しは大型トラックを3台使った大掛かりなもので、荷物が一つひとつ包装されていて、かえって周囲の興味を引き、金色の姿見や大きなシャンデリアなど、隠し切れなかった豪華な家具が話題になったという。

◆Kis-My-Ft2がデビュー

「SMAP以外のすべてのグループのバックをつとめた」という長い下積み期間を経て、8月10日、Kis-My-Ft2が『Everybody Go』でCDデビューを果たす。同シングルは韓国、台湾、香港、タイ、フィリピン、シンガポール、マレーシアでも同時発売された。Hey! Say! JUMP以来、ほぼ4年ぶりの新規デビューであり、Kis-My-Ft2にとっては、2005年7月の結成から6年を経てやっとたどり着いたデビューだった。

この年の2月12日、国立代々木競技場第一体育館で開催されたライブの時にデビューを告げられ、本来5月にデビューする予定だったが、震災の影響で8月に延期になり、楽曲も、被災地の応援になるようなものに変えられたという。8月28日には、東京ドームで初の単独ドームコンサートを開催。CDデビューから18日での東京ドーム公演は史上最速だった。

◆ジャニーズ二頭体制時代に

Kis-My-Ft2デビューに絡み注目されたのが、マネージメントを担当したのが飯島三智だったことだ。プロモーションでは飯島の剛腕ぶりが発揮され、Kis-My-Ft2メンバーはSMAPとの抱き合わせでさかんにテレビ出演し顔を売った。飯島はそれまで長年、ジャニーズ事務所本体とは別にほとんどSMAP専任でやって来たが、その状況が変わったのである。その裏には、デビュー組が増え大所帯となり、ジャニーズ事務所本体だけでは手が回らなくなってきたという事情があろう。もともと姪のジュリーをあまり信用していないジャニー喜多川は、有能で自分の言うことを聞いてくれる飯島に子飼いタレントたちを任せようと考えたのである。

メディアからは便宜上「ジュリー派」「飯島派」などと呼ばれたが、タレントたちにとっては、意思とは無関係に事務所の都合で振り分けられたものにすぎない。Kis-My-Ft2に続いてデビューしたSexy Zoneのほか、Hey! Say! JUMPやKAT-TUN、山下智久、ジャニーズJr.も飯島の管轄下に入ったと見られる。

一度振り分けが決まると、それぞれの管轄内での共演はさかんに行われる一方、相互の共演はほとんど見られないことがファンの大きな不満となった。共演を拒否していたのはメリー・ジュリーの側で、今から見れば飯島の活躍を快く思っていなかったのがわかる。この二頭体制が機能していた時期のジャニーズはパワフルで、マネジメントにジュリー、飯島それぞれの個性が反映されているのも面白かった。しかしメリー・ジュリー自ら、それを壊してしまうのである。

ローラースケートのパフォーマンスが売りだったキスマイ

◆山口達也無免許運転

8月28日、山口達也が、自動車免許の更新を忘れて、約7カ月もの間無免許運転していたことが発覚した。

この日オフだった山口が家族と共に帰宅する際、車線変更禁止区域を右レーンに入ったところ、警察に止められ、免許の提示を求められた。ところが免許は誕生日から1カ月後の2011年2月10日で有効期限が切れているという「うっかり失効」だった。この時、山口はそれに気づいていない様子だったという。翌29日夜、山口は黒のスーツを着て、日本テレビで謝罪会見を行い、目に涙を浮かべて2分以上頭を下げ続けた。

当時、山口はテレビレギュラー5本、CM6本を抱えていた。このうち、車と関係の深いヤマト運輸、富士重工「レガシィ」のCMと、NHKで司会をつとめていた『Rの法則』が一時的な自粛になったが、いずれもその後は続行されている。

◆SMAP北京公演

前年、2回にわたり上海公演の中止を余儀なくされたSMAPが、9月16日、ついに初の海外公演でもある北京公演に臨んだ。公演の1カ月前、木村拓哉が北京入りし記者会見を行っており、公演前日には揃って現地メディア向けに会見を開き、唐家璇元国務委員にも対面するなど、国賓級のもてなしを受けた。

公演では『世界に一つだけの花』『夜空ノムコウ』、故テレサ・テンの名曲『月亮代表我的心』を中国語で熱唱し、日中友好ムードをアピールした。

◆堂本光一、韓国・台湾ツアー

堂本光一が、9月9日～10月2日、ソロで2カ国5日間6公演の韓国・台湾コンサートツアーを行った。台湾はKinKi Kidsの公演以来10年ぶり、韓国は初。韓国のエージェントからのオファーを受けて実現したもので、公演前の8月に韓国を訪れ、ソウル弘恩洞グランドヒルトンホテルで来韓公演記念記者懇談会を開いた。韓国ではチケットが30分で完売、台湾では追加公演が行われる人気ぶりだった。

中国で国賓扱いを受けたジャニーズご一行

◆山下・錦戸NEWS脱退

10月7日、山下智久と錦戸亮がNEWSを脱退することが、ジャニーズ事務所からマスコミ各社にファックスで通知された。

山下は2010年頃からソロ活動の希望を抱き、すでに単独アジアツアーなどのソロ活動を行っていた。錦戸はNEWS加入当時から関ジャニ∞との掛け持ちで活動してきたが、関ジャニ∞の人気が高まり多忙になってきたため、そちらに専念することになった。2人の脱退は他メンバーとの話し合いを経て9月下旬に正式決定していたという。

その後4人となったNEWSはカウントダウンライブで姿を見せ、活動継続の意思を示し、2012年の6月より、新生NEWSとして活動を再開する。

◆田原俊彦、『爆報！ THE フライデー』にレギュラー出演

1994年に退所してから、ずっとジャニーズ事務所の圧力のために芸能界から干され、熱心なファンを相手にコンサートやイベントを地道に開いて食いつないできた田原俊彦が、10月より、爆笑問題の冠番組『爆報！ THE フライデー』（TBS系）に、スペシャルMCとしてレギュラー出演を開始。爆笑問題の田中裕二が80年代アイドルマニアで、とりわけ田原の大ファンだったことが起用につながった。これを契機に再び注目され、若い世代にも知られるようになっている。

◆森且行のタブーがゆるむ

この頃から、脱退以降ずっと、不自然なまでになきものとされてきた森且行に対するジャニーズ事務所の扱いに変化が見られるようになる。大きな転機は、NHKが11年10月10日に放送した『プロフェッショナル仕事の流儀』だった。デビューから北京公演までのSMAPの20年間を長期ロケしたドキュメンタリーの中で、森の映像が流され、メンバーが森について語っていたのだ。また、11月23日には、1994年に公開されたSMAP初主演映画『シュート！』のDVDが再発売された。

一方オートレーサーとして活躍する森も、それまではメディアへの露出はタブーとされ、オリジナルグッズの販売もなされた。

かったが、12月1日にはJKAから初めて森のカレンダーが発売された。

◆SMAPデビュー20周年

デビュー20周年を迎えたSMAPだったが、震災の影響でコンサートツアーも行わず、メディアでも派手な企画がしにくい自粛ムードにあった。そんな中で、全国6カ所で小規模で手作り感のあるファンミーティングを工夫し、握手会などを通じてファンとの親睦を図った。延期されたことで20周年と重なった北京公演もアニバーサリーに花を添えた。

11月12日・13日、『祝20周年！ SMAP FaN×FuN PARTY 2011』を東京ドームで開催、2日間で計11万人を動員した。この時期になると次第に自粛ムードが解け、電力不足も解消されて、やっと、大規模な記念イベントを行うことができるようになったのである。

◆赤西仁全米デビュー

11月8日、赤西仁が全米デビューシングル『TEST DRIVE featuring JASON DERULO』をリリースし、iTunes Storeダンスチャート1位を獲得した。といっても、これはアメリカの人気歌手ジェイソン・デルーロが参加していて、アメリカではデルーロの作品と見なされた、というのが実情だろう。赤西はアメリカでは無名であり、アメリカでのライブも日本人ばかりだったという。それでも、赤西、そしてずっとアメリカにこだわり続けたジャニー喜多川にとっては、念願のアメリカデビューだった。

◆Sexy Zoneがデビュー

4代目のバレーボールワールドカップのイメージキャラクターとして、Sexy Zoneがデビューした。B.I.Shadowの中島健人、菊池風磨に、入所してから日の浅い佐藤勝利、松島聡、マリウス葉を加えた5人グループである。

9月29日に東京・帝国劇場でCDデビュー発表記者会見が行われ、11月16日、デビューシングル『Sexy Zone』

が発売された。

デビュー時の平均年齢14・2歳とジャニーズの中でも歴代最年少であり、最年少メンバーのマリウス葉はドイツ人とのハーフであることなどが話題になった。美少年揃いの、ジャニー喜多川の好みが強く反映されたグループだった。

◆ジャニー喜多川、ギネス認定される

ジャニー喜多川が、「最も多くのコンサートをプロデュースした人物」と「最も多くのナンバーワン・シングルをプロデュースした人物」としてギネスに認定された。それに伴い、これまで自分の写真を公開しなかったジャニー喜多川が、ギネスブック掲載用に肖像写真を公開したことが話題になった。

２０１２年にも、「最も多くのチャート1位アーティストを生み出したプロデューサー」としてギネス認定を受けている。相次ぐギネス認定は、海外進出に向け、海外での認知度アップを狙ったものと見られていた。

しかし２０２３年9月、ジャニー喜多川の性虐待問題を受けて、記録は削除されている。

当時は「最後のジャニー喜多川直系グループ」といわれたSexy Zone

◆岡田准一、宮﨑あおいとの不倫が報じられる

12月26日発行の『東京スポーツ』と、同月27日発売の『週刊文春』が、相次いで岡田准一と宮﨑あおいの不倫交際を報じた。

宮﨑の夫である高岡蒼佑が、宮﨑の携帯電話の明細から、頻繁にやり取りしている番号を見つけ、その相手を呼び出したら岡田が現れ、怒る高岡に対して謝罪したという。報道には高岡が関与したと考えられたが、後追い報道もなく、高岡が意図したような騒ぎにはならなかった。

そして翌年には、岡田と宮﨑は何事もなかったように映画『天地明察』で夫婦役で共演。当初はポスターも岡田のワンショット、完成報告会も岡田1人で行うなど、不倫報道に配慮したプロモーションだったが、8月30日の完成披露試写会では、2人揃って笑顔で舞台挨拶に登壇した。

◆FiVe解散、メンバー3人が退所

12月30日の東京公演を最後に、ジャニーズJr.内のバンドユニットFiVeが活動停止、事実上の解散をした。4人のメンバーのうち中江川力也、上里亮太、牧野紘二は同日付でジャニーズ事務所を退所、Question?とのかけもちだった石垣大祐のみが残り、Question?の活動に専念することになった。

FiVeはロックとレゲエの影響を強く受けた「ジャニーズらしからぬ」雰囲気を持つバンドだった。タッキー&翼や今井翼のバックバンドをつとめる他、海外を含む単独ライブも行うという、Jr.としては異例の存在で、本格バンドとしての人気も高かった。中江川が結婚したことでも話題になった。

中江川、上里、牧野の3人は退所後新たにPlan-Bを結成し、音楽活動を行った。

2012年

◆「Marching J」義援金パンダ騒動

東日本大震災を受けて、ジャニーズ事務所では「Marching J」をスタートし、支援のための義援金を募った。当初、集まった義援金は岩手・宮城・福島3県の子供たちのための基金に寄付するとされていた。ところが、1月28日、ジャニーズ事務所が集まった義援金を仙台市のパンダ誘致に使おうとしていることが報じられた。仙台市では被災地復興シンボルとしてパンダを誘致する計画があったが頓挫しており、それを知った近藤真彦がパンダを呼ぶことを提案したということだった。

これに対して、「パンダのために募金したのではない」と非難が殺到。集まった募金の額も報じられず、不透明である

ことにも批判の声が高まった。結局、3月11日の「Ｍａｒｃｈｉｎｇ Ｊ」で近藤が義援金をパンダに使わず、８億円を超える義援金は当初の予定通り、被災県の子供のための基金に寄付することを明言した。

しかしジャニーズ事務所はそれで諦めたわけではなく、関連会社と事務所の全額負担で自腹を切ってパンダ誘致を行うことにした。ジャニーズがここまでパンダ誘致にこだわるのには理由があった。２０１１年12月22日、近藤は日本パンダ保護協会・名誉会長の黒柳徹子と共に首相官邸を訪れ、野田首相にパンダ誘致の働きかけを要請し、２０１１年内には、日中政府の間ですでに話がついていた。パンダ誘致は、ジャニーズが中国とのコネクションを築くためのみならず、政治絡みのものになっていたのだ。

ここまで熱意を持って進めていたパンダ誘致だったが、その後の日中関係の悪化に伴い宙に浮いてしまった。しかしこの話は、仙台市との間で、２０２３年現在も続いているという。

◆加藤シゲアキ、小説家デビュー

文化系青年として知られ、かねてから雑誌の連載で文筆業も行っていた加藤シゲアキが、1月28日、角川書店より、処女小説『ピンクとグレー』を上梓。ジャニーズタレントが小説を出版するのは初めてのことで、単なるアイドルの話題作りというレベルを超えて、小説として一定の評価を得た。

山下、錦戸のＮＥＷＳ脱退にあたり、事務所から、何ができるのかと問われた答えが小説だったという。小説家デビューに先駆けて、名前も読みにくい本名の成亮からシゲアキに変えている。以降タレント業と並行しながら、文筆活動を継続している。

ジャニーズショースターの伝統を引き継ぐ A.B.C-Z

◆A.B.C-Z、DVDデビュー

実力派グループA.B.C-Zが、2月1日、念願のデビューを果たした。前年12月9日、初座長公演となるミュージカル『ABC座 星（スター）劇場』の制作発表の席で、2012にDVDデビューすることが発表された。CDではなくジャニーズ初のDVDデビューとなったのは、彼らが得意とするアクロバットをアピールするためとされたが、競争の厳しいCDの土俵では売り上げが厳しいと見られたからともいわれる。

1月31日、東京でデビュー記念イベントを開催し、1万5千人を動員した。イベントでは、翌日発売のDVD『Za ABC〜5stars〜』をメンバーが手渡しし、さらにその場で抽選に当選した千人を招いてスペシャルイベントを行い、DVD収録曲をライブで披露するなど異例のファンサービスが行われた。

A.B.C-ZはKis-My-Ft2と共に、長年デビュー組のバックをつとめてきた苦労人グループで、最年長メンバー五関晃一の26歳という年齢は当時ジャニーズ最高齢デビューとして話題になった。

◆赤西仁、黒木メイサと結婚

赤西仁と黒木メイサが結婚していたことを、2月9日発売の『スポーツニッポン』がスクープした。この時、黒木は妊娠2カ月だった。

沖縄や、東京のららぽーと、ディズニーシーなどでツーショットが目撃されて、2人の交際が取り沙汰されるようになってからまだ1カ月足らず。ジャニーズ事務所では、「黒木さんは友人の1人と聞いていますが、交際の事実はありません」と明言していたのだ。実際には2011年秋から交際が始まり、11月には一緒にロスに行く仲だったが、その時は事務所でさえ実情を把握していなかった。2人は事務所に黙ったまま、沖縄の黒木の実家を訪れ

『スポーツニッポン』のスクープ記事

おめでたを報告、そして2月2日には婚姻届を提出した。

メンツをつぶされたジャニーズ事務所は激怒、4月上旬から予定していた全国ツアーを中止し、その違約金を赤西に負担させるというペナルティを発表した。また赤西主演で制作される予定だったドラマ『GTO』のリメーク版は降板。KAT-TUN、NEWS、関ジャニ∞との合同ファンクラブ「YOU&J」の個別化にあたり、赤西については、ファンクラブ会員としてのサービスはなくなった。12月に予定されていた、ハリウッドデビュー作となる映画『47RONIN』の公開も2013年12月に延期され、赤西は仕事を干されて開店休業の身となった。犯罪を犯したわけでもないのに、大変厳しい処分である。

そんな中、9月23日、黒木の実家のある沖縄の病院で赤西立ち会いのもと、黒木は無事に女児を出産した。黒木は翌年NHK大河ドラマ『八重の桜』から仕事に復帰、一方赤西は謹慎のまま育児に精を出していることなどが伝えられた。

◆北公次の死去

フォーリーブス再結成後のステージでもバク転を披露していた北公次が、2月22日、63歳で他界した。死因は、奇しくも3年前に他界した青山孝史と同じ肝臓ガンだった。

亡くなる前日の21日、北は自身のブログに、「最後にどうしても言わせて頂けるなら、ジャニーさん、メリーさん、ありがとうございました。感謝しています」と最期のメッセージを残している。

◆木村拓哉、交通違反隠蔽

スピード狂で有名な木村拓哉が、2011年9月と2012年1月にスピード違反を犯し、後者の違反直後に免許停止処分を受けていたことが、2012年3月14日にジャニーズ事務所からファックスを通じて公表された。3月15日発売の『週刊文春』が木村の免停を報じることを知ったジャニーズ事務所が、前の違反と併せて慌てて公表したのだった。

ジャニーズ事務所が木村の交通違反を隠していた最大の理由は、木村が1994年からずっとトヨタのCMに出演していることにあった。トヨタは、広告代理店を通じて報告を受けていたという。CMに多額の金を投じているトヨタも、ことを穏便に済ませたいのはジャニーズ事務所と一緒だったため、双方で隠蔽を選択したのだった。トヨタにとっては、この機会にジャニーズ事務所や広告代理店に貸しを作るメリットもあった。

『週刊文春』はゴールデンウィーク特大号でさらに続けて、木村の7年前のトラブルも暴露した。トヨタがスポンサーの月9ドラマ『エンジン』（フジテレビ系）のロケの帰路で、担当マネージャーを乗せた車を運転中、木にぶつかる自損事故を起こしていた。この時もトヨタ合意の下で事故を隠蔽。その甲斐あってか、『エンジン』の平均視聴率は22％をマークした。

木村は反省の弁を述べ、トヨタのＣＭはその後も続行されている。

◆Ｔｒａｖｉｓ Ｊａｐａｎ結成

３月、マイケルジャクソンの振り付けで有名なアメリカの振付師トラヴィス・ペインの指導を受けた吉澤閑也、中村海人、阿部顕嵐、宮近海斗、梶山朝日の５人のJr.がＴｒａｖｉｓ Ｊａｐａｎを結成した。７月に仲田拡輝、川島如恵留、七五三掛龍也、森田美勇人の４人が加わり９人となる。当初は舞台『ＰＬＡＹＺＯＮＥ』限定での出演だったが、ダンスのうまさが買われ活躍の場が広がっていく。その後２０１６年に『ＰＬＡＹＺＯＮＥ』が終わるとともにグループでの活動を開始した。メンバーは変遷を重ねながら、２０１７年11月に川島如恵留、七五三掛龍也、吉澤閑也、中村海人、宮近海斗、松倉海斗、松田元太の７人となった後安定している。

◆日テレ深夜ドラマが飯島枠に

４月14日から、日本テレビの毎週土曜日24時50分～25時20分の時間帯で、森本慎太郎はじめ多くのJr.が出演するドラマ『私立バカレア高校』が始まった。この番組は深夜帯としては異例の高視聴率をマークし、番組終了後に映画化もされた。

以降、このドラマ枠は実質飯島枠となり、多くのJr.や若手デビュー組タレントが、ドラマデビュー、主演デビューしている。単なるごり押しではなくドラマも好調で、日本テレビ、ジャニーズ双方にとって好ましい状況に見えたが、２０１５年１月期『お兄ちゃん、ガチャ』を最後に飯島はここから離れている。

◆Ｓｎｏｗ Ｍａｎ結成

09年に結成された前身ユニットＭｉｓ Ｓｎｏｗ Ｍａｎのうちの6人、深澤辰哉、佐久間大介、渡辺翔太、宮舘涼太、岩本照、阿部亮平が、5月3日の『滝沢歌舞伎２０１２』に出演の際、滝沢秀明によりサプライズでグループとしてＳｎｏｗ Ｍａｎと名付けられた。

◆Ｈｅｙ！ Ｓａｙ！ ＪＵＭＰ香港・台湾公演

5月26〜27日、Ｈｅｙ！ Ｓａｙ！ ＪＵＭＰが初の海外公演となる香港・台湾公演を行った。共演者としてＡ．Ｂ．Ｃ-Ｚも同行し、ジャニー喜多川も、２００２年のタッキー&翼の台湾公演以来10年ぶりに海外随行した。

この公演は当初は3月24日からの予定だった。5月にはタイ、6月には韓国でも公演の予定だったが中止になり、香港・台湾公演のみが5月に延期になって開催された。ジャニーズ事務所は「舞台演出などの事情」と説明したが、席が埋まらなかったからではないかとも憶測された。

◆ＮＥＷＳ、４人体制で再スタート

前年の10月に山下と錦戸が脱退してから先行きが危ぶまれていたＮＥＷＳが、４人体制で活動を再開した。6月13日、ＮＥＷＳ初のベストアルバム『ＮＥＷＳ ＢＥＳＴ』をリリース。7月18日には、４人体制では初、ＮＥＷＳとしては1年8カ月ぶりのシングル『チャンカパーナ』をリリース。8月14日から9月30日にかけて４人体制で初のツアー『ＮＥＷＳ ＬＩＶＥ ＴＯＵＲ ２０１２〜美しい恋にするよ〜』で7都市10公演を行った。

曲名『チャンカパーナ』から、４人体制になったＮＥＷＳのファンは「パーナさん」と呼ばれるようになった。

◆『まいど！ジャーニィ〜』スタート

10月から、関西Jr.のバラエティ番組『まいど！ジャーニィ〜』（ＢＳフジ）がスタートした。レギュラーはＫｉｎ Ｋａｎの向井康二、金内柊真、平野紫耀となにわ皇子の永瀬廉、西畑大吾、大西流星。平野は2月、大西は7月に入所したばかりで､ともにこの時から目を引く逸材だった。6人は「なにきん」と呼ばれて人気になり､6人グループとしてのデビューが期待されるようになった。それはかなわなかったが、美容師に転身した金内以外は、平野と永瀬がＫｉｎｇ＆Ｐｒｉｎｃｅ、西畑と大西がなにわ男子、向井がＳｎｏｗ Ｍａｎで活躍するようになった。

◆ジャニー喜多川の人身事故

大手芸能事務所の社長、しかも81歳の高齢のジャニー喜多川が人身事故を起こして、世間を驚かせた。10月16日午後3時頃、港区青山で、ジャニー喜多川が運転する乗用車が信号待ちをしていた軽乗用車に追突、ジャニー喜多川にけがはなかったが、相手の男性は軽傷を負った。普段は運転手付きの車やタクシーを利用していたが、時々1人で運転していたという。事故の後ジャニー喜多川は「今後は運転しません」とコメントした。

◆森光子の死去

東山紀之をはじめとしたタレントや、ジャニー、メリーとも親しかった国民的大女優森光子が、11月10日、入院先の順天堂病院で亡くなった。92歳だった。

森の死去が公にされたのは4日後、すでに身内で密葬をすませ、荼毘に付された後だった。亡くなったことに加え、すぐに知らせが来なかったこともあり、ジャニーズ事務所は大きなショックを受け、すぐにコメントが出せないほどだった。12月7日に行われた本葬では、副社長のジュリーが葬儀委員をつとめ、多数のジャニーズタレントが参列した。

◆『ＪＯＨＮＮＹ'Ｓ Ｗｏｒｌｄ』上演

11月10日より3カ月にわたって、ジャニー喜多川の3つのギネス世界記録を記念した新たなミュージカル『ＪＯＨＮＮＹ'Ｓ Ｗｏｒｌｄ』が上演された。ジャニーズの舞台の中でも圧倒的な派手さ、荒唐無稽さで、狂気すら漂うジャニー喜多川ワールド全開の舞台となった。この舞台では当初、アクロバットを得意とする中国人の少年も起用する予定だったが、日中関係の悪化により中止になった。

翌年3月には、400人が出演の大規模イベント『JOHNNY'S Worldの感謝祭』が上演された。

◆関ジャニ∞「紅白」初出場

『第63回NHK紅白歌合戦』に関ジャニ∞が初出場し、『浪花いろは節』と『無責任ヒーロー』のメドレーを歌った。

ジャニーズからはSMAP、TOKIO、嵐、NYC、関ジャニ∞の5組が出場、白組司会は3年連続嵐、SMAPが5回目の大トリをつとめ、紅白での存在感を年々強めていた。

2013年

◆ジャニー喜多川テレビに出演

裏方に徹し決して人前に出ることのなかったジャニー喜多川がテレビに出演するサプライズが起こった。出演したのは、1月27日、NHK国際放送の、NHKワールド特別番組『ジャニーズ・ワールド…トップ・オブ・ザ・Jポップス』。50分の海外向け番組である。番組の中では、舞台の練習風景やタレントの証言などと共に、ジャニー喜多川のインタビューが放送された。映像は肩越しで顔は出さず、音声には英語の吹き替えが被せられ、肉声はほとんど聞こえなかった。それでも、ジャニー喜多川がテレビ出演したことは注目を集めた。ギネス認定で顔写真を公表したことと共に、海外進出など、ジャニーズのさらなる発展に向けた布石だろうと見られた。

◆亀梨和也、海外で人気

ジェイ・ストーム配給の亀梨和也主演映画『俺俺』が、日本公開に先立つ4月、イタリアで開催された「第15回ウディネ・ファーイースト映画祭」で公式上映され、観客やインターネットの投票で選ばれる「観客賞」を受賞した。亀梨も会期中に現地入りし、観客と共に自分の映画を鑑賞した。7月には1人33役を演じたことにちなみ、33カ国で劇場公開やDVD発売されることが決まり、9月にはカナダの映画祭にも参加、11月8日にはニューヨークで劇場公開された。海外での反応は上々で、特にブラジルではカメナシが大人気になった。

亀梨に続き、11月には生田斗真主演映画『土竜の唄 潜入捜査官 REIJI』（東宝）が、イタリア・ローマで開催された「第8回ローマ国際映画祭」に参加。公式上映会は爆笑の連続だった。

本格映画での海外進出を目指すのはジュリーの意向といわれ、これまでとは違った新しい海外アプローチの形であった。

◆風間俊介結婚

Jr.ながらNHKの朝の連続ドラマ『純と愛』で準主役をつとめるなど、俳優としての評価の高い風間俊介が、5月上旬に結婚していたことが、7月13日に事務所を通じて発表された。相手は2004年に知り合い10年にわたり交際していた一般女性とされていたが、実際は5歳年上の元タレント河村和奈だった。

ところが結後婚まもなく『FRIDAY』に『純と愛』で共演した夏菜との親密な様子が報じられ、「早くも離婚危機」などと騒がれる事態となってしまった。

◆シングルリリースで赤西復帰

突然の結婚以来謹慎状態が続き、曲作りにいそしんでいたという赤西仁が、8月7日、ソロ3枚目のシングル『HEY WHAT'S UP?』をリリースして、1年5カ月ぶりに芸能活動を再開した。10月には4枚目のシングル『アイナルホウエ』をリリース、11月6日にはアルバム『JUSTJIN』をリリース、と立て続けにCDを発売。さらに12月には、お蔵入りしていたハリウッドデビュー作『47RONIN』も公開された。

順調な再スタートを切ったかに見えた赤西だったが、翌年2月にはジャニーズを退所してしまうのである。

◆ジャニーズ50周年、『ジャニーズ伝説』上演

10月6日から10月28日まで、前年にジャニーズが50周年を迎えたことにちなみ、ジャニーズの歩みを描いたミュージカル『ジャニーズ伝説』が上演された。主演のA.B.C-Zが、ジャニーズ、フォーリーブス、少年隊に扮して当時の歌や

ダンスを披露し、舞台系のジャニーズ正統派グループであることを示した。

その後『ジャニーズ伝説』は練り直されながら何度も上演され、A・B・C-Zを代表する演目となっていたが、ジャニー喜多川の性虐待問題を受け、2022年の上演を最後に打ち切りとなった。

◆田中聖の解雇

10月9日、ジャニーズ事務所は、田中聖との専属契約を9月30日付で解除したと発表した。理由は「度重なる事務所のルール違反行為」とされていた。具体的には、副業禁止のルールを破ってバーの経営に関わっていたことと、タトゥーの入った下半身写真の流出が解雇の決め手ではないかと考えられている。田中自身はジャニーズでの芸能活動継続を望んでいたので、自業自得とはいえ落胆は大きかったようだ。ジャニーズらしからぬ田中の個性と情に厚い人柄を惜しむ声も多かった。田中は2014年10月1日、バンドINKを結成し、音楽活動を再開した。

赤西に続く2人目の離脱者を出したKAT-TUNは4名での活動を余儀なくされる。元々KAT-TUNの最大の魅力だった荒っぽさや不良っぽさを持つメンバーがいなくなり、凡庸なグループになってしまった印象が否めない。

後の流れから見ると田中の解雇は、ジュリーへの世代交代に向けたリストラの始まりの一歩だったといえよう。

◆ジャニーズが昼ドラマに

内博貴とJr.の高田翔が、ジャニーズとしては初の昼ドラマ『天国の恋』（フジテレビ系）に出演、アイドルの枠を超えた際どいセリフや濡れ場を披露した。

脚本は過去に同枠で『真珠夫人』『牡丹と薔薇』をヒットさせた奇才中島丈博の書下ろし。そこにジャニーズ出演とあって話題になったが、期待されたほどの人気にはならなかった。これまでアイドルとしてはあり得なかったジャンルへの進出は、どんどん増えるタレントを何とかテレビ番組に押し込んでいかなければならない事務所の苦肉の策だろう。なお内は、このドラマの放送開始に先立つ10月21日をもってJr.を卒業している。

◆舞祭組デビュー

２０１１年にデビューしたＫｉｓ‐Ｍｙ‐Ｆｔ２は、北山、藤ヶ谷、玉森の「前の３人」と宮田、千賀、二階堂、横尾の「後ろの４人」に明確な差をつける「格差売り」を行ってきた。ステージ上では４人の衣装は地味、フォーメーションは後ろばかりで「まるでバックダンサーのよう」と言われ、ソロ活動やテレビ出演も少なかった。そんな中10月５日、深夜の冠番組『キスマイＢＵＳＡＩＫＵ!?』に出演した中居正広が４人のグループを作ってＣＤデビューすることを提案し、生まれたユニットが舞祭組である。

その後中居の楽曲提供とプロデュースにより、12月13日にシングル『棚からぼたもち』を発売、累計20万枚を売り上げた。舞祭組としての活動をきっかけに４人の人気、知名度は大きくアップし、キスマイもバランスのとれたグループへと成長していく。

◆Ｓｅｘｙ Ｚｏｎｅが「紅白」初出場

『第64回ＮＨＫ紅白歌合戦』に、前年出場のＮＹＣに代わってＳｅｘｙ Ｚｏｎｅが初出場し『Ｓｅｘｙ平和Ｚｏｎｅ組曲』を歌った。ジャニーズからの出場は５組。司会は４回目となる嵐で、これは中居正広と並んで、ＮＨＫアナウンサー以外で連続での白組司会担当の最長記録となる。また、翌年のＮＨＫ大河ドラマの主演をつとめる岡田准一が、ゲスト審査員として出演した。連続して大トリをつとめてきたＳＭＡＰは、紅白を勇退し一線を退く北島三郎に大トリを譲る形になった。

◆飯島主導でカウコン

この年のジャニーズカウントダウンコンサートは、ジャニーズ史上唯一飯島主導で開催された回と見られる。通常は「紅白」のため来ることはできなくても録画出演してきた嵐、ＴＯＫＩＯ、関ジャニ∞の出演はなく、代わりにエンディングに香取慎吾が訪れた。カウコン中継の後フジテレビでは、香取が後輩たちとコントに挑む『ＹＯＵコントしちゃいなよ』が放送されており、大晦日夜のフジテレビを飯島が仕切っていたことになる。

この時期のジャニー・飯島コンビは絶好調で、それがメリー・ジュリーの危機感を煽り、飯島排除を加速させた可能性がある。

2014年

◆岡田准一がNHK大河ドラマ主演

岡田准一が、NHK大河ドラマ第53作の『軍師官兵衛』で主役の黒田官兵衛をつとめた。ジャニーズとしては、2005年の滝沢秀明以来9年ぶり4人目のNHK大河ドラマ主演である。

◆岡田准一主演『永遠の0』が大ヒット

2013年12月21日から公開された岡田准一主演の映画『永遠の0』（東宝）が観客動員数700万人、累計興行収入86億円を突破し、歴代の邦画実写映画で6位にランクインする大ヒットを記録した。しかし一方では『永遠の0』が第二次世界大戦の特攻隊員を描いたものだったため、その内容には特攻や戦争の美化につながる等の批判もあった。

2014年に「第16回イタリア ウディネ・ファーイースト映画祭」でグランプリを受賞。日本作品の受賞は2009年の『おくりびと』以来の快挙となった。

◆赤西仁、契約満了でジャニーズ事務所を退所、独立へ

2月28日、ジャニーズ事務所と赤西仁との間で、契約満了と共に再契約は行わないことで合意、2月末日をもって赤西はジャニーズ事務所を退所した。3月2日には、赤西自身もFacebookとTwitterで退所を報告し、子供時代から夢見てきた海外での活動に力を入れたいとの意向を明らかにした。

退所の理由は、事務所の方針と赤西のやりたいことの方向性が合わなかったことだといわれる。復帰以降、英語の歌詞

を希望してても日本語にさせられたり、握手などの「柄にもない」ファンサービスを強要されたことなどに対し、赤西が不満を持っていることが伝えられていた。

7月4日の自身の30歳の誕生日に公式サイトを開設し、活動再開を報告。8月6日には自主レーベル「Ｇｏ Ｇｏｏｄ Ｒｅｃｏｒｄｓ」から独立後初のシングル『Ｇｏｏｄ Ｔｉｍｅ』をリリース。４万枚を売り上げ、自主レーベルとしては好調なスタートを切った。

◆国分太一、『いっぷく！』のメインキャスターに

２０００年以降スポーツキャスターや司会業を多くつとめてきた国分太一が、ジャニーズの先輩薬丸英裕が長年キャスターとして出演していたＴＢＳ系の『はなまるマーケット』の後番組となる生活情報番組『いっぷく！』のメインキャスターに、４月より就任した。

裏番組は同じジャニーズでジュリー傘下の井ノ原快彦がメインキャスターの『あさイチ』（ＮＨＫ総合）で、双方が視聴率を喰い合う形となったことが注目された。そもそも『はなまるマーケット』は、好調な『あさイチ』に敗れて終焉を余儀なくされたようなものなので、当初から国分の苦戦は予想され、実際に数字的には厳しいものとなった。かつては同じ時間帯でタレントが重なることを避けていたジャニーズ事務所だが、人数が増えるにつれ、そんなことも言っていられなくなってきたのだ。

◆ジャニーズＷＥＳＴデビュー

関ジャニ∞以来10年ぶりの関西ジャニーズJr.出身グループ、ジャニーズＷＥＳＴが、４月23日『ええじゃないか』でＣＤデビューした。

デビューが発表されたのは、２０１３年大晦日から元旦にかけて行われた『ジャニーズカウントダウンライブ』でのこと。当初は中間淳太、桐山照史、重岡大毅、小瀧望

スタイリッシュと面白さを併せ持つジャニーズ WEST

の４人グループになる予定で、グループ名も「ジャニーズＷＥＳＴ４」だった。しかしその後メンバーがジャニー喜多川に直訴して、濱田崇裕、神山智洋、藤井流星の３人が加わり、７人でのデビューになった。主演舞台『なにわ侍 ハロー東京‼』の初日の2月5日には7人グループとしてのデビューが明らかにされた。

Jr.時代からデビュー後しばらく飯島傘下にいて中居の番組などにも出演していたが、ほどなく、関西の先輩関ジャニ∞と同じジュリー傘下に移っている。

◆Ｓｅｘｙ Ｚｏｎｅの松島とマリウスが別ユニット結成

５人グループＳｅｘｙ Ｚｏｎｅの２０１４年5月5日のコンサートで、突然、メンバーのマリウス葉と松島聡がそれぞれ別ユニットを結成することが発表された。

Ｓｅｘｙ Ｚｏｎｅの弟分として、マリウスはJr.の岩橋玄樹、神宮寺勇太と共にＳｅｘｙ Ｂｏｙｚ、松島はJr.の松田元太、松倉海斗とともにＳｅｘｙ 松（Ｓｈｏｗ）を結成し、ファンの「Ｓｅｘｙ Ｇｉｒｌｓ」を加えて「Ｓｅｘｙ Ｆａｍｉｌｙ」と称するとされた。松島とマリウスのＳｅｘｙ Ｚｏｎｅ脱退はないが、当面は中島、菊池、佐藤の３人がＳｅｘｙ Ｚｏｎｅとしての活動を行う。最年長の中島は、松島とマリウスの「留学」だと述べた。

◆松本潤、井上真央と交際報道

松本潤と井上真央は、２００５年の『花より男子』共演以来交際の噂が絶えなかったが、そのわりに決定的な場面が報じられたことはなかった。

しかし『フライデー』（２０１４年5月9日・16日号）が、初めて、2人の密会をつかんだという。それは井上が、ラストオーダーぎりぎりの時間に、警戒した様子で完全個室の高級焼肉店に入った数時間後、同じ店から松本潤と生田斗真が出てきた、というもの。ツーショットではない上、生田斗真もいたということで、これだけでは交際の証拠には弱いが、交友関係があることは確認できた。

井上は松本の相手としてファンからも好意的に見られており、結婚するなら相手は井上という説は根強く続いている。

◆赤西軍団、「携帯強奪」で警察沙汰に

ジャニーズを離れた赤西仁と、山下智久、錦戸亮の３人が６月26日未明、六本木で警察沙汰を起こしていたことを『東京スポーツ』（７月12日付）がスクープした。

六本木の路上にいた３人に、通りがかりの男女のグループが声をかけたのをきっかけに、こぜり合いになった。その様子を女性の１人が撮影し、それに気づいた３人は携帯電話を取り上げそのまま立ち去ったという。直接携帯電話を奪ったのは山下とされる。女性は後日、警視庁麻布警察署に被害届を提出、受理されたといい、これは立派な窃盗罪になりうる。

「赤西軍団」と呼ばれ、かつてはよくつるんで繁華街に繰り出していた３人だが、赤西の結婚以降軍団の「活動」はほとんど見られなくなったとされていた。それが、赤西がジャニーズを去った今もこのような交流が続いていたのは驚きだった。事務所は山下と錦戸に、赤西との接触を避けるように言っていたというが、１月に行われた赤西のハワイでの結婚式に２人が参加したことから交流が復活したとも見られる。

７月25日発売の『週刊ポスト』では被害者がインタビューに応じ３人を激しく非難したが、一方で被害者もかなり悪質であり、３人はハメられたとの見方もある。

『週刊文春』（８月14・21日号）によれば、警察沙汰になったことでジャニーズは水面下で激しく動き、示談交渉を進めているが、「相手側からは多額の金銭を要求されていて、事務所は拒否」（芸能プロ関係者）していたという。

10月21日、３人のうち山下のみが警視庁に器物損害容疑で書類送検されたことが伝えられた。ジャニーズ事務所が力ずくでことを収めるだろうという大方の予想に反した、意外な成り行きだった。山下は翌22日、主演映画『近キョリ恋愛』の舞台挨拶の際にトラブルを謝罪、28日には不起訴処分になって事件は一応の決着を見た。山下１人が矢面に立たされたことには同情の声もあった。

◆『27時間テレビ』でＳＭＡＰが存在感

７月26日・27日に放送された、ＳＭＡＰ総合司会の『武器はテレビ。ＳＭＡＰ×ＦＮＳ27時間テレビ』（フジテレビ系）が大きな感動を呼んだ。特に、25時間の生放送を続けてきた後、27日の午後７時から行われたＳＭＡＰが27曲を45分間に

わたって披露するノンストップライブでは、途中中居が座り込んでしまう場面もあったが、それでも最後まで歌い遂げた姿に多くの視聴者が心を動かされた。またサプライズで元メンバーの森且行からメンバーへの手紙が読み上げられ、「僕の友達は5人以外にいません。SMAP最高。」と結ばれた言葉がSMAPと森の強い絆を感じさせた。一方では、まるで先を見通したかのような、『俺たちに明日はある』と題した「SMAP解散説」がテーマの不穏なドラマが放送された。SMAP解散騒動の後になって、このころからSMAPに対する何らかの圧力があったのではないかと憶測されるようになっている。

この放送を通じ、もうピークアウトしていると思われていたSMAPの、アラフォーならではの存在感と底力が改めて見直されることとなった。そしてこの回は『27時間テレビ』の歴史の中でも神回として視聴者の記憶に刻まれている。

◆TOKIO、野外フェスに出演

デビュー20周年を迎えたTOKIOが、ジャニーズとしては初めて、ロック系ミュージシャンを主体とする野外フェスに出演した。7月20日には北海道で行われた『JOIN ALIVE』に出演し、予想を超える盛り上がりを見せた。続いて8月17日には千葉と大阪で同時開催された『SUMMER SONIC 2014』に出演。入場制限がかかるほど多くの観客を動員し、当初は興味本位だったロックファンも魅了した。

◆最高裁がアールズ出版の上告棄却

嵐とKAT-TUNメンバーが原告となり、2009年9月より、パブリシティ権を侵害されたとしてアールズ出版に損害賠償等を求めていた裁判で、最高裁は2014年8月11日、アールズ出版の上告を棄却し，アールズ出版に対する書籍の販売差止、在庫廃棄、約5400万円の損害賠償の判決を下した。

最初に訴えが起こされたのは2009年9月。それに対しアールズ出版では「国民的アイドルの名前や写真の使用には公共性がある」と反論していた。一審の東京地裁が2013年4月26日上記の通りの判決を下し、アールズ出版がそれを不服として控訴したが、知財高裁は、2013年10月16日に控訴棄却の判決を下しており、アールズ出版による上告に対して、最高裁が上告棄却の判決を確定した。

損害賠償金額は、ジャニーズ側の主張では当初「10万部以上売り上げた」として1億7千万円が請求されていたが、アールズ側の主張では実際に売れたのは「せいぜい1～2万部」といい、両社の主張に大きな食い違いがあるとはいえ、確定した5400万円の請求額でも不当に高いものといえる。アールズ出版は細々と非公式本を出していた小さな出版社であり、見せしめのための弱い者いじめともとれる判決だった。

◆嵐、ハワイで15周年記念ライブ

15年前にデビュー会見を行ったゆかりの地、ハワイで、現地時間の9月19日・20日、嵐が〝凱旋公演〟となるデビュー15周年記念ライブを開催した。

ライブはハワイ州のバックアップも受け、東京ドーム2個分の広さの空き地に海を臨む特設野外ステージを設置し、メンバー5人は空からヘリコプターで登場するなど、大規模に行われた。2日間で3万3千人を動員し、リーダーの大野が感極まって涙ぐむ場面もあった。

現地での不手際や混乱も伝えられたが、ハワイに2070万ドル（約22億5千万円）の経済効果をもたらしたことが話題になり、ジャニーズトップアイドルのパワーを知らしめることになった。

◆今井翼、メニエール病で2カ月間活動休止

もともと右耳の突発性難聴を患っていた今井翼が11月にメニエール病を発症し、2カ月間活動を休止した。ライブツアーは休演し滝沢1人で出演、ラジオ番組「今井翼のｔｏ　ｂａｓｅ」（文化放送）は滝沢が6週分代理をつとめた。この後今井は２０１８年、２０２３年にもメニエール病を発症している。

◆「紅白」にV6初出場

『第65回ＮＨＫ紅白歌合戦』は嵐が5回目の司会をつとめ、初の大トリを飾った。また、井ノ原がＮＨＫの朝の情報番組『あ

さイチ』でＭＣをしている縁なのか、Ｖ６が初出場を果たしている。この時から、それまで出場機会のなかったベテランや中堅グループを順番に出場させていくようになる。ジャニーズに勢いがあり、演歌が衰退した分をジャニーズが埋めることで「紅白」に多くの枠を持つようになったから、そういうこともできるようになった。ＳＭＡＰ、ＴＯＫＩＯ、嵐、Ｖ６、関ジャニ∞、Ｓｅｘｙ Ｚｏｎｅの６組が出場した。

◆近藤真彦、カウコンでワンマンショー

１９８０年にデビューした近藤真彦は２０１５年がデビュー35周年のアニバーサリーイヤーとなる。その前哨戦として、大晦日のジャニーズカウントダウンコンサートは持ち歌をメドレーし、後輩とコラボするなど、近藤メインのステージとなった。コンサート終盤には近藤と親交のある黒柳徹子が、ゲスト審査員をつとめた「紅白」から東京ドームに駆けつけた。メリーの肝いりで近藤を盛り立てたと思われる。当然ながら見たくもない近藤ばかりを見させられた観客は大ブーイングだったが、そうなることを想定してか、この時のカウコンは生放送開始以来、唯一生放送が行われなかった回となっている。

❻ 世代交代、そしてジュリー時代へ 2015―2019

SMAP解散から、ジュリーへの世代交代に向けてジャニーズは大きく動いていく。不安定化し犠牲になるものもあったが、着々とジュリー体制は整い、ジャニー喜多川が亡くなると名実ともにジュリーの時代がやってきた。一方で若いグループはパワフルに育ち花開こうとしていた。

2015年

◆『週刊文春』でメリーが飯島を罵倒

1月22日、『週刊文春』（1月29日号）に、「ジャニーズ女帝メリー喜多川　怒りの独白5時間」という記事が掲載された。この中で文春の取材を受けていたメリーが途中から飯島三智を呼びつけ、「もしジュリーと飯島が問題になっているなら、私はジュリーを残します。自分の子だから。飯島はやめさせます」「SMAPを連れて出て行ってもらう」などと厳しい言葉を投げつけて、後継者はジュリーであり飯島は一使用人に過ぎないこと、メリー・ジュリーにとって飯島とSMAPが疎ましい存在であることが、外部のマスコミの前ではっきり示されることになった。この記事が1年後のSMAP解散騒動の端緒になったとも言われるが、どのみち飯島排除とSMAP潰しは、ジュリーへの世代交代に向けて絶対に外せない既定路線だっただろう。

この記事ではもう一つ注目されたことがあった。実はそもそも文春がメリーに取材を申し込んだのは、全く違うことを訊くためだった。前年12月、メリー・ジュリーが大地真央・森田恭通夫妻、黒木瞳らと食事会を開き、そこに松本潤、生田斗真、増田貴久も参加していたということがあった。文春はそれについて取材するつもりだった。ところがメリーはなぜか妙なハイテンションで、訊かれてもいない派閥問題などについてまくし立て始め、飯島への罵倒につながったのだ。またこの取材には広報担当の白波瀬傑、男性スタッフの他、ジャニーズの顧問弁護士2名も同席していて、何かをとても警戒しているように見えた。そのため「よほど食事会のことを訊かれたくなかったようだ、何かやましいことがあるのではないか?」と憶測を呼ぶことになる。それは例えば3人の男性タレントに性的な接待、ある種の枕営業的なことをさせる、といったことが考えられる。以来、ジャニーズではジャニーの性虐待に加え実は別のセクハラも横行しているのではないか、という疑念がずっと持たれており、文春にはこの時何をつかんでいたのかを、ぜひ明らかにして欲しいところだ。

◆岡田准一、アカデミー賞W受賞

2月27日、岡田准一が第38回日本アカデミー賞で最優秀主演男優賞(映画『永遠の0』)と最優秀助演男優賞(映画『蜩ノ記』)でW受賞を果たした。主演・助演ともに最優秀男優賞受賞は同賞始まって以来の快挙だった。

◆『Endless SHOCK』で事故

東京・日比谷の帝国劇場で上演されていた堂本光一主演の人気ミュージカル『Ｅｎｄｌｅｓｓ　ＳＨＯＣＫ』で、ケガ人の出る事故が起こった。3月19日16時頃のミュージカル上演中、舞台右奥の舞台セット、縦7ｍ横3ｍ重さ800kgのLEDパネルが手前に倒れ、ダンサー5人とスタッフ1人が巻き込まれて負傷。このうち30代のダンサー1人はパネルの下敷きになり重傷を負った。複数の救急車が駆けつけ、周りは騒然とした。

この日の夜の部は公演中止となったが、20日午後6時開演の舞台から、演出の一部を変更して再開されている。

◆SixTONES結成

2012年にドラマ『私立バカレア高校』に出演し「バカレア組」として人気の高かったJr.の6人、ジェシー、京本大我、松村北斗、髙地優吾、森本慎太郎、田中樹が、『ジャニーズ銀座2015』の5月1日の昼公演でＳｉｘＴＯＮＥＳを結成した。一時はバラバラに活動していた6人だったが、1月に『ザ少年倶楽部』で集結しＫＡＴ-ＴＵＮの『ＨＥＬＬ'ＮＯ』

を歌ったことが、結成のきっかけになった。

◆Mr.King vs Mr.Prince結成

『ジャニーズ銀座2015』で、平野紫耀、永瀬廉、髙橋海人、岸優太、神宮寺勇太、岩橋玄樹の6人が座長に抜擢された。大変な人気だったことから、6月5日に平野、永瀬、髙橋のMr.Kingと岸、神宮司、岩橋のMr.Princeを合わせた暫定グループ「Mr.King vs Mr.Prince」が結成され、テレビ朝日のイベント『テレビ朝日・六本木ヒルズ 夏祭りSUMMER STATION』の応援サポーターとなる。8月20日には活動の継続が発表され、翌21日には『ミュージックステーション』に出演した。

◆中居正広、ノドの腫瘍手術

6月27日、中居正広が自身のラジオ番組『中居正広のSome girl'SMAP』（ニッポン放送）の中で、6月上旬に5日間入院しノドの腫瘍摘出手術をしていたことを明かした。中居は約1年半前からノドに違和感があり、声が出にくくなってきたため精密検査を受けたところ腫瘍が発見され、咽頭ガンの可能性もあると診断されたため、手術に踏み切った。父親が咽頭ガンで亡くなっているため心配だったようだが、結果は良性で、仕事への影響もなかった。

◆桜井俊、総務事務次官に就任

櫻井翔の父、桜井俊氏が、7月31日に官僚のトップ総務事務次官に就任。人気アイドルの父親であることが話題になった。桜井氏はもともと桜井氏に実力あってのことではあるが、息子のネームバリューに期待された面もなきにしもあらずだろう。桜井氏は総務省の中でも、メディアに権限を持つ郵政畑の出身であり、ジャニーズとのあからさまな癒着はないにしても、地位そのものが忖度を呼び、ジャニーズのメディア支配を強化してきた可能性は否めない。

◆滝沢歌舞伎シンガポール公演

２００６年に『滝沢演舞城』として始まった滝沢秀明主演の舞台『滝沢歌舞伎』が10年目を迎え、アニバーサリー公演として『滝沢歌舞伎 10th Ａｎｎｉｖｅｒｓａｒｙ』を開催。その一環として、ジャニーズの舞台としては初の海外公演となるシンガポール公演を８月18日から23日にかけてマリーナ・ベイ・サンズグランドシアターで行った。２０１４年５月から本格的に話し合いが進められ、滝沢自身も会場を視察した上で公演が決定したという。

◆国分太一結婚

９月11日、国分太一が、７年間の交際を経て元ＴＢＳ社員の女性と結婚。同月15日には自身が司会を務める『白熱ライブビビット』（ＴＢＳ系）の生放送後、局内で結婚会見を行った。その中で国分は、09年に「デスモイド腫瘍」の摘出手術を受けており、その時にバックアップしてもらったことが結婚を決めたきっかけになったと語った。

◆ＳＭＡＰ、パラリンピックの応援サポーターに

11月10日、東京パラリンピックを支援するために設立された「パラリンピック競技団体共用オフィス」のオープン発表会にＳＭＡＰが出席し、「日本財団パラリンピックサポートセンター」の応援サポーターをつとめることを発表した。フジテレビプロデューサーだった笹川正平（日本財団理事・笹川陽平の四男）と飯島、ＳＭＡＰは仕事を通じてつきあいがあった。この頃すでに飯島とＳＭＡＰはかなり追い込まれていたはずで、ＳＭＡＰ生き残りをかけて、国家的イベントと政治力のある笹川家につながることに望みを託したようにも見える。しかしその威光はメリーには全く通じなかった。

ＳＭＡＰ解散が決まるとサポーターも解散となったが、後に「新しい地図」として活動を再開した稲垣、草彅、香取の３人がこの役目を受け継ぎ、ミッションを全うしている。

◆Ｓｅｘｙ Ｚｏｎｅ、５人体制に戻る

２０１４年５月から中島、菊池、佐藤の３人体制になっていたＳｅｘｙ Ｚｏｎｅが、11月18日の新曲『カラフルＥｙｅｓ』

お披露目イベントで5人そろった姿を見せて、約1年半ぶりに5人体制に戻った。その裏には、飯島三智がマネージメントからはずれ、飯島管轄のタレントたちがジュリーのもとに移るという、ジャニーズ内部の変化があった。ちなみに3人体制は不評で飯島がファンから批判されていたが、実は飯島ではなくジャニー喜多川の指示であったことが、後に菊池風磨によって明かされている。

◆田口淳之介、退所を発表

11月24日、日テレ系音楽の祭典『ベストアーティスト2015』の中で、田口淳之介が2016年春にKAT-TUNを脱退、ジャニーズも退所することを発表。生中継の華やかな番組の流れを中断し、ステージにメンバー4人が神妙な面持ちで並んで報告・謝罪した。

田口は「30歳を目前にして、これからの人生の歩みを考えた」などと理由を述べていたものの、本人から辞めたい意志のようなものがあまり伝わらず、度重なる小嶺麗奈との交際報道などでもともとメリー・ジュリーに疎まれていた田口が、体よく追い出されるようにも見えた。後に田口はジャニーズ時代から大麻を使用していたことが明らかになるが、ジャニーズ側がそういったことを把握していた可能性もある。

◆「紅白」でジャニーズパワー最高潮

前年まで嵐が5年連続で司会をつとめたことへの風当たりを考慮してか、『第66回NHK紅白歌合戦』は井ノ原快彦が白組司会をつとめた。『あさイチ』を通じて幅広い世代からの好感度が高い井ノ原は悪くない人選であった。しかしその一方で、この年デビュー35周年だった近藤真彦が、それ以外に特段の実績も話題もないのに大トリを飾っている。これはメリーがごり押ししたとしか考えられない。この年は森進一が「紅白」勇退を発表しており、本来なら森に花を持たせるのが妥当なはずだった。前年、カウコンが近藤のワンマンショー状態になり顰蹙を買ったが、今度は公共放送の国民的番組が私物化されたことになる。さらにこの回はSMAP、嵐、TOKIO、関ジャニ∞、V6、Sexy Zone、近藤真彦とジャニーズ史上最多の7組も出場している。終わりの始まりとなるSMAP騒動が勃発する直前のこの時期、ジャニーズパワーが最高潮に達していたことが表れている。

2016年

◆SMAP、解散報道から公開謝罪へ

1月13日、『日刊スポーツ』と『スポニチ』が、SMAPの分裂と解散危機を大々的に報じた。日本中が騒然とし憶測が飛び交う中、1月18日、『SMAP×SMAP』(フジテレビ系)で本人たちが生出演で会見を行うことになり注目を集める。ところが会見は視聴者に向けての説明ではなく、黒いスーツ姿で罪人のように一列に並ばされたメンバーがジャニーズに対して謝罪をするという、見せしめの罰のようなものだった。あまりの異様さにこの会見は「公開処刑」と呼ばれるようになった。本来芸能事務所はタレントのイメージを守るものであるはずだが、ジャニーズ事務所は率先してSMAPのイメージを貶めているように見えた。

謝罪によりとりあえずSMAPは継続されることになったものの、ここから、執拗な不仲報道などでさらにじわじわと追い詰められていく。

◆二宮和也、日本アカデミー賞最優秀主演男優賞

3月4日、第39回日本アカデミー賞で二宮和也が映画『母と暮せば』で最優秀主演男優賞を受賞した。ジャニーズとしては昨年の岡田に続き2年連続受賞の快挙である。一方で、二宮の授与式のあいさつの中の、「ジャニーさんとジュリーさんとメリーさんと、今までずっと迷惑をかけてきた方に、これでちょっとは恩返しができたかな」という言葉が物議をかもした。公の場でわざわざ身内の名前を出すことに違和感が持たれ、ジャニーズタレントの、経営者一族に対する従属的な立場が垣間見えた。

◆SMAP、最後の生歌唱

3月12日、東日本大震災の被災者を激励するNHK生放送のチャリティーコンサート『震災から5年〝明日へ〟コンサート』が福島県で開催され、SMAPが出演した。不仲が言われている割にはそんな様子もなく、これまで通りのSMAPだった。これは飯島が最後にブッキングした仕事であり、結果的にこの時がSMAP最後の生歌唱となった。

◆KAT-TUN、充電期間へ

KAT-TUNは2月13日に、春のツアー終了後からグループ活動を休止しソロ活動に専念する「充電期間」に入ることを報告していた。3月末日をもって田口が脱退し亀梨、中丸、上田の3人になったKAT-TUNは、4月3日からデビュー10周年記念3大ドームツアー『KAT-TUN 10TH ANNIVERSARY LIVE TOUR〝10Ks!〟』をスタートし、5月1日の東京ドーム公演を最後に「充電期間」に入った。

◆中島裕翔、泥酔で痴漢行為

5月19日発売の『週刊文春』が、Hey! Say! JUMPの中島裕翔が痴漢騒動で警察沙汰になっていたことを報じた。文春によれば、4月1日の早朝「路上で男性に抱きつかれるなどした」と30代女性会社員からの110番通報があった。警察官が現場に駆けつけると泥酔した中島がおり、そのまま警察署へ連れて行かれ事情聴取をされたという。女性が被害届を出さなかったので事件化はしなかった。ジャニーズ事務所は「泥酔下とはいえ このような事態になりました点について、関係者の皆様に深くお詫び申し上げます。本人も深く反省しております」とコメントした。ちょうどこの時中島は、20歳年上の女優吉田羊との交際が取り沙汰されている最中だった。騒動は、吉田の家に7連泊した翌日の出来事だったという。

この件で中島へのペナルティはなく、7月期の主演ドラマ『HOPE～期待ゼロの新入社員～』（フジテレビ系）もそのまま制作・放送された。

◆飯島三智、「株式会社CULEN」設立

SMAP解散危機報道があった1月13日の前日、1月12日に飯島はジェイ・ドリームの取締役を退任し、同時期にジャニーズ事務所を退職した。芸能界にはタレントのみならずスタッフも、一旦辞めたらしばらくは表立った活動ができない不文律がある。飯島も表向きは謹慎生活を送る一方、7月26日に「株式会社CULEN」を設立、12月21日に代表取締役に就任して、まるで先を見通していたかのようにメンバー受け入れのための布石を打っている。

◆山口達也離婚

8月5日、山口達也が離婚し、同日に会見を開いて報告。3年前から離婚の話し合いを妻と始め、春から別居に踏み切ったことなどを明かした。山口は終始明るい表情で多くの質問にも答え、ネガティブになりがちな離婚会見でむしろ好感度を上げている。

◆SMAP、解散を発表

リオオリンピックに沸くお盆真っ最中の8月13日深夜、突然、年末をもってSMAPが解散することが報じられた。オリンピックの盛り上がりに水を差す間の悪いタイミング、さらにSMAPが所属するレコード会社・ビクターやメンバーがCMを担当している企業は事前連絡もなく寝耳に水だったということで、ジャニーズの非常識ぶりが際立っていた。

ジャニーズ事務所が発表した解散決定の経緯を要約すると、「事務所一丸となってSMAPをサポートし、コンサートやイベントなどを提案したものの、『今の5人の状況ではグループ活動をすることは難しい』とメンバーが辞退した。事務所はグループ活動を休むことを提案したが、メンバーの一部が『休むより解散したい』と希望し、グループ活動は難しいと判断し解散を決めた」というものだった。ここまで散々不仲を報じられているので、「今の5人の状況」とは「不仲な状況」と受け取れる。つまり「事務所は続けさせたかったが、不仲が原因で、メンバーの意志により解散を決めた」ということだ。これはジャニーズ事務所側の言い分であり、メンバーからは形だけのメッセージはあったものの記者会見も開かれず、真意が伝えられることはなかった。そしてこの後解散まで、不仲報道がさらにヒートアップしていく。

◆長野博結婚

11月29日、長野博が結婚を発表。お相手は女優の白石美帆で、長野がレギュラー出演していた『晴れ、ときどきファーム！』（ＮＨＫ ＢＳ）に白石がゲスト出演したことが出会いだった。食への関心が高かった2人はすぐに意気投合、2年半の交際を経てゴールインした。18年に長男、19年に長女が生まれている。

◆ＳＭＡＰファンの動き

1月のＳＭＡＰ解散騒動以降、２０１５年時点で２５８万枚の売り上げがあった『世界に一つだけの花』が、再びじわじわと売れ始めていた。8月13日のＳＭＡＰ解散発表以降、ＳＭＡＰを記録の形で残したいという思いから、ファンの間に『世界に一つだけの花』購買運動が起こり売り上げが加速する。そして12月9日、目標の３００万枚を達成した。

またＳＭＡＰファンの有志が9月中旬より、グループの存続、活動継続を求める署名活動プロジェクト「5☆ＳＭＩＬＥ」を立ち上げ、11月5日までに、37万筆以上もの署名を集めた。ジャニーズ側は一旦署名の受け取りを拒否したが、12月11日、ダンボール箱13個分の署名が直接、窓口となるジャニーズファミリークラブに提出された。

◆ＳＭＡＰ解散へ

12月26日、5時間にわたる特別仕様で『ＳＭＡＰ×ＳＭＡＰ』最終回が放送された。現場スタッフたちが思いを込めて編集した過去映像には、ＳＭＡＰの栄光と魅力が詰め込まれていた。一方で、番組終盤の、録画撮りによるＳＭＡＰ最後の『世界に一つだけの花』の歌唱には、1月の「公開処刑」を想起させる異様さがあった。葬儀場の祭壇のようなセットの前に、重苦しい面持ちのメンバーがダークなスーツ姿で並ぶ様子は、さながら大人の葬式ごっこのようだった。

これがＳＭＡＰとしての最後の出演であり、12月31日をもってＳＭＡＰは正式に解散、その歴史の幕を閉じた。

◆「紅白」で嵐が大トリ

『第67回ＮＨＫ紅白歌合戦』では、過去に嵐が5回連続でつとめた白組司会を相葉雅紀が単身でつとめた。あまり司会に向かない相葉の登板は不安視されたが、案の定、歴代紅白の下手な司会者として語り継がれることになってしまった。嵐は初の大トリをつとめている。

この回のもう一つの話題はＫｉｎＫｉ Ｋｉｄｓの初出場である。ＫｉｎＫｉ ＫｉｄｓがミリオンヒットをТ飛ばしていた時期はジャニーズの枠が少なかったので、特別枠での出場はあったものの正式出場に恵まれなかった。２０１４年初出場のＶ６に続き、事務所に力のある今、ちょうどＳＭＡＰ枠が空いたこともあり、往年の功労者を紅白に出させてあげようということだろう。ジャニーズからは嵐、ＴＯＫＩＯ、関ジャニ∞、Ｓｅｘｙ Ｚｏｎｅ、ＫｉｎＫｉ Ｋｉｄｓ、Ｖ６の６組が出場した。

２０１７年

◆亀梨＆山下コンビ復活

亀梨和也と山下智久が４月期ドラマ『ボク、運命の人です。』（日本テレビ系）で共演。その主題歌として、期間限定ユニット「亀と山Ｐ」を結成し、５月17日、シングル『背中越しのチャンス』をリリースした。２人のユニット曲は２００６年の修二と彰『青春アミーゴ』以来12年ぶり。初週17万５千枚を売り上げ、人気コンビぶりは健在だった。

◆田中聖逮捕

５月24日、田中聖が渋谷区の路上で、乗っていた車の中から大麻が見つかり大麻取締法違反の疑いで現行犯逮捕された。６月７日、処分保留で釈放され、６月30日、証拠不十分で不起訴処分となった。これにより、軌道に乗っていたバンドＩＮＫＴの活動も中止となった。

◆堂本剛、突発性難聴

ＫｉｎＫｉ Ｋｉｄｓデビュー20周年目前の６月27日、堂本剛が突発性難聴で入院した。発病したのは同月19日だったが、仕事の都合で入院が遅れた。７月４日に退院し、同月15、16日のデビュー20周年イベント『ＫｉｎＫｉ Ｋｉｄｓ Ｐａｒｔｙ！～ありがとう20年～』には生中継で映像出演し歌唱を披露した。その後、徐々に仕事復帰したものの「もう治らない」と医師から宣告を受け、ずっと完治しないまま、病気と向き合っているという。

◆タッキー＆翼、活動休止を発表

９月３日、タッキー＆翼が、デビュー15周年を迎える９月をもって活動を一時休止することを発表。滝沢は自身のラジオ番組『タッキーの滝沢電波城』（ニッポン放送）で「２人でこのまま継続するよりも、一度グループ活動を休止して、それぞれがスキルアップを目指した個人活動に専念しようとお互い話し合って決めた」と語っている。

◆稲垣、草彅、香取の退所と「新しい地図」発足

ＳＭＡＰ解散後、新規の仕事が入らず去就が注目されていた稲垣吾郎、草彅剛、香取慎吾の３人は６月に退所を発表、９月８日の契約満了をもってジャニーズを退所した。しばらくは表舞台から姿を消すのではないかとも見られていたが、９月22日、朝日新聞と東京新聞に、３人の名前で見開き２ページの大きな広告が載り、同時に「新しい地図」の公式サイトが開設され、新たな活動がスタートした。３人は飯島が代表取締役をつとめるＣＵＬＥＮとエージェント契約を結び、再び飯島と歩みをともにすることになった。

11月２日から５日にかけて、３人はＡｂｅｍａＴＶの『72時間 ホンネテレビ』に出演。この中で注目されたのが、堺正章との会食である。堺は田邊昭知の代理人に他ならず、３人のバックには田邊がついていることが、配信番組という公の場の中で間接的に示されたことになる。

この後３人はネットや映画などで新境地を開拓していくが、一方でジャニーズ時代からの地上波番組は徐々に打ち切られていった。

◆岡田准一、宮崎あおいと結婚

岡田准一が、これまで何度も交際が報じられていた女優の宮崎あおいと12月23日に結婚、翌24日に事務所を通じて発表した。実は結婚前日の22日にはすでにネット上で岡田の結婚が話題に上っていた。というのも、24日配達指定でファンクラブ会員に送られた結婚報告のメッセージカードの一部が、手違いで22日に届いてしまったからだ。V6ファンは大人で推しの結婚にも好意的だが、そんないきさつもあり、結婚報告をわざわざクリスマスイブに当て、メッセージカードまで送りつけるのは「やり過ぎ」との批判もあった。

18年10月には長男が生まれたことが発表されている。ところが20年8月下旬に『女性自身』（9月22日号）が第二子妊娠をキャッチし、同年末には出産したと言われているのに、第二子誕生は報告されていない。その理由としては、宮崎の元夫、高岡蒼佑のSNSでの発言が活発化しており、不倫略奪を蒸し返されるのを避けるためとも言われている。

◆「紅白」にHey！Say！JUMP初出場

白組司会は嵐から単身で2人目の二宮和也がつとめた。TOKIOが1994年から24回連続出場で、23回のSMAPを越えてジャニーズ最多出場となった。Hey！Say！JUMPが初出場したが、メンバーの山田涼介と知念侑李はNYC boys、NYCとしての出場経験があり通算5回目となる。ジャニーズからは嵐、TOKIO、関ジャニ∞、Sexy Zone、Hey！Say！JUMPの5組が出場。

2018年

◆KAT-TUN活動再開

2016年5月から「充電期間」に入り1年8カ月もの間グループ活動を休止していたKAT-TUNが、『ジャニーズカウントダウン2017-2018』の後半、1月1日に日付が変わってから3人で登場し、グループ活動を再開した。デビュー時の6人が3人まで減った上、それぞれのソロ活動が充実していたことから、もうこのままフェイドアウトしてしまうのではないかと思われていた矢先の復活だった。

◆ジャニーズ事務所、Jr.と契約書を交わす

それまでジャニーズJr.は、契約書を交わすことなく曖昧な立場でジャニーズ事務所に在籍していたが、突然契約書が交わされるようになった。『直撃！週刊文春ライブ』（2018年12月1日配信）によれば、1月10日、Jr.の中でも人気の高い年長グループ、Snow Man、SixTONES、Love-tune、Travis Japanが、事務所スタッフと弁護士がいる帝国劇場のリハーサル室に集められ、専属契約に関する説明を受けた後、その場でサインすることを求められたという。これを皮切りに、他のJr.たちも同様に専属契約を結んでいったと思われる。

なお、この日Snow Man、SixTONES、Travis Japanは契約書にサインをしたが、Love-tuneメンバーは「一度持ち帰ってゆっくり考えたい」と伝え事務所も同意した。しかしそれをきっかけにLove-tuneは仕事を干され始め、退所へとつながっていく。

◆「つーこさん」退社

ファンから「つーこさん」と呼ばれ慕われていた、ジャニーズファミリークラブのベテラン女性スタッフの退社が、ネット上で話題になった。発端は、3月1日放送予定の「VS嵐」に出演した松岡昌宏が、番協の観客に「そういえば、つーこさん辞めたの知ってる？」と漏らしたことで、それが観客のTwitterを通じてたちまち広がった。「つーこさん」はジュリーと反りが合わなかったのではないかとささやかれた。

その後2023年2月、ジャニーズを退所した滝沢秀明がSNSで「つーこさん」の近況を紹介しており、同年7月16日の『Sponichi Annex』がTOBEへの合流を報じている。

◆アートバンク代表取締役・伊坪寛自殺

ジャニーズの子会社アートバンクの社長・伊坪寛が、3月5日早朝、渋谷のオフィス内で首吊り自殺していたことが、

15日、『週刊文春』によって報じられ明るみになった。アートバンクはデジタルコンテンツの配信事業を手がけたり、ネット上をパトロールして肖像権の侵害などを取り締まる業務を行っている会社であり、3月5日は、21日にYouTubeにジャニーズJr.の公式チャンネルを開設することを正式に発表した日だった。残された遺書には「仕事に疲れました」「逃げるにはこれしかなかった」などと認められていた。ジャニーズからの圧力の存在が疑われたが、後追い報道はなかった。

◆ふぉ〜ゆ〜、単独公式ページ開設

3月13日、舞台を中心に活動しているベテラン4人組グループふぉ〜ゆ〜の単独公式ページが開設された。半年ほど前にJr.を卒業したとの報道があったが、これで晴れて公式に、デビュー組と同等のポジションを得たことになる。グループで楽曲のないJr.卒業は異例だが、淡々とJr.を卒業していくソロ俳優陣のグループ版といったところだろう。

◆森田剛結婚

3月16日、森田剛が女優の宮沢りえと、1年半の交際を経て結婚した。2人の出会いは2016年8月の舞台『ビニールの城』。舞台終了後急速に仲を深め、堂々とショッピングや旅行を楽しむ姿がキャッチされてきた。宮沢は前夫との間に09年に女児をもうけており、森田は結婚と同時に娘を持つ父にもなった。これでV6メンバー6人のうち4人が結婚、そのすべての妻が女優であることが話題を呼んだ。

◆ジャニーズ、公式YouTubeチャンネル開始

3月21日、ジャニーズ初の公式YouTubeチャンネル『ジャニーズJr.チャンネル』が始まった。アナログ志向だったジャニーズも時代の流れには逆らえず、2016年からYouTube側と協議を始め、準備を進めていた。まずはテレビ露出の機会の少ないJr.からということで、初日は参加のJr.ユニットそれぞれの動画が1本ずつアップされた。

◆フジテレビプロデューサー、ジャニーズに出向

4月、フジテレビの敏腕プロデューサー重岡由美子がジャニーズに出向したことが報じられた。重岡とジュリーは年齢も近く気が合うという。重岡はジャニーズとフジテレビの共同コンテンツとして、ジャニーズメンバーを長期密着取材したドキュメンタリー番組『RIDE ON TIME』をプロデュース、10月には最初の放送が始まった。このシリーズはジャニーズにとって、タレントのひたむきな努力をアピールし好感度アップできる重要な番組となっている。さらに2022年4月には、重岡はジャニーズの取締役に就任している。

この他にもジャニーズ事務所はテレビ局員を複数受け入れ、テレビ局と密接な関係を築いているといわれる。

◆KEN☆Tackey結成

『滝沢歌舞伎』シリーズでの共演をきっかけに、滝沢秀明と三宅健がデュオ「KEN☆Tackey」を結成。名前にちなんだケンタッキーフライドチキンのCMに出演し、7月18日にはシングル『逆転ラバーズ』をリリース。ベテランながらキュートな2人のコンビは好評で、この時点での滝沢は、まだまだ表舞台で活躍する意欲十分に見えた。

◆渋谷すばる、脱退・退所を発表

4月15日、関ジャニ∞のメインボーカル渋谷すばるが、グループから脱退しジャニーズ事務所を退所することを、会見を開いて発表した。脱退・退所の理由として「この先は今までの環境ではなく全て自分自身の責任下で今後の人生を音楽で全うすべく、海外で音楽を学び、今後さらに自分の音楽というものを深く追求していきたい」と述べており、ジャニーズでも屈指の歌唱力を持ち、それまでも音楽に対して強い熱意を見せてきた渋谷だけに、その言葉には説得力があった。会見にはケガで療養中の安田以外のメンバー5人も同席して、それぞれの思いを語るとともに渋谷にエールを送った。

この後渋谷は7月15日の関ジャニ∞ツアー開幕前まで活動を続け、12月31日に退所している。ツアーに参加せず、活動終了から退所まで半年近い空白期間があることは、事務所からのペナルティのようにも見えた。独立後はマイペースで音楽活動を続けている。

◆山口達也、不祥事で脱退・退所

4月25日、山口達也が強制わいせつ容疑で書類送検（後に不起訴処分）されたことが、NHKの速報の後一斉に報じられた。山口は7年前より、中高大学生の若い出演者がトークを繰り広げる情報バラエティ『Rの法則』（NHK Eテレ）でMCをつとめていた。2月21日山口は、この番組で共演していた女子高生を電話で東京・港区の自宅に呼び、飲酒させた上にわいせつな行為をしたとして書類送検された。その後捜査が進む間、山口とジャニーズ事務所はことが発覚しないよう水面下で、被害女性と保護者に対し示談交渉を進めていたと思われる。

報道を受けてジャニーズ事務所は「お酒を飲んで、被害者の方のお気持ちを考えずにキスをしてしまいましたことを本当に申し訳なく思っております。被害者の方には誠心誠意謝罪し、和解させていただきました。」とコメントを発表。文章の稚拙さに狼狽ぶりが垣間見える。山口の行為を矮小化した上、もう解決済みかのような文面とともどもネット上で突っ込まれた。

翌26日には山口が会見を行い涙ながらに反省の弁を述べたが、一方で「もし、まだTOKIOに私の席があるのであれば、またTOKIOとしてやっていけたら」と芸能活動への執着を見せた。

5月2日には山口以外のTOKIOメンバー4人が会見を開き、4月30日に山口がTOKIOの脱退を申し出たことを報告。5月6日に辞表がジャニーズ事務所に受理され、山口はTOKIOから脱退するとともにジャニーズ事務所も退所となった。山口脱退によりバンドグループTOKIOは音楽活動休止に追い込まれることとなった。

◆King&Princeデビュー

2015年にMr.King vs Mr.Prince結成後、Mr.KingとMr.Princeそれぞれに活動してきたキンプリだったが、17年夏コンサート『サマステ ～君たちが～KING'S TREASURE』で6人がそろったのを機に、6人でのデビューをメンバーがジャニー喜多川社長に直談判して合意を取り付けた。デビューに際してジャニーズ事務所とユニバーサルミュージックがタッグを組んだ新レーベル「Johnny'S Universe」が設立され、2018年1月17日、ユニバーサルミュージックの新社屋でデビュー会見が開かれた。この時、グループ名を「King&Prince」

に改め、岸優太がリーダーをつとめることも発表された。

5月23日、シングル『シンデレラガール』でCDデビュー、初日31・8万枚を売り上げ華々しいスタートを切った。平野はジャニーズの中でも10年に1人レベルの逸材であり、他メンバーも粒揃いとあって、王道を行く正統派グループとして大きな期待が寄せられていた。

◆木村拓哉次女、モデルデビュー

木村拓哉の次女Ｋｏｋｉが、ファッション誌『ＥＬＬＥ ＪＡＰＯＮ』（7月号）の表紙を飾りモデルデビューした。8月にはブルガリのアンバサダー、9月にはシャネルのビューティーアンバサダーに就任。親の14光を最大限に活用し、ＣＭや女優業にも進出していく。Ｋｏｋｉのデビューを機に、木村はそれまで封印していた父親の顔を見せるようになった。２０２０年には長女Ｃｏｃｏｍｉも芸能界デビューしている。

ＳＭＡＰ解散騒動の際、5人そろっての移籍が決まっていたのに、急に木村が翻意して話が流れたと言われているが、ジャニーズを退所すると娘の芸能活動にとって不都合が生じる、といった圧が翻意の理由だった、とも憶測されている。

◆小山慶一郎と加藤シゲアキ、未成年と飲酒

6月7日発売の『週刊文春』『女性セブン』が、小山慶一郎と加藤シゲアキの未成年との飲酒を報じた。未成年女性が年齢を20歳と詐称しており、彼らに未成年と飲酒している認識はなかったというが、小山は一定期間の活動自粛、加藤は厳重注意のペナルティを受ける。日本テレビ系報道番組『ｎｅｗｓ ｅｖｅｒｙ.』のメインキャスターをつとめていた小山は、同日番組冒頭で謝罪し、同番組への出演と芸能活動の自粛を報告した。

「全員が王子様」と言われたキンプリ

５月下旬からこの酒宴の音声録音が流出しており、その中では小山が中心となり一気コールなどで場を盛り上げていた。未成年との飲酒を別にしても、キャスターとしてふさわしくないない行動と思われた。小山は同月27日から芸能活動再開したがキャスター業は引き続き自粛、結局そのまま12月19日に『ｎｅｗｓ ｅｖｅｒｙ．』を降板した。２０１０年にサブキャスターからスタートし、14年からは月～木曜のメインキャスターをつとめていた。取材も積極的に行い、キャスターとしての評判は上々だっただけに、残念な結末だった。

◆安田章大、病気とケガを公表

７月２日、関ジャニ∞の安田章大が、ファンクラブ会員向けのサイトで自身の病気とケガについて明かした。それによると、安田は17年２月９日、良性の脳腫瘍「髄膜腫」の摘出手術を受けた。手術は成功したものの後遺症が残り、18年４月に立ちくらみが原因で転倒、背中と腰に全治３カ月の骨折を負った。そのため４月15日の渋谷の脱退発表会見に出席できなかった。しかし７月15日からのツアーには無理を押して参加し、ギプスで固定された体で、できる範囲でのパフォーマンスを行っている。

それまで気づかれる事もなかった病気をあえて公表したのは、手術の後遺症で光に過敏になり、仕事中にも光をカットする眼鏡が必要になったためだった。以降安田はサングラスを常用するようになった。

◆ジャニーズ事務所、本社を移転

ジャニーズ事務所は、港区内にあるソニー・ミュージックエンタテインメントが所有していた「ＳＭＥ乃木坂46ビル」を、２月13日付けで購入した。購入金額は50～60億円と言われ、節税、財テクも兼ねてのものだ。改築工事が終わると、７月10日、１００メートルほど離れた赤坂の旧事務所から、20年ぶりに本社を移転。レコード会社やファミリークラブなど関連会社もここに集結した。

◆北山宏光、創業一族に感謝を述べる

キスマイ初の5大ドームツアー最終日となる7月16日、メンバー最年長でリーダー的な存在の北山宏光が、7周年を迎えるにあたり「たどればジャニーさんはもちろん、ジュリーさん、メリーさんのおかげでもあります」と口にしたことが波紋を呼んだ。同じような例としては、16年にアカデミー賞授与式で二宮がジャニー・メリー・ジュリーの名を出したことが想起されるが、メリー・ジュリーに可愛がられて育った二宮に対しキスマイはもともと飯島の子飼いで、飯島がジャニーズを去った後冷遇され苦労しているため、ファンは「何かあったのでは」と不安を抱いた。北山の真意もいきさつもわからないが、衆人環視の中服従を見せつけるかのようで、ジャニーズのパワハラ体質を印象付けた。

◆『劇場版コード・ブルー -ドクターヘリ緊急救命-』大ヒット

２０１７年7月期に放送された山下智久主演ドラマ『コード・ブルー -ドクターヘリ緊急救命- 3rd season』（フジテレビ系）の好評を受け、18年7月27日に公開された『劇場版コード・ブルー -ドクターヘリ緊急救命-』（東宝）が観客動員数７４０万人、興行収入93億円の大ヒットを記録した。これは２０１８年邦画部門の興行収入トップであり、ジャニーズとしても、14年の岡田准一主演映画『永遠の０』を越える歴代最高記録となる。

◆岡本圭人留学

Ｈｅｙ！Ｓａｙ！ＪＵＭＰの岡本圭人が、アメリカの2年制演劇学校「アメリカン・アカデミー・オブ・ドラマティックアーツ」ニューヨーク校に留学するため、8月末からグループ活動を一時休止することになった。英語堪能な岡本は上智大学に入学したものの仕事との両立ができず中退しており、「自分を変えなければならない。そのためにも今は学ぶことに専念するべきだ」と決意を固めたという。

◆タッキー&翼、解散

9月13日、デビューから16年を迎えた9月10日にタッキー&翼が解散していたことが発表。滝沢が２０１８年いっぱいで芸能活動を引退し後輩育成・プロデュースに専念すること、3月からメニエール病の再発で活動休止中だった今井は、療養に専念するためジャニーズを退所したことも同時に発表された。

その後12月31日深夜『ジャニーズカウントダウン2018-2019』で2人そろって3曲を歌唱し、タッキー&翼としての最後の花道を飾った。退所後の今井は松竹エンタテインメントに所属し、舞台を中心に活動している。

◆なにわ男子結成

大倉忠義と横山裕が、平野紫耀と永瀬廉の東京進出後低迷していた関西ジャニーズJr.を立て直すため、関西ジャニーズJr.のプロデュースを始めた。大倉は、高齢で関西に赴くことも減っていたジャニー喜多川に電話し、関西にも目を向けてくれるよう頼んだという。そんな中、西畑大吾、大西流星、道枝駿佑、高橋恭平、長尾謙杜、大橋和也、藤原丈一郎の7人でなにわ男子が結成され、10月6日発売のアイドル雑誌で発表された。さらに同月24日、大倉・横山が演出を手掛けた関西ジャニーズJr.公演『Fall in LOVE~秋に関ジュに恋しちゃいなよ~』の初日に初お披露目された。

◆岩橋玄樹、活動休止

King&Princeの岩橋玄樹が、パニック障害の治療に専念するため11月初旬から活動休止に入った。もともと繊細なタイプで、デビューにより忙しくなり負荷が大きくなったのだろうと見られた。19年2月に一度芸能活動再開することを発表したが、再度不安定になったとして再開は見送られている。その後療養は長引き、結局21年3月をもってジャニーズ事務所を退所することになる。

◆嵐、20周年アニバーサリーツアースタート

デビュー20周年イヤーに入った嵐が、11月16日から、デビュー20周年を記念するアニバーサリーツアー『ARASHI Anniversary Tour 5×20』をスタート。翌年12月まで1年以上をかけて、5大ドームを何度も巡りなが

ら50公演を行うという、国内最大規模のツアーである。本人たち以上に、ジュリーの気合いが伝わるものだった。

◆松島聡、活動休止

11月28日、Ｓｅｘｙ Ｚｏｎｅの松島聡が、突発性パニック障害の治療のため活動休止することを発表した。松島は自筆メッセージで、1年ほど前から体調を崩し始め1カ月ほど前より不調がひどくなったこと、自分の状況に戸惑いショックを受けていることなどを率直に記していた。２０２０年9月に活動を再開している。

◆Ｌｏｖｅ‐ｔｕｎｅ、解散と全員の退所を発表

Jr.グループＬｏｖｅ‐ｔｕｎｅが、11月30日をもって解散し、全員がジャニーズ事務所を退所することが発表された。12月1日配信の『直撃！週刊文春ライブ』は、解散・退所の理由は1月に起きた契約書問題だと指摘。確かにその後露出が激減し、3月に鳴り物入りで始まった「ジャニーズJr.チャンネル」にも不参加、5月を最後に『ザ少年倶楽部』に出演しなくなるなど多くの異変があった。契約書問題は、メリー・ジュリーが気に入らないグループを追い出すための、言いがかりだった可能性もある。飯島色の強かったＬｏｖｅ‐ｔｕｎｅは、いずれにしろ排除を免れ得なかったのではないだろうか。

大野のバースデーを祝うツアーの一幕

◆「紅白」にＫｉｎｇ＆Ｐｒｉｎｃｅ初出場

山口達也が不祥事で退所したことでＴＯＫＩＯが出場せず、前年の24回で連続出場記録が途絶えることになった。一方でこの年デビューした期待の若手Ｋｉｎｇ＆Ｐｒｉｎｃｅが初出場、白組司会は嵐から単独で3人目となる櫻井がつとめ

ている。ジャニーズからは嵐、関ジャニ∞、Ｓｅｘｙ Ｚｏｎｅ、Ｈｅｙ！Ｓａｙ！ＪＵＭＰ、Ｋｉｎｇ＆Ｐｒｉｎｃｅの５組が出場。

２０１９年

◆滝沢秀明、ジャニーズアイランドの社長に就任

ジャニーズJr.のライブや舞台のプロデュース、新人の発掘・育成などを行う子会社ジャニーズアイランドが1月15日に設立され、芸能活動を引退した滝沢秀明が社長、ジャニー喜多川が会長に就任した。もともとジュリーをあまり信頼していないジャニー喜多川が、腹心の滝沢にJr.を託したようにも見えた。滝沢は熱心に仕事に打ち込み、Jr.たちの面倒を親身に見たり、低姿勢で関係先を回る様子などが報じられている。

社長に就任した滝沢はいきなり剛腕ぶりを見せる。1月17日、６人（岩本照、深澤辰哉、渡辺翔太、阿部亮平、宮舘涼太、佐久間大介）での活動歴が長かったＳｎｏｗ Ｍａｎに、ラウール、目黒蓮、向井康二の３人を新たに加入させたのだ。実力はあっても地味だったＳｎｏｗ Ｍａｎに足りない華を補った形だ。新生Ｓｎｏｗ Ｍａｎは９人もの大所帯となり、メンバー間の年齢差も過去にない大きさだったので、この差配を不安視する声もあったが、後に新生Ｓｎｏｗ Ｍａｎがブレイクし、滝沢のプロデューサーとしての能力が評価されることになる。

◆嵐、活動休止を発表

1月27日、嵐が２０２０年12月31日をもってグループとしての活動を休止することが公式サイトで発表され、同日夜には急きょ、メンバーそろっての記者会見が開かれた。その中で大野の口から、３年ぐらい前から自由に生活してみたいという思いが芽生え、17年６月中頃に初めて４人に気持ちを打ち明け、その後何度もメンバーと話し合いを重ねて18年２月に事務所に報告、18年６月に決断したという経緯が語られた。当初大野は活動を終えたい意向だったが、話し合いの中で活動休止という形にしたという。メンバーの受け止め方はそれぞれだったが、大野の気持ちを尊重し、５人でなければ嵐

ではないということで、活動休止を決断した。

◆Lilかんさい、Aぇ! group結成

大倉忠義・横山裕の熱心なサポートを受けて息を吹き返しつつあった関西ジャニーズJr.で、新たに、1月にLilかんさい、2月にAぇ! groupが結成された。この関西Jr.再編成が、ジャニー喜多川の最後の大きな仕事となった。以降、なにわ男子、Lilかんさい、Aぇ! groupの3グループを中心に、関西Jr.は急速に勢いづいていく。

◆7ORDER活動開始

3月末日までに全員がジャニーズ事務所を退所した元Love-tuneの7人（安井謙太郎、真田佑馬、諸星翔希、萩谷慧悟、阿部顕嵐、長妻怜央、森田美勇人）が、5月22日、7ORDERとして新たなスタートを切った。グループ名こそ変わったものの、ジャニーズのグループが退所後間を置かずに同じメンバーで活動再開するのは初めてのケース。契約のあいまいなJr.だからできたこととはいえ、脱ジャニーズの成功例といえる。その後順調に活動し、共に困難を乗り越えたメンバーの結束は固いと見られていたが、2023年6月14日、メンバーの森田美勇人が脱退している。

◆田口淳之介逮捕

5月22日、元KAT-TUNの田口淳之介が大麻取締法違反（所持）の疑いで、交際相手の小嶺麗奈とともに関東信越厚生局麻薬取締部に逮捕された。田口と小嶺が同居する世田谷区の自宅の捜索で、乾燥大麻数グラムと吸引用器具が見つかっている。ジャニーズ在籍中の10年前から大麻を使用していたという。

6月7日に保釈金300万円を納めて東京湾岸警察署から保釈された田口は、報道陣の前で反省の弁を述べた後その場で20秒間土下座し、過剰で芝居がかった様子が失笑を買った。10月21日、小嶺と共に懲役6カ月執行猶予2年の判決が言い渡された。その後11月4日には活動再開を発表している。

ジャニーズ退所後の田口は個人事務所を設立して順調に活動を再開、一時はユニバーサルミュージックと契約していた

こともあった。事件後は熱心なファン相手の地道な音楽活動とともに、プロ雀士としての活動も始めている。

◆ジャニーズ・エンタテイメント、ジェイ・ストームへ事業譲渡

5月31日、関連会社のジャニーズ・エンタテイメントが、ジェイ・ストームに事業譲渡・経営統合し、レコード会社としての事業を終了した。6月1日よりジェイ・ストームの社内レーベル「Ｊｏｈｎｎｙ'Ｓ Ｅｎｔｅｒｔａｉｎｍｅｎｔ Ｒｅｃｏｒｄ」となり、所属していたＫｉｎＫｉ Ｋｉｄｓ、ＮＥＷＳ、ジャニーズＷＥＳＴらが移管した。長年ジャニーズ・エンタテイメントの社長をつとめ、ジャニーズの番頭、メリーの懐刀と言われた小杉理宇造も、これ以降ジャニーズと距離を置くようになったと見られる。

◆ジャニー喜多川死去

7月9日、解離性脳動脈瘤によるくも膜下出血のため、ジャニー喜多川が87歳で亡くなった。ジャニーが体調を崩し入院したのは6月18日。入院中はタレントたちが絶えず病室を訪れていたという。

7月12日に都内の稽古場で、所属タレント１５０名が参加する「家族葬」が行われた後、9月4日には改めて、滝沢秀明が中心となり東京ドームで「ジャニー喜多川お別れの会」を盛大に開催。安倍晋三首相からも弔電が寄せられた。午後2時からの「一般の部」ではファンらが多数訪れ、東京ドーム周辺に長蛇の列ができた。８万８千人が来場し、芸能関係者の「お別れの会」としては最大規模となった。

メディアではジャニー喜多川の生前の功績を盛んに報じたが、性虐待問題はほとんど触れられることはなかった。

◆ジャニーズ事務所、公正取引委員会から注意処分

7月17日、ジャニーズ事務所が、新しい地図の３人の出演に圧力をかけていた疑いがあるとして公正取引委員会から注意を受けていたことを、ＮＨＫが報じた。ちょうど２０１８年2月に独占禁止法の見直しがあり、これまで適用されなかったフリーランスにも適用されるようになったことから、注意処分が可能になった。公取委は３人への圧力があると通報を

受け調査をした結果、独占禁止法違反とまでは言えないが、独占禁止法違反につながりうる行為があると判断し、警告を発したという。

これを受けジャニーズ事務所は、「弊社がテレビ局に圧力などかけた事実はなく、公正取引委員会からも独占禁止法違反行為があったとして行政処分や警告を受けたものでもありません」と説明した上、「とはいえ、このような当局からの調査を受けたことは重く受け止め、今後は誤解を受けないように留意したいと思います」とコメントした。

◆ＳｎｏｗＭａｎ・ＳｉｘＴＯＮＥＳデビュー発表

８月８日東京ドームで、19年ぶりとなるJr.の単独ドームコンサート『ジャニーズJr.８・８祭り～東京ドームから始まる～』が、東西Jr.集結のもと華やかに開催された。この中で、ＳｎｏｗＭａｎとＳｉｘＴＯＮＥＳが、２０２０年に２組同時デビューすることが発表された。２組同時デビューはジャニーズ史上初めてで、ここでも滝沢の剛腕ぶりが発揮されている。

◆錦戸亮退所

９月５日、錦戸亮が、９月３日の関ジャニ∞デビュー15周年記念ツアー『十五祭』の最終公演をもってグループを脱退していたこと、同月末日を持ってジャニーズ事務所を退所することが発表された。理由は明言されないが、仲の良い赤西仁が独立し成功していること、渋谷脱退後メインボーカルの錦戸に重圧がかかったことなどが背景にあったと思われる。錦戸はメリー・ジュリーのお気に入りで、俳優としても良い仕事をたくさん与えられ可愛がられてきただけに、この決断は驚きだった。

退所翌日の10月１日にはソロ活動をスタートし、11月にはソロライブツアーを開催、12月にはソロアルバムを発売、また12月６日には赤西仁との共同プロジェクトＮ／Ａを始動。まるでずっと前から準備していたかのような、あまりにもスピーディでソツのない動きは、エイターの不興も買っている。

◆藤島ジュリー景子が社長就任

9月27日、ジャニーズが新人事を発表。代表取締役社長に藤島ジュリー景子が就任し、名実ともにジュリー時代が到来した。その他の主な布陣は、藤島メリー泰子代表取締役会長、滝沢秀明取締役副社長、白波瀬傑取締役副社長。70代の白波瀬は16年春頃にいったん退社したといわれていたが、ジュリーの補佐のため再び呼び戻されたと見られる。滝沢はジャニー喜多川の意を受けた存在であろう。

メリーは20年9月に代表取締役を退任し名誉会長となって、一線を退いている。

◆城島茂結婚

9月28日、城島茂の結婚が発表された。同日、自身がMCを務める『週刊ニュースリーダー』(テレビ朝日系)で、結婚と相手の妊娠を城島自らが報告している。お相手は24歳年下のタレント菊池梨沙。50歳を目前にした城島が身を固めることに、多くの一般人も祝福ムードだった。２０２０年2月に長男が誕生している。

◆嵐、公式ＹｏｕＴｕｂｅチャンネルと楽曲のサブスクをスタート

10月9日、嵐が公式ＹｏｕＴｕｂｅチャンネルを開設し、28時間で登録者数１００万人を突破して大きな話題を呼んだ。同日には、嵐の楽曲5曲のサブスクリプション解禁もされた。デビュー20周年記念日の11月3日には全シングル曲が解禁となっている。ＣＤにこだわってきたジャニーズもいよいよサブスクに比重を移していくのかと注目を集めた。

その後嵐楽曲に関しては徐々に解禁が進み、現在はほぼ全曲がサブスクで聴けるようになっている。しかし他グループは未だほとんどサブスク解禁は進んでおらず、大きく時代に取り残され、海外進出に遅れを取る一因とも言われている。若いファンからの不満は大きく、一般からも、ＳＭＡＰ曲などのサブスクを望む声は少なくない。

◆嵐、ＳＮＳをスタート

嵐のデビュー20周年記念日の11月3日には、Ｔｗｉｔｔｅｒ、Ｆａｃｅｂｏｏｋ、Ｉｎｓｔａｇｒａｍ、ＴｉｋＴｏｋ、

ｗｅｉｂｏの５つの公式ＳＮＳも一斉に開設された。リアルタイムなスピード感が当たり前な時代となり、アナログ指向だったジャニーズもＳＮＳを無視できなくなってきたのだ。ジャニーズ上層部の世代交代の影響もあるだろう。

その後ＳＮＳは、他のグループ、タレントたちにも徐々に普及し活用され、ファンとタレントをつなぐ重要なツールとなっている。

◆嵐、天皇陛下即位の祝典で祝奉曲を熱唱

11月９日、皇居前広場で天皇陛下の即位を祝う国民の祭典が開かれた。その中で、天皇皇后臨席のもと、この日のために作られた祝奉曲、組曲『Ｒａｙ ｏｆ Ｗａｔｅｒ』の第三楽章『Ｊｏｕｒｎｅｙ ｔｏ Ｈａｒｍｏｎｙ』を嵐が熱唱。嵐が歌い上げた後雅子皇后が涙ぐむ一幕もあり、皇居前広場は感動に包まれた。

◆嵐、アジア４都市で会見

11月10日から11日にかけて、嵐がジャカルタ、シンガポール、バンコク、台北を回って20周年の感謝を伝える会見を行うキャンペーン「ＪＥＴ ＳＴＯＲＭ」を敢行した。９日深夜に羽田空港を出発し、総移動距離１万２９８２キロ、39時間の強行日程で各地を回り、ファンからの熱烈な歓迎を受けた。

◆二宮和也結婚

11月12日、二宮和也が結婚を発表した。相手はフリーアナウンサーの伊藤綾子だが、一般人女性として名前は伏せられていた。２０１４年、伊藤が『ＶＳ嵐』（フジテレビ系）に出演したことが交際のきっかけといわれる。ＳＮＳに数々の「匂わせ」をしていたとして、ファンからの伊藤の評判は芳しくなく、嵐初の結婚ということもあり、ファンからはかなり叩かれることになった。

21年３月に長女、22年11月に次女が誕生している。

◆嵐、20周年アニバーサリーツアーを完走

12月25日、嵐のツアー『ARASHI Anniversary Tour 5×20』がオーラスを迎えた。ツアーは18年11月にスタート、1年以上をかけ50公演、237万5千人を動員。途中、嵐の活動休止発表もあった。大野は「発表後からのツアーは正直不安で怖かった」と語り、涙ながらに暖かく見守ってくれたファンへの感謝を述べた。翌20年はコロナ禍に見舞われ有観客コンサートが開催できなかったため、結果的にこの日が、休業前の、ファンの前で5人揃ってのラストステージとなった。

◆「紅白」でジャニー喜多川追悼企画

『第70回NHK紅白歌合戦』はKis-My-Ft2が初出場。白組司会は前年に続き櫻井翔がつとめた。ジャニーズからは嵐、関ジャニ∞、Hey! Say! JUMP、Kis-My-Ft2、King&Princeの6組の出場だが、ジャニー喜多川追悼企画としてSnow ManとSixTONES率いるジャニーズJr.が出演。嵐は2回目の大トリをつとめた他、新国立競技場からNHK2020ソング『カイト』を披露した。

揺らぎ始めたジャニーズ 2020−2023

ジャニーズの屋台骨だった嵐が活動休止に入るも、若いパワーが台頭し新たな時代が到来しつつあった。ところが突然の滝沢副社長退任、そしてＫｉｎｇ＆Ｐｒｉｎｃｅから３人の離脱が決まりジャニーズは大きく揺らぐ。そして前社長の性虐待問題が大きな逆風となり、ジュリー社長はあっけなく退任し、東山紀之が新社長となった。

２０２０年

◆桜井俊、電通グループ取締役副社長に

２０１６年６月に総務省を退任してから様々な役職に天下り、19年３月より電通グループの取締役執行役員もつとめていた桜井俊氏が１月、電通グループ取締役副社長に就任、３月には代表取締役副社長に就任した。電通は国ともつながりのある広告業界国内最大手。大手メディアにとっての利益の源泉となる広告を押さえることでメディアに対し大きな影響力を持ち、タレントのキャスティング力を通じ芸能界にも大きな影響力を持っている。息子はトップアイドル、父は電通重役の櫻井親子はメディアと芸能界に君臨する存在となった。そこで危惧されるのが「優越的地位の濫用」である。立証は難しく法的問題はないとしても、官僚時代以上に、桜井氏の存在自体がジャニーズに対する忖度を呼んだことは想像に難くない。

その後桜井氏は２０２２年３月、東京オリンピックが終わり電通の五輪談合問題が露呈する前の絶妙なタイミングで電通グループ代表取締役を退任している。

◆関西Jr.初の単独ドーム公演

1月11日から3日間、京セラドーム大阪で、関西ジャニーズJr.が初の単独ドーム公演『関ジュ 夢の関西アイランド2020 in 京セラドーム大阪 ～遊びにおいでや！ 満足100%～』を開催。大倉忠義プロデュースのもと70人のJr.が出演、3日間で13万5千人の観客を動員し大盛況だった。2018年秋にテコ入れが始まってから1年と数カ月、一時期低迷していた関西ジャニーズJr.はすっかり勢いを取り戻した。

◆Snow Man・SixTONES同時デビュー

1月22日、Snow ManとSixTONESが、異例のダブルA面シングル『D.D.／Imitation Rain』および『Imitation Rain／D.D.』で同時デビューを果たした。『D.D.』がSnow Manの楽曲、『Imitation Rain』がSixTONESの楽曲である。所属レーベルも違う両者のダブルA面シングルでのデビューには批判も多かったが、初日77・3枚、3日目までの累計109・4枚を売り上げ大成功のスタートとなり、滝沢采配の冴えを見せた。

◆嵐、コロナ禍により北京公演中止

嵐が4月に予定していた北京公演を、コロナ感染拡大により中止することが、2月17日に発表された。嵐は外務省から、東京五輪開催にちなみ日中の青少

この後ジャニーズの稼ぎ頭となっていくSnow Man（上）とSixTONES（下）

年の交流を推進する「日中文化・スポーツ交流推進年親善大使」にも起用されていたが、五輪が延期となり役割を果たす機会もなくなった。

この後も有観客コンサートができないコロナ自粛は1年以上続き、盛大に盛り上がるはずだった嵐の活動休止前ラストイヤーは大きく水を差されてしまった。

◆中居正広が退所・独立

2月21日、中居正広が記者会見を行い、3月いっぱいでジャニーズ事務所を退所し独立することを発表。4月から個人事務所「株式会社のんびりなかい」を立ち上げ、社長兼任でのタレント活動となった。ジャニーズ事務所とは提携関係にあり、担当マネージャーはそのままジャニーズからの出向で、ジャニーズタレントとの共演もさかんに行われている。一方でかつてのSMAPメンバーとの共演などのタブーはそのままで、独立といってもジャニーズ事務所への従属度は高いように見受けられた。地上波テレビにこだわる中居としては妥協せざるを得なかったのだろう。

慣れない社長業務に加え、ちょうど独立の時期がコロナ禍の始まりと重なり苦労もあったようだ。また、会見時の、滝沢秀明に拾わせたジャニー喜多川の遺骨をお守りに持ってきたエピソードは、後にジャニー喜多川の性虐待問題が取り沙汰された際、「グルーミング」された典型例ともみなされている。

◆岩本照が活動自粛

3月27日、ＳｎｏｗＭａｎのリーダー・岩本照の過去のスキャンダルが発覚した。この日発売の『ＦＲＩＤＡＹ』（4月10日号）が、２０１7年に岩本が渋谷のカップルズホテルで合コンを行ったことを報じたのだ。合コン自体がほめられたことではないが、問題となったのは、合コンの参加者に未成年女性がおり飲酒していたことだった。これを受けて同月30日、岩本の芸能活動自粛が発表され、生放送の『ＣＤＴＶライブ！ライブ！』（ＴＢＳ系）に岩本以外の8人のメンバーが出演し、岩本に代わって謝罪をした。岩本は7月1日に活動を再開したが、デビューしたばかりの大切な時期の、グループリーダーのスキャンダルと活動自粛は、ＳｎｏｗＭａｎにとって大きな試練となった。

◆チャリティユニット「Twenty★Twenty」結成

「平成30年7月豪雨」の際立ち上げられた被災地支援プロジェクトである「Johnny's Smile Up! Project」は2018年、コロナ対策支援でもいろいろな取り組みがなされた。その中でも目玉となったのが、滝沢秀明プロデュースによる期間限定のチャリティユニット「Twenty★Twenty」である。ジャニーズタレント15組75名参加で5月12日に結成され、8月12日には桜井和寿が作詞作曲を手掛けた『smile』をリリース。カップリングには、公式YouTubeチャンネルの手洗い動画で披露され親しまれていた楽曲『Wash Your Hands』が収録され、初週43万枚を売り上げた。

◆生田斗真結婚

6月5日、生田斗真が女優の清野菜名と6月1日に結婚したことを報告。2人の出会いは2015年の『ウロボロス～この愛こそ、正義。』（TBS系）で、交際も報じられていた。22年3月に、第一子が誕生したことを報告している。

◆手越祐也が退所

6月19日をもってジャニーズを退所した手越。その4日後の23日、フリーとなった手越は自身のYouTubeチャンネルから配信で記者会見を開き、退所までの経緯を語っている。それによると手越は5、6年前から退所・独立を考えており、20年3月から事務所やメンバーに退所を相談していた。それとともに、「ビジネスパートナーや手を差し伸べてくださるいろんな方にお会いして準備を進めてきました」とのこと。手越は緊急事態宣言中にパーティーを開いたり飲み歩いたりして、Smile Up! ProjectのTwenty★Twentyからはずされ、芸能活動自粛のペナルティを受けていたが、それらの会食は退所後を見据えた人

NEWSの変遷

2003年9月5日	結成
11月	森内貴寛が喫煙で脱退
2004年5月12日	シングルデビュー
2005年7月	内博貴が飲酒で研修生に
2006年1月	草野博紀が飲酒で研修生に
5月	NEWS年内活動休止
2011年10月7日	山下智久・錦戸亮NEWS脱退
12月31日	カウコンに4人で登場
2012年7月18日	4人体制で初のシングルリリース
2020年6月19日	手越祐也脱退で3人体制に

脈作りの一環だった。ＮＥＷＳメンバーとトラブルはなく、事務所とは双方が弁護士を立てて話し合い円満退社だったという。

退所後の手越の初動は注目を集め、動画再生数も爆発的だったが、次第に尻すぼみとなり、手がけた事業の脱毛サロン経営にも失敗。ジャニーズ時代の人気・知名度の割には苦戦中の手越だが、何でもやれるしたたかさと抜群の歌唱力を武器に、しぶとく生き残っていきそうではある。

◆酒井政利の死去

ジャニーズと関わりの深い音楽プロデューサー酒井政利が、7月16日に85歳で亡くなった。酒井は多くのトップアイドルを育て昭和の歌謡界をけん引した名プロデューサーで、ジャニーズではフォーリーブスや郷ひろみをプロデュースして大ヒットさせている。また知人の娘だったという飯島三智をジャニーズ事務所に紹介したのは酒井である。そんないきさつもあって、ＳＭＡＰ解散騒動ではジャニーズに批判的だった。

◆亀梨・山下、未成年と飲酒

8月7日の『文春オンライン』が、亀梨和也と山下智久が7月30日、港区のバーで開いた飲み会で、未成年の女子高生モデルと飲酒していたことを報じた。さらに山下はバーを出た後ホテルに宿泊、時間差をつけて女子高生モデルの1人も同じホテルの同じフロアに向かったことから、お持ち帰り疑惑が生じる。こちらも相手女性の年齢が問題で、東京都の「青少年の健全な育成に関する条例」に違反する可能性があった。亀梨・山下は、女性の年齢詐称によりバーから成人であると説明されていたとのことだが、この件により亀梨は厳重注意を受け、山下は一定期間の芸能活動自粛となった。

◆山口達也が飲酒運転で追突

9月22日、東京・練馬区の交差点で、山口達也が運転するバイクが信号待ちをしている車に追突。警察が駆けつけ山口の呼気を調べたところ基準値を5倍近く上回るアルコールが検出されたため、酒気帯び運転の容疑で現行犯逮捕された。

テレビの報道番組では、ドライブレコーダーに残された、ふらふらと蛇行したり車間距離も適正に取らない、危険極まりない山口の運転ぶりが映された。２０１８年に酒がらみの不祥事でジャニーズを退所したというのに、全く懲りていないことが呆れられた。

◆ＩＭＰＡＣＴｏｒｓ結成

10月16日、『ミュージックステーション』２時間スペシャルで、ファンから「クリエＣ」と呼ばれていたJr.の７人グループ（影山拓也、佐藤新、横原悠毅、松井奏、椿泰我、基俊介、鈴木大河）が「ＩＭＰＡＣＴｏｒｓ」と名付けられた。名付けたのは滝沢秀明。７人は舞台『滝沢歌舞伎ＺＥＲＯ』で主演のＳｎｏｗ Ｍａｎをサポートしていたメンバーで、いわば滝沢の秘蔵っ子。名前の由来はｉｍｐａｃｔ＋ａｃｔｏｒｓ、「衝撃的な役者たち」という意味が込められている。

◆嵐、新国立競技場でアラフェス開催

デビュー20周年記念日の11月３日、嵐が国立競技場で『ＡＲＡＳＨＩ アラフェス ２０２０ at ＮＡＴＩＯＮＡＬ ＳＴＡＤＩＵＭ』を配信で開催。音楽イベントとしては、新たな国立競技場となって初のこけら落としだった。本来は5月に開催する予定だったが、コロナのため延期され、無観客の配信コンサートとなった。

◆山下智久が退所

11月10日、『週刊文春オンライン』が山下智久退所をスクープ。その後ジャニーズ事務所から、活動自粛中の山下が10月末日付で退所していたことが発表された。事務所によれば退所は「本格的に活動の拠点を海外に移し、現在オファーがある海外作品に参加するため」で、双方合意のもとの円満退所というニュアンスだったが、活動自粛中、しかも事後報告というのはあまり穏やかではない。確かに山下は海外志向が強く、いずれジャニーズの枠の中では収まらなくなりそうな様子はあった。それに加え山下はメリー・ジュリーにとって何かと扱いにくいタレントだったと思われる。

この後11月にはカナダで、憧れだったハリウッド映画『マン・フロム・トロント』の撮影に参加。地上波テレビでこそ

姿を見なくなったものの、音楽活動、ブランドのアンバサダー、配信ドラマ出演など、精力的な芸能活動を展開している。

◆近藤真彦、不倫で活動自粛

11月12日、この日発売の『週刊文春』が近藤真彦の不倫を報じた。近藤は、オーダースーツの会社を経営する25歳年下の女性社長と5年越しの不倫関係にあったという。これを受けてジャニーズ事務所は同月16日深夜、近藤が無期限で芸能活動を自粛することを発表した。表向き自粛は近藤の意志とされていたが、事務所の意志を本人の意志とすることはジャニーズ事務所の常套手段である。コンサートやレース関係の仕事が控えていた近藤が、自ら進んで自粛することは考えにくい。

近藤はメリーに溺愛されその庇護のもと、ジャニーズの長男としてタレントたちの頂点に君臨し、恵まれた環境で自由奔放にやってきた。それが一転して厳しい対応である。これまで押さえ込んできたであろう不倫がここで表沙汰になったことを含め、ジャニーズの実権がメリーからジュリーに移りつつあること、メリーにとって大切な近藤もジュリーにとってはそうではないらしいことが露見したできごとだった。

◆マリウス葉、活動休止

12月2日、Ｓｅｘｙ Ｚｏｎｅの最年少メンバー・マリウス葉の活動休止が発表された。マリウスは18年に上智大学国際教養学部に進学していたが、ここのカリキュラムはハードなことで知られる。要は真面目で完璧主義のマリウスが、仕事も勉強もとがんばり過ぎて心身のバランスを崩してしまったので、心身の健康を優先して休みたい、ということだった。

◆草彅剛が結婚

12月30日、草彅剛が一般女性と結婚したことを発表した。草彅は２０１６年６月に30代の一般女性との交際が報じられており、この女性がお相手と見られる。稲垣、香取に加え、木村、中居も祝福メッセージを出している。

◆錦織一清・植草克秀が退所

12月末日をもって、少年隊の錦織一清と植草克秀がジャニーズ事務所を退所した。少年隊がアイドルグループとして一世を風靡した後は、仕事の絶えない東山紀之に対し、2人の出番はどんどん減り、待遇格差が開く一方だった。特に2008年を最後に少年隊の主演ミュージカル『PLAYZONE』を降板してからは、飼い殺しと言ってよい状態だった。錦織の舞台演出家としての評価は高かったが、所詮裏方仕事であり、かつてのトップアイドルとしては地味さが否めない。後ろ盾となっていたジャニー喜多川が亡くなって義理を果たし、これ以上残り続ける理由もなくなったのだろう。なお、少年隊は事実上解散状態だが、事務所所属グループとして名前は存続している。

退所後はそれぞれ独立し音楽活動や舞台出演などをしているが、YouTubeでは「ニッキとかっちゃんねる」というチャネルを開設し共演している。

◆Snow Man、コロナで「紅白」出場辞退

『第71回NHK紅白歌合戦』の白組司会は俳優の大泉洋がつとめ、2006年から14年間続いてきたジャニーズからの起用が途絶えた。この年デビューしたSnow ManとSixTONESがそろって初出場するはずだったが、12月21日、Snow Manの宮舘涼太がコロナに感染、残りメンバー全員が濃厚接触者となって出場を辞退した。そのためジャニーズからの出場は嵐、関ジャニ∞、Hey! Say! JUMP、Kis-My-Ft2、King&Prince、SixTONESの5組となった。この日をもってグループ活動の休止に入る嵐は、活動休止前最期のコンサート『This is 嵐 LIVE 2020・12・31』の会場の東京ドームから、中継でメドレーを披露した。

◆嵐、活動休止前ラストコンサートから活動休止へ

12月31日夜、嵐が東京ドームで活動休止前のラストコンサート『This is 嵐 LIVE 2020・12・31』を開催。無観客の配信コンサートだったが、途中NHK紅白歌合戦で中断しながらも、配信ならではの工夫を凝らして3時間を感動的に盛り上げた。これをもってグループとしての嵐は活動休止に入り、大野智は芸能活動の休止に入った。

2021年

◆前田航気、ジャニー喜多川の性虐待に言及

元ジャニーズJr.の前田航気が、海外向けの英文Ｗｅｂメディア『ＡＲＡＭＡ！ ＪＡＰＡＮ』の1月2日付記事の中で、ジャニー喜多川の性虐待について語った。前田は「アイドルの虐待について見たり聞いたりしたことがあるのか」という問いに対し、「僕が言えることは、ジャニーさんは同性愛者であり、デビューを決定する権限を持っていたので、Jr.の何人かは彼と関係を持つことを望んでいたということです。これが虐待と言えるのか分かりませんが、Jr.とジャニーさんの間に性的な関係があったことは確かです」と答えている。しかしこの下りはすぐに削除されてしまった。

前田は２０１１年から２０１８年にかけてジャニーズに在籍していた。つまりジャニー喜多川は80代になってもなお性虐待を続けていたということだ。しかし２００４年に最高裁でジャニー喜多川の性虐待の存在が認められて以降、新たになされたという話は聞かれなくなっており、多くのファンも「さすがに今はやっていないだろう」と思ってきた。そんな中、久々の性虐待への言及はとても重要なものだったが、海外向け英文メディアということもあり一般からはあまり注目されなかった。一方で前田は一部のジャニーズファンからバッシングを受けている。この一部ファンからのバッシングは、後に次々と元ジャニーズが性虐待の告発をするようになると、さらにエスカレートしていく。

◆ジャニーズJr.の定年制を発表

1月16日、ジャニーズ事務所はジャニーズJr.に定年制を設けることを発表した。満22歳以上になったJr.が最初の3月31日までに事務所と話し合い、活動継続の合意に至らない場合は退所する、というものだ。適用は準備期間を経て２０２３年3月31日からとされた。これを受けてソロで舞台俳優として実績のあったメンバーがJr.を卒業したり、若いJr.が一気に退所するなどの動きが見られた。

ジュリー社長からすれば、ジャニーがあれもこれもと増やし過ぎたJr.を縮小したい。一方滝沢は先を見据え、ジャニー

ズから移籍したいJr.が退所しやすくなることを、密かに狙ったのではないかとも言われている。

◆加藤シゲアキ、「第42回吉川英治文学新人賞」受賞

3月2日、加藤シゲアキが小説『オルタネート』で「第42回吉川英治文学新人賞」を受賞した。10年前に文学賞を取らずに作家デビューしたことはコンプレックスだったそうで「ここがスタートだと思っております」と加藤。

◆草彅剛が日本アカデミー賞最優秀主演男優賞

3月19日、映画『ミッドナイトスワン』(キノフィルムズ)で、草彅剛が、第44回日本アカデミー賞最優秀主演男優賞を受賞した。『ミッドナイトスワン』は2020年9月25日に公開され、SNS上で口コミが広がりロングラン上映となった。草彅は、母性が目覚めていくトランスジェンダー女性凪沙を演じている。

◆長瀬智也が退所

2020年7月に退所を発表していた長瀬智也が、3月31日をもってジャニーズ事務所を退所した。長瀬はメリー・ジュリーにかわいがられ、俳優業も順調そのもの、今後ますます存在感ある名優に成長することが期待されていた。事務所からは「他事務所に所属することなく裏方としてゼロから新しい仕事の形を創り上げていく」などの退所後の抱負が公表されたが釈然としない。音楽へのこだわりが強いのに山口離脱でバンド活動ができなくなったこと、またメリー・ジュリーのお気に入りでありつつも、軋轢もあったことが退所の背景にあるのではないかと憶測された。

退所後の長瀬は至って地味でマイペース、圧力があるから仕方なく、という感じでもない。本人が充実しているならいいとはいえ、やはり天性のオーラにはメジャーな場が似合う。一般ファンからも、俳優長瀬の復活を望む声は根強い。

◆株式会社TOKIO発足

長瀬智也退所後残ったTOKIOのメンバー3人は、4月1日に「株式会社TOKIO」を設立。城島が社長をつとめ

ているが代表権はなく、代表取締役は藤島ジュリー景子である。芸能活動の他、『ザ！鉄腕！ＤＡＳＨ‼』（日本テレビ系）を通じて培ったものづくりスキルを活かしたベンチャー企業のような活動も目指し、地方自治体とのコラボなどで成果を出している。アラフィフアイドルの新たなあり方を開拓しつつある。

◆岩橋玄樹が退所

パニック障害の治療のため２０１８年11月から活動休止が続いていた岩橋玄樹が、３月31日をもってジャニーズ事務所を退所した。病気が完治せず引き続き治療をしていくとの理由に同情の声があったが、それにしては退所翌日の４月１日にはＩｎｓｔａｇｒａｍを開設している。そこから徐々にソロ活動を再開、12月１日にはシングル『Ｍｙ Ｌｏｎｅｌｙ Ｘ'ｍａｓ』をリリースしてソロデビューを果たした。あまりに順調な復活ぶりに、本当に病気は深刻だったのか？ という疑念がわく。確かに病気はあったとしても、他にも何らかの理由があって長期活動休止・退所を余儀なくされたのではないのか？ 後のキンプリの顛末を見れば、パワハラなどがあった可能性も捨て切れない。23年３月からは米事務所とエージェント契約を結んでいる。

◆岡本圭人がＨｅｙ！ Ｓａｙ！ ＪＵＭＰを脱退

４月５日、岡本圭人がＨｅｙ！ Ｓａｙ！ ＪＵＭＰを脱退し、ジャニーズ事務所に籍を置きながら俳優業を中心に活動していくことを発表した。18年９月から２年間留学していた岡本は、当初は卒業後グループに戻って来たいと言っていたものの、留学生活の中で役者として歩んでいきたいという強い思いが芽生えたという。メンバーは岡本の思いを受け止め応援してくれたというが、ファンからは厳しい声も多かった。

岡本は４月11日、Ｈｅｙ！ Ｓａｙ！ ＪＵＭＰの配信ライブ最終日の一部に参加した後グループを脱退。その後は志通り、舞台俳優として精力的な活動を行っている。

◆近藤真彦が退所

不倫スキャンダルで無期限活動自粛中だった近藤真彦が、4月30日をもってジャニーズ事務所を退所した。「近藤の思い上がりにメリーも匙を投げた」などといった記事もあったが、そもそもメリー自身が不倫略奪婚である。不倫問題から退所への経緯について、5月3日のデイリー新潮の報道が興味深い。同記事によれば近藤は事務所内で孤立しており、活動自粛になった時点で退所は既定路線だった。近藤の後ろ盾だったメリーは93歳、すでにジュリーに権限を委譲し体調も心配な状態で「もはや近藤の不倫についてジャッジする立場ではない。近藤の不倫問題はジュリー氏がほかの経営陣と相談して対処を決めた」。8月に他界することを思えば、メリーはこの時すでにかなり衰えていたのではないか。後ろ盾を失った上、後輩からの人望もない「事務所の穀潰し」の近藤は、もはやジャニーズに自分の居場所がないことを悟ったのだろう。

5月2日、近藤の退所について、新たな「ジャニーズの長男」となった東山が、自身がキャスターをつとめる情報番組『サンデーLIVE‼』（テレビ朝日系）の中で辛辣な批判をして視聴者や関係者を驚かせた。ここから見て取れるのは、SMAPやKAT-TUNを叩く時は息がピッタリだった母娘も、「タレントのトップに誰を据えるか」については一枚岩ではなく、「メリー&近藤VSジュリー&東山」という対立構造があったらしいということだ。「メリー&近藤」の時代から「ジュリー&東山」の時代へ。近藤の退所は、ジャニーズの世代交代を象徴するできごとでもあった。

◆メリー喜多川死去

長年ジャニーズ事務所の経営を担ってきた藤島メリー泰子が、8月14日、93歳で亡くなった。訃報が流れたのは8月17日で、すでに通夜、葬儀は近親者のみで行われており、ジャニー喜多川のようなお別れの会もなかった。コロナ自粛もあってか「芸能界の女帝」と恐れられた人物にしてはそっけない終わり方だった。

◆なにわ男子デビュー

関西Jr.の中心的存在として人気を牽引し、その立て直しに貢献してきたなにわ男子が、7月28日「なにわの日」に、コンサート『なにわ男子 First Arena Tour 2021 #なにわ男子しか勝たん』の中でデビューを発表。11

月12日に『初心ＬＯＶＥ』でＣＤデビューした。なにわ男子は正統派のキラキラ感と関西らしいおもしろさを併せ持つユニークなグループで、大倉忠義が親身に育成してきた。ジュリー社長からも大きな期待をかけられ、若手の中では「ジュリニ」の筆頭格といわれている。デビュー当日の、チャーター機で大阪から東京へ移動する派手な演出にもその寵愛ぶりが表れていた。

◆櫻井と相葉、Ｗ結婚発表

櫻井翔と相葉雅紀が９月28日、それぞれ結婚したことを公式サイトで同時発表した。櫻井のお相手は、学生時代から親交のあったミス慶応の高内三恵子さん。過去には櫻井の小川彩佳との交際報道などもあったが、回り道を経てのゴールインだった。一方の相葉は10年以上交際していたという純愛路線。どちらの女性も同世代の一般人で、また二宮の結婚でファンに免疫ができていたこともあり、ファンもおおむね祝福ムードだった。

相葉は22年10月に、櫻井は23年２月に、それぞれ第一子が誕生している。22年11月には二宮の第二子も誕生しており、嵐メンバーの子供３人が同学年であることが話題になった。

ジュリーと大倉肝入りのなにわ男子

◆Ｖ６解散、森田剛退所

１９９５年のデビューからちょうど丸26年となる11月１日、Ｖ６が解散し、森田剛がジャニーズを退所した。この日は、９月４日から始まったラストツアー『ＬＩＶＥ ＴＯＵＲ Ｖ６ ｇｒｏｏｖｅ』の最終日でもあった。最後のコンサートは生配信もされた。

グループ解散と森田退所が発表されたのは３月12日。森田が退所を希望したことから、話し合いを重ねて解散することになったという。年齢的にも、やることをやり切っての、本人たちもファンも納得の解散だった。

解散後も、坂本・長野・井ノ原のトニセンはユニット活動を続けている。森田は解散翌日の11月2日、妻の宮沢りえと新事務所「MOSS」をスタートさせている。

◆嵐のライブ映画が好調

嵐20周年ツアーで、撮影のための特別公演をおさめたライブ映画『ARASHI Anniversary Tour 5×20 FILM〝Record of Memories〟』が、6月12日、第24回上海国際映画祭で初披露。アジア圏でも公開され好評を博した。日本では11月3日の先行公開を経て、11月26日から全国公開され、興行収入45億5千万円を記録した。これは2021年の実写映画部門での興収1位。活動休止になっても変わらぬ嵐人気の根強さを改めて印象づけた。22年3月からは全米でも公開された。

◆香取慎吾が結婚

12月28日、香取慎吾が結婚を発表。お相手は、これまで何度もスクープされてきた、10代から25年間交際してきた2歳年上の一般女性とみられる。ファンも公認の女性との純愛を貫くことになった。

◆坂本昌行が結婚

12月30日、坂本昌行が、元宝塚トップスターで女優の朝海ひかると、2年半の交際を実らせ結婚した。朝海は坂本と同世代で、好感度の高い落ち着いた大人のカップルの誕生となった。V6の最年長でリーダーとしてグループのために尽くし、膝の故障にも長年苦しんできた坂本が、やっと私生活での幸せをつかんだことは、ファンにとっても嬉しいできごとだった。元V6で5人目の結婚となるが、坂本含め既婚者全員の妻が女優であることが話題を呼んだ。

◆ジャニフェス開催

ジャニーズとしてはコロナ禍以来の、有観客のドームコンサート『Ｊｏｈｎｎｙ's Ｆｅｓｔｉｖａｌ～Ｔｈａｎｋｙｏｕ ２０２１ Ｈｅｌｌｏ ２０２２～』が12月30日に東京ドームで開催され、観客4万人を動員した。松本潤演出のもと14組78名が出演しそれぞれの代表曲やコラボを披露、ジャニーズらしい華やかさが戻ってきた。まだ観客の声出し禁止、マスク必須など制約はあるものの、長かったコロナ自粛が明けつつあることを感じさせるコンサートとなった。

◆「紅白」にＫＡＴ‐ＴＵＮとＳｎｏｗ Ｍａｎが初出場

前年に続き『第72回ＮＨＫ紅白歌合戦』もジャニーズは司会を担当していない。デビュー15周年のＫＡＴ‐ＴＵＮと、前年コロナのため辞退を余儀なくされたＳｎｏｗ Ｍａｎが初出場。ジャニーズからは関ジャニ∞、ＫＡＴ‐ＴＵＮ、Ｋｉｎｇ＆Ｐｒｉｎｃｅ、Ｓｎｏｗ Ｍａｎ、ＳｉｘＴＯＮＥＳの5組が出場。人気の若手3グループがそろい、世代交代の波が感じられる。

２０２２年

◆『古畑任三郎』ＤＶＤコレクション、ＳＭＡＰ回未収録

前年に逝去した名優・田村正和主演の人気ドラマシリーズ『古畑任三郎』のＤＶＤが収録される、隔週刊『古畑任三郎ＤＶＤコレクション』（ディアゴスティーニ・ジャパン）の発売が、1月11日から始まった。１９９４年に始まったこのシリーズは、スペシャル版なども含め全部で42回放送されている。ところが、ＤＶＤコレクションに収録されているのは41回分であり、32・3％の高視聴率を記録した１９９９年1月放送のスペシャル第3弾『古畑任三郎vsＳＭＡＰ』だけが不自然に収録されていなかった。そうなった理由として考えられるのが、ＳＭＡＰの権利関係を管理するジャニーズ事務所が許可をしなかったということだ。

これに限らず、２０１６年以降、ジャニーズ事務所はＳＭＡＰやメンバーの過去の出演作のお蔵入りを徹底している。

法的なＳＭＡＰの権利はジャニーズ事務所にあるとしても、一方でＳＭＡＰほどの国民的スターは大衆のものでもあり、平成の大衆文化はＳＭＡＰなくして語れない。また作品は、共演者やスタッフなど多くの人々がともに作り上げたもののはずである。ジャニーズ事務所が権利を濫用して作品をお蔵入りにさせてしまうことは、作品と大衆文化の歴史に対する大きな冒涜と言えるだろう。

◆八乙女光、突発性難聴で活動休止

Ｈｅｙ！Ｓａｙ！ＪＵＭＰの八乙女光が1月29日、突発性難聴の治療に専念するため活動休止することを発表。前年12月から症状があり、受診したところ突発性難聴の診断を受けた。1月のコンサートではヘッドホンをつけておりファンが異変を察していた。八乙女は同じ病気を抱える堂本剛に相談に乗ってもらったという。

デビュー15年の節目となる11月14日に戻ることを目標にしていると語っていた八乙女、その言葉通り11月13日に復帰を果たしている。

◆田中聖、覚醒剤で逮捕

２０１７年に大麻取締法違反容疑で逮捕されるも不起訴処分になった後、再開した音楽活動が軌道に乗っていた田中聖だったが、再び薬物問題を起こす。1月30日に名古屋市内のホテルで覚醒剤を所持していたとして、2月24日、愛知県警に覚醒剤取締法違反容疑で逮捕されたのだ。今度は起訴され、覚醒剤取締法違反（使用、所持）と医薬品医療機器法違反（指定薬物所持）の罪で、6月20日、名古屋地裁から懲役1年8カ月、執行猶予3年の判決を受けた。

ところがこの判決の9日後の6月29日、千葉県柏市で覚醒剤所持の現行犯で再び逮捕。さらに7月20日、6月中旬頃から6月29日までの間覚醒剤を使用した疑いで再逮捕される。２０２３年2月27日、千葉地裁松戸支部から懲役1年4カ月の実刑を言い渡されたが、田中は判決が重すぎるとして控訴している。

千葉の事件と並行して田中は、名古屋地裁の判決についても、２０２２年7月4日に控訴していたが、名古屋高裁に続き最高裁でも棄却され、２０２３年6月21日に、懲役1年8カ月、執行猶予3年の判決が確定した。

これら薬物事件とは別に田中は、２０２２年11月29日、前年6月に知人女性に対し、未払いのライブ出演料の建て替えとして現金10万円を振り込むように迫り1万円を脅し取ったという恐喝容疑で、京都市伏見警察署に逮捕されている。この時田中は薬物依存治療のため千葉市の病院に入院中だったが、その日の夜に伏見署に移送された。新幹線で10人以上の京都府警の捜査員にガードされた田中はまるで見せ物のようだったが、この件は不起訴となっている。

23年7月5日の東京高裁での控訴審で田中は、薬物依存などからの回復を支援する施設で生活するとともに従業員として在籍していることを明かし、「薬物と縁を完全に断ち切ることをこの場で誓います」と更正への思いをアピールしたが、9月12日、懲役1年の実刑を言い渡される。

◆大倉忠義、難聴で活動休止

4月29日大倉忠義が、低音域の聴力が急に低下する右低音障害型感音難聴と両側耳鳴りのため芸能活動休止することを発表した。1年半前から耳鳴りの症状が出始め、4月に入って症状が悪化。7月の関ジャニ∞の大規模スタジアムライブ『18祭』に向けて治療に専念したいとのことだった。『18祭』のリハーサルから復帰したが完治はしておらず、当面は症状と付き合いながらの活動となる。

◆山下智久『正直不動産』で主演

ジャニーズ脱退後、仕事は順調ながら地上波テレビではほとんど見かけなくなっていた山下。俳優活動も海外資本作品主体で地上波テレビドラマ復帰はまだまだ遠いと見られていたが、意外にも早く、4月期のプライム帯連続ドラマ『正直不動産』（ＮＨＫ）で主演をつとめることになった。テレビ局のジャニーズ忖度は強固だが、その中でも受信料で成り立つ公共放送のＮＨＫはさすがに忖度を緩める傾向も見せていた。『正直不動産』は視聴率こそあまり高くなかったものの、配信サービス「ＮＨＫプラス」で大河ドラマと朝ドラを除いての歴代最高再生回数を記録し、山下人気の健在ぶりを示した。

◆元ＮＨＫ理事、ジャニーズの顧問に

ジャニーズ事務所は、ＮＨＫから元理事の若泉久朗を顧問に迎え入れた。若泉はドラマプロデューサー、制作統括、製作局長などを経て2年間理事をつとめた人物で、4月に退職した後、6月からジャニーズの顧問とともにＫＡＤＯＫＡＷＡの執行役員も務めている。

◆男闘呼組再結成

１９９３年6月に活動休止し、長年事実上の解散状態にあった男闘呼組が、7月16日、『音楽の日２０２２』（ＴＢＳ系）に出演し、29年ぶりに復活した。ただしデビュー35年を迎える２０２３年8月までの期間限定の復活である。10月の再結成ライブは申し込みが殺到し追加公演も行って、計６万人を動員した。第64回日本レコード大賞特別賞を受賞し12月30日の受賞記念音楽会で３曲のメドレーを披露。２０２３年は4月末から7月末まで全国をめぐるツアーを行った。

２０１９年にジャニー喜多川の逝去などがきっかけとなり離れ離れだったメンバーの交流が始まって、活動再開につながったという。

◆中居正広、急性虫垂炎で入院

7月16日、中居正広が公式サイトで、急性虫垂炎のため入院中であることを明かした。11日早朝に痛みに耐えきれず自ら救急車を呼び病院に搬送されたものの、一旦は点滴を打ち仕事に向かったが、14日に再検査し入院・手術が決まったという。４泊５日の入院となり、16日に総合司会を務める予定だった『音楽の日２０２２』（ＴＢＳ系）の出演を見合わせた。

◆Ｔｒａｖｉｓ Ｊａｐａｎデビュー

3月末から日本での活動を中断し、語学やダンスのスキルを磨くために全員でロサンゼルスに留学、現地の公開オーディション番組などにも出演していたＴｒａｖｉｓ Ｊａｐａｎ。9月29日にアメリカのキャピトル・レコードと契約し、壬寅年、甲寅日の10月28日に「JUST DANCE!」を全世界配信リリースして、ジャニーズ初の世界メジャーデビューを果たした。ところが、Travis Japanをプロデュースし「今までと違い、積み上げていくデビュー」と語っていた滝沢秀明が、デビュー後間もなくの10月31日に突然退社してしまう。遠回りを経てやっとデビューしたTravis Japanだったが、いきなりはしごを外され海外展開も宙に浮き、デビュー後も苦難の道は続いている。

◆滝沢秀明副社長が退任

10月31日、滝沢秀明副社長が同日付で退任した。また「ジャニーズアイランド」の社長も9月26日で退任しており、同社の後任を井ノ原快彦がつとめていることが、ジャニーズ事務所から発表された。ジャニーズ事務所によれば9月に滝沢から退任の申し出があり、事務所側は留意したという。双方が弁護士を立てて条件を協議中ということでいかにもきな臭い。「ジャニー派」の滝沢はジュリーにとって目障りな存在であり、両者の間に確執があったのではないかと推測されるが、真相は分からない。ちなみに井ノ原は、ジュリー社長お気に入りのタレントである。23年になると、BBCの動きを察知し滝沢がいち早く脱出したとの見方も出てきている。

ダンススキルの高さが売りの Travis Japan

◆中居正広、体調不良で活動休止

7月の急性虫垂炎手術以降、激痩せしレギュラー番組を欠席するなど体調が芳しくなかった中居正広が、11月4日、1カ月の予定で休業に入った。しかし12月初旬になっても体調が整わないとして休業を延期、年末特番への出演も見合わせとなった。本人が病名を明かさないこともあって憶測を呼び、「進行した盲腸ガン」などの重病説が流れた。しかし年が明けた1月14日、中居は「中居正広のキャスターな会」（テレビ朝日系）で復帰、重病説を吹き飛ばす元気な姿を見せている。

◆平野・神宮寺・岸、脱退と退所を発表

滝沢退任の衝撃が冷めやらない11月4日午後23時過ぎ、再び突然の知らせがファンのみならず業界をも騒然とさせた。King&Princeの平野紫耀、神宮寺勇太、岸優太の3人が2023年5月22日にグループを脱退し、翌23日よりKing&Princeは永瀬・髙橋の2人組として活動していくこと、平野と神宮寺は脱退と同時にジャニーズ事務所を退所し、岸は23年秋に退所することが公式サイトと公式FC動画で発表されたのだ。3人の脱退・退所の理由は海外活動をはじめとしてそれぞれに目指す方向が違ってきたというもので、前年から何度もメンバーで話し合いを重ねての結論とされていた。

公式FC動画ではスーツ姿のメンバーが一列に並んで、目を潤ませながらことの経緯や思いを順番に語った後、5人そろって頭を下げていた。その姿は、2016年1月の「公開処刑」と呼ばれたSMAPの謝罪会見を彷彿させ、動画を見たファンたちは「様子がおかしい、言わされているのではないか」と訝った。

普通なら、退所を考えているのなら徐々に仕事を減らすものだが、平野は22年に多くのCM出演を新たに始めており不自然さが否めない。週刊文春（2022年11月17日号）は、平野やメンバー5人が求める面談を、ジュリー社長は何回もドタキャンしたと報じている。またファンはファンならではの観察眼で、つい最近までメンバーはやる気にあふれる発言をしていた等、公式の言い分の矛盾点を指摘しており、やはりSMAP同様、表向きは本人たちの意志として、実は事務所の意志でグループが壊されようとしているのではないか、という疑念をぬぐえない状況があった。

しかしたとえ矛盾だらけの「雑な設定」だとしても、SMAP潰しの成功体験で自信に満ちたジャニーズ事務所＝ジュリー社長は、メディアの忖度を味方に力ずくで押し通す気満々に見えた。そして実際SMAP同様、ファンやHondaなどキンプリシンパのスポンサー企業の応援もむなしく、5人のキンプリは終焉に向かっていくしかなかった。

◆岡本カウアン、ジャニー喜多川からの性虐待を告白

11月13日、元ジャニーズJr.の岡本カウアンが、自身のYouTubeチャンネルでガーシーこと東谷義和と生配信を行い、15歳の時にジャニー喜多川の自宅で性虐待を受けたことを告白した。これまで暴露されてきたジャニー喜多川による

性虐待は90年代ごろまでのできごとだった。21年に前田航気が２０１０年代の性虐待の存在に言及はしているが、被害者の口から具体的に、晩年のジャニーによる性虐待が語られたのは初めてのことである。

カウアンの話の中には、平野紫耀、松本潤、佐藤勝利といった人気タレントの名前が登場していたこともあり、売名行為という批判も多く、この時はまだ色物的な捉え方がされていた。しかしここから、長年タブー視されていたジャニー喜多川の性虐待問題の追及が再び始まる。最初にそのきっかけを作ったカウアンの功績は大きい。

◆ジャニーズ事務所、文藝春秋社を提訴

11月24日、ジャニーズ事務所とジュリー社長は、文藝春秋社を名誉毀損で東京地裁に提訴した。それが明るみになったのは、２０２３年1月11日発売の『週刊文春』が報じたからだ。記事によれば、ジャニーズ側が問題にしたのは『週刊文春』11月17日号の「キンプリ 滝沢秀明社長を壊したジュリー社長〝冷血支配〟」という記事。ジャニーズ側が特に問題にしているのが、退社交渉の際ジュリー社長が平野との面談をドタキャンしキンプリメンバー全員との面会の際に「あなたたちなんか知らない」などと言い放ったという記述だ。訴状ではジュリー社長が「Ｋｉｎｇ＆Ｐｒｉｎｃｅのメンバー及び滝沢氏を精神的に壊したことも、メンバーの脱退・退所や取締役辞任に追い込んだとの事実もない」と主張し、事務所とジュリー社長の名誉を毀損したとして、それぞれに５５００万円ずつを支払うよう求めている。

◆ジャニーズ事務所の脱税と給付金詐取疑惑

12月27日、読売新聞がジャニーズ事務所の申告漏れを報じた。それによれば、ジャニーズ事務所と関連会社3社が東京国税局の税務調査を受け、２０１７年から２０２１年までの5年間で、受給した補助金55億円ほか計約65億円の申告漏れがあったものの、意図的な所得隠しではないと判断され、過小申告加算税を含む法人税など約19億円を追徴されたということだった。重加算税ですらない甘い処分だが、額の大きさからして、本来なら刑事告発されても不思議はない案件だろう。ちなみにジャニーズの監査役、大坪亮太、小亦斉はジャニーズ事務所を管轄する麻布税務署長からの天下りで、ジャニーズは国税局とズブズブの関係にある。

さらに、申告漏れとは別にジャニーズの補助金不正受給疑惑が浮かび上がってくる。申告漏れのうち大きなものは、関連会社ヤング・コニュニケーションが受給した、経産省の「コンテンツグローバル需要創出促進事業費補助金」の55億円。本来は交付決定が出た21年6月期に収益として計上すべきものが、22年6月に計上されていたという。

同補助金は、公演のキャンセル料や公演の再開支援費などとして、公演1件に対し最大5千万円を支給するというものである。ジャニーズ事務所は、2020年7月10日以降に、全国ツアーを含んだ非常に多くのアリーナ規模のコンサートの開催を決定した。しかし8月20日には、年末までの公演を中止している。オリンピックも中止されまだまだ自粛真っ只中、大規模コンサートなど考えにくいこの時期に、急に多くのコンサートを予定しておきながらすぐに中止というのはいかにも不自然で、ジャニーズが、補助金目当てで開催する気もないコンサートの予定を大量に組んだのではないかと強く疑われるのである。しかも55億円は期ずれで明るみになった分のみであり、さらに多くの給付金を得ている可能性もある。調査、追及されるべき、血税の使われ方の重要な問題である。

なおこの申告漏れを報じる記事は、ネットニュースとしてアップされるもすぐに削除された。代わりに少額でキャッチーなタレントへのお年玉の申告漏れ記事にすり替えられ、こちらに世間の目を向けさせようという情報操作がなされている。

◆鈴木おさむ、「小説『20160118』」を発表

20年以上にわたり『SMAP×SMAP』の構成作家を担当した鈴木おさむが、12月9日発売の『文藝春秋』（2023年1月号）に「小説『20160118』」を発表した。小説のサブタイトルは「SMAPのいちばん長い日――〝公開謝罪番組〟担当放送作家が描く崩壊と再生」。2016年1月18日の「公開処刑」と言われた会見の裏を、「小説」の形を取り逃げ道を残しながら暴露したものである。大筋としてはこれまで言われてきた域を出る内容ではないが、現場の関係者が直接語ることの「答え合わせ」としての意味は大きい。

会見には台本があり、それを書かされたのは鈴木だった。世間を騒がせたことに対するお詫びなどの言葉を短くまとめた最初の台本は、本番のわずか45分前、メリーと思われる人物から強烈なダメ出しを食らう。そして、草彅剛がコメントした「ジャニーさんに謝る機会を木村君が作ってくれて、今僕らはここに立てています」という内容を「絶対に」入れる

よう指示されたという。

ＳＭＡＰのみならず、タレントが自分の意志として発するメッセージが本当に本人の意志なのか疑わしいことは時折あった。「事務所に言わされる」ことが実際にあったとなると、やっぱりタレントのメッセージは、たとえ本人の口から出ていたとしても言葉通りには受け取れない、ということになる。

小説には鈴木の苦悩がにじみ誠意も感じられるのだが、不思議な点もある。例えば、スタジオはベテランの西山喜久恵アナが手を震わせるほどの異様な雰囲気で、並んだ５人の前にはジュリーが立っていたと言われているが、「小説」ではこの点は全く触れられず、メリーとおぼしき人物は出てきてもジュリーは出てこない。鈴木が小杉理宇造親子の会社スマイルカンパニーの所属であることを考えると、書けることに限界があっても致し方ないのかもしれない。

2023年

◆ジュリー社長、元旦にメッセージ

ジュリー社長が元旦の日経新聞に、全面広告でメッセージを発信した。「明日の〝私たち〟へ。一歩ずつ。」という見出しの下に、抽象的で何が言いたいのかよくわからない曖昧な文章が続く。さらに４つの「約束」として「コンプライアンス体制の整備・実践」「タレント・スタッフ・経営の三位一体体制」「社会貢献活動の継続・発展」「個性の尊重・人づくり」を掲げている。ジュリー社長名義であり、メディアに発言しないことで知られるジュリー社長が、自身の名前でコメントを出すのは極めて異例のことである。

メディア企業の多くをコントロールするジャニーズだが、他業種企業にはそこまで力は及ばない。ジャニーズのパワハラ、セクハラ疑惑に対するネガティブな空気が生じてきたことを察知し、スポンサーなど大手企業に向けてブランディングを試みたのだろう。また、22年に接触してきたＢＢＣも意識したようだ。

４つの「約束」は、これらを本当に遂行するなら評価もできる。しかしその後のジュリー社長の動きからは全く本気が感じられず、残念ながら上辺だけの取り繕いだったようにしか見えない。

◆松本潤がNHK大河ドラマ主演

松本潤が、NHK大河ドラマ第62作の『どうする家康』で主役の家康を演じている。ジャニーズとしては2014年の岡田准一以来9年ぶり、通算5人目の大河ドラマ主演である。嵐の活動休止で余裕ができ、拘束の強い大河主演への集中も可能になったと思われる。織田信長役で岡田准一も共演しており、ジャニーズ色の強い大河ドラマとなっている。

◆草彅剛が『罠の戦争』で主演

草彅剛が、1月期ドラマ『罠の戦争』で主演をつとめた。このドラマは15年の『銭の戦争』、17年の『嘘の戦争』に続く、フジテレビ・関西テレビ系の「戦争シリーズ」第3弾。草彅にとってジャニーズ退所後初めての、民放連続ドラマ主演となり、長年民放を「干されて」きた元SMAP退所組も、やっと本格的に民放復帰かと注目された。といってもこれはまだまだ例外的で、制作がフジテレビではなくジャニーズの睨みがききにくい関西テレビだから実現したとも言われている。かつて『SMAP×SMAP』を制作していた関西テレビには、まだSMAP・飯島シンパが残っている。『罠の戦争』の放送時間が『SMAP×SMAP』と同じ月曜22時枠というのも因縁めいていた。

◆横尾渉が結婚

Kis-My-Ft2の横尾渉が1月26日、年下の一般女性との結婚を発表した。キスマイメンバーとしては初の結婚である。横尾は21年にこの女性との交際を『FRIDAY』にキャッチされた際「中途半端じゃない」と語っており、6年の交際を実らせてのゴールインだったという。ここ数年、嵐をはじめジュリー社長子飼いメンバーの結婚は続いていたが、外様グループキスマイの横尾が結婚を許されたことは意外だった。

◆BBCがジャニー喜多川の性虐待を報じる

3月7日、イギリス公共放送BBCで『PREDATOR〈プレデター〉J-POPの捕食者 秘められたスキャンダル』

というタイトルの1時間弱の番組が放送された。ここでプレデターと呼ばれているのはジャニー喜多川のこと。ジャニーが生前に未成年の少年たちに対して行っていた性虐待について特集したドキュメンタリー番組だった。3月18日には全世界に向けてBBCニュースで放送され、日本からも配信で容易に視聴することができた。内容としては、過去に週刊誌や書籍で言われてきたことを超えるものではなかったが、長年日本でタブー視され大手メディアが触れようとせず、またともすれば色物視されがちだったテーマを、「権威ある」BBCが正面から報じた意味は大きい。地上波放送ではなかったこともあり最初から大衆が食いつくようなことはなかったが、この番組をきっかけに、波紋はじわじわと確実に広がっていった。

そしてこの中で注目されたのが、「グルーミング」という日本ではなじみのなかった概念である。グルーミングとは、被害者を手懐けて支配する、一種の洗脳である。性虐待の被害者でありながらもなぜかジャニーに好意的、という不思議な現象はこの概念で説明可能になったのである。

◆滝沢秀明、新会社「TOBE」設立

ジャニーズ退所の直後からSNSでの発信を活発に行っていた滝沢が3月21日、アーティストをプロデュースする新会社「TOBE」を設立。滝沢は「もう一度、エンターテインメントの人生を歩もうと決意いたしました」と語っている。公式サイトにはさっそくオーディションの募集要項が記載されており、4月23日に、東京で行われたオーディションの様子が動画で公開されると、ジャニーズのオーディションとそっくりだと話題になった。

◆中居正広と香取慎吾、6年ぶりに共演

仕事、プライベートともに親交の深い松本人志と中居正広がMCをつとめる『まつもtoなかい』が、フジテレビ系で4月30日よりスタート。その初回ゲストとして香取慎吾が出演した。中居と香取が共演するのは実に6年ぶりのことだった。全てのメディアを通じて、元SMAPメンバーに対するジャニーズ事務所の制約とメディアの忖度の強さを改めて示す話であるが、一方で、このところの性虐待問題などを通じて、盤石だったジャニーズのメディア支配が揺らぎ始めたこと

も感じさせた。

◆三宅健が退所

2月20日にジャニーズ退所を表明していた三宅健が、5月2日をもって退所した。この日三宅は事務所に訪れお礼のあいさつ回りをし、トニセンメンバーにも会ったという。前日には大阪で主演舞台『ミナト町純情オセロ～月がとっても慕情編～』の千秋楽を迎えており、これがジャニーズ最後の仕事となった。

◆ジュリー社長、動画で謝罪

5月14日、ジュリー社長が、ジャニー喜多川前社長の性虐待問題について謝罪した。謝罪は公式サイト内で行われ、ジュリー社長が動画で何度も頭を下げてファンや関係各所におわびをするとともに、「各方面からの質問に答える」という形で文書を発表した。

本来なら記者会見を開くべきところである。これでは逃げ腰でしかなく全く説得力がない。しかし先代からとにかく表に出ないことで有名だったジャニーズトップが、録画とはいえ顔と肉声をさらし頭を下げて謝罪したことは画期的でもあった。おそらくジュリー社長にとっては、最もやりたくないことを最大限に我慢して頑張ったのだろう。

文書はツッコミどころ満載で、特に注目を集めたのは「(性虐待問題について)知らなかったでは決して済まされない話だと思っておりますが、知りませんでした」という下りである。誰がどう考えても知らないはずはなく、見え透いた嘘で押し通そうとする姿勢は至って不誠実である。また第三者委員会による徹底調査をしない理由について「本件でのヒアリングを望まない方々も対象となる可能性が大きいこと、ヒアリングを受ける方それぞれの状況や心理的負荷に対しては、

初めて世間に顔と肉声をさらすことになった

「社外取締役」メンバーは、日本製鉄顧問で元環境事務次官の中井徳太郎、WBCで侍ジャパンのヘッドコーチをつとめた白井一幸、弁護士の藤井麻莉の3人。7月1日付で社外取締役に就任している。再発防止特別チームの提言を受けた再発防止策を遂行し、経営改革を推進するとしている。

権威好きのジュリー社長らしく、立派な肩書き・経歴の著名人を寄せ集めたという印象で、本気で経営改革をするというよりは、権威で威圧して忖度を誘い、お茶を濁して隠蔽を貫くための布陣にも見えた。この時点では特に、ジャニーズの息のかかった再発防止特別チームが第三者委員会の機能を有するのかが疑問視された。あくまで「第三者委員会による網羅的な調査」を避けようとする姿勢が、国連人権理事会という「黒船」を呼び込むことにつながっていく。

◆服部吉次が70年前の性虐待を告白

3月から23年ぶりに『週刊文春』のジャニーズ性虐待告発キャンペーンが再開され、次々とジャニー喜多川による性虐待被害が語られていたが、あくまでもまだ、ジャニーズ事務所という特殊な世界での問題とみなされがちだった。ところが思わぬところから、ことはジャニーズ事務所に収まらない問題であることが明るみになる。

7月5、6日の2日にわたり、日刊ゲンダイで1人の老齢男性がジャニー喜多川からの性虐待を告白した。男性は俳優の服部吉次。ジャニーズ事務所と関係の深い国民栄誉賞作曲家・服部良一の次男である。ちなみに良一の長男であり吉次の兄に当たる服部克之もまた、ジャニーズ事務所と多くの仕事をしてきた作曲家だった。

1953年、8歳の吉次は、家に遊びに来たジャニー喜多川に性虐待される。それは家族に知られることなく2年半に渡り続いた。彼のみならず、少年5人とジャニーの6人で軽井沢の別荘に泊まった際、ジャニーは5人の少年の間を渡り歩いて性虐待を繰り返した。

服部はさらに7月15日、軽井沢で一緒に性虐待を受けた友人の松﨑基泰氏とともに記者会見を行い、ジャニー喜多川やジャニーズ事務所に対して厳しい言葉を投げかけた。松﨑氏も、服部同様性虐待を繰り返し受けていたことを語った。芸能事務所を始めるはるか昔から、ジャニー喜多川が、知人の有名音楽家のまだ8歳の息子、さらにその友人の少年にまで性虐待を行っていたのは驚きであった。

◆三宅、平野・神宮寺、元IMPACTorsがTOBE傘下に

7月に入ると、5月にジャニーズを退所したタレントが次々とTOBEに合流する。まず7月2日、この日44歳の誕生日を迎えた三宅健がTOBE公式YouTubeで動画配信を行い、「TOBEとともに活動する」ことを報告した。次に七夕の7月7日に平野紫耀、神宮寺勇太が晴れやかな表情で公式YouTubeに登場すると同時に視聴数が100万を突破。続いて公式ファンクラブを開設するとアクセスが集中してなかなかつながらない事態となった。そして7月14日の公式YouTubeには、元IMPACTorsの7人が「IMP.」（アイエムピー）とグループ名を変えて登場した。

彼らはTOBEの所属タレントというわけではなく、別に個人事務所などに所属した上でのTOBEとの契約という形を取っている。それにより「ジャニーズ所属タレントの引き抜き」となることを回避しているのだろう。今後、ジャニーズが不安定化していきそうな中、TOBEはタレントたちの退避場所としても重要な役割を担っていきそうである。

◆「サンチェさん」退社

7月13日発売の『週刊文春』が、ジャニーズの名物振付師阿部雄三、通称「サンチェさん」がすでにジャニーズを退社し独立していることを報じた。「サンチェさん」はジャニー喜多川の右腕といわれ、長年ジャニーズの振付やダンス指導に携わってきた。厳しい指導で有名だが親身でもあり、タレントたちからは怖がられながらも慕われていた。記事によればTOBEに合流する可能性もあるとのことで動向が注目される。

◆国連人権理事会「ビジネスと人権」作業部会が記者会見を開く

8月4日、7月24日に来日しビジネスにおける人権問題を調査していた国連人権理事会「ビジネスと人権」作業部会の専門家2人が、日本記者クラブで会見を開き、ジャニーズ事務所の性虐待問題にも言及した。

作業部会は元タレントやジャニーズ事務所代表への聞き取りを踏まえ、「事務所のタレント数百人が性的搾取と虐待に巻き込まれるという深く憂慮すべき疑惑が明らかになった」と性虐待の事実を認めた上、「日本のメディアは数十年にも

わたりこの不祥事のもみ消しに加担したと伝えられている」「政府や被害者たちと関係した企業が対策を講じる気配がなかった」と報道機関と政府・企業の責任にも言及。またジャニーズ事務所設置の再発防止特別チームによる調査を「透明性と正当性に疑念が残る」とし、被害者の救済に向け日本政府が主体となって「透明な操作を確保し、実効的救済を確保する必要性がある」「調査の際には明確な期限を提示しなければならない」と提言した。今後さらに調査を重ねた上で報告書がまとめられ、24年6月に国連人権理事会に提出される。

国連が何でも正しいというわけではないが、この問題に関しては、日本国内だけでは不可能だった、歯に衣着せぬ的確、明快な指摘がなされた意義は大きい。同時に、外圧がかからなければ何も動かない日本の姿勢が改めて浮き彫りになった。

作業部会のヒアヒングを受けた「ジャニーズ性加害問題当事者の会」は「やっと事態が動いた」とこれらの声明を高く評価。一方19年前にこのようにメディアが関心を持ってくれていたら被害者は増えていなかったかもしれないという指摘もあった。

◆再発防止特別チームが調査報告

8月29日、再発防止特別チームが記者会見を開き、それに先立ってジャニーズ事務所の公式サイトで調査報告書を公表した。この中で同チームは、ジャニー喜多川の性虐待の存在と適切な対応をしなかった事務所の責任を認め、ジャニーズ事務所はすみやかに被害者救済に乗り出し、またジュリー景子社長は代表取締役社長を辞任し「解体的出直し」をすべきとした。さらに沈黙してきたマスメディアの責任にも言及した。

報告書は国連人権理事会の指摘を踏まえ、予想を超えて、第三者委員会レベルの公正さで詳細に踏み込んでおり、トップエリート林の底力とプライドを感じさせるものだった。

◆北山宏光、ジャニーズを退所しＴＯＢＥへ

8月31日、Ｋｉｓ‐Ｍｙ‐Ｆｔ2の最年長・北山宏光がジャニーズ事務所を退所、38歳の誕生日の9月17日にＴＯＢＥ公式ＹｏｕＴｕｂｅの生配信でＴＯＢＥ合流を発表した。北山は滝沢シンパとして知られており、これは予想されたこと

だった。注目されたのは、配信の中で北山が宮田俊哉、玉森裕太と食事に行ったことを語り、開設したＳＮＳで相互フォローしたことだ。これまでタブーだった退所タレントと所属タレントの交流が大っぴらにされることは、ジャニーズの圧力が緩んでいることを意味している。

◆ジュリー景子が社長を引責辞任、東山紀之が新社長に

９月５日、藤島ジュリー景子は社長を引責辞任、同時に副社長の白波瀬傑も副社長を辞任した。しかしジュリーは会社の株を１００％保有する代表取締役として在籍を続ける。また新たな社長には東山紀之が就任した。このことは、９月７日のジャニーズの記者会見で明らかにされた。

◆ジャニーズ事務所、記者会見を開く

９月７日、ジャニーズ事務所がついに性虐待問題に関する記者会見を開き、藤島ジュリー景子代表取締役、新社長となった東山紀之、ジャニーズアイランド社長の井ノ原快彦、ジャニーズ顧問弁護士の木目田裕の４名が出席した。ジャニー・メリー亡き後唯一古くからジャニーズ事務所に関わり裏側も知り尽くしているはずの白波瀬傑は、既に副社長を辞任していることを理由に出席しなかった。また、長年ジャニーズの顧問弁護士をつとめてきた矢田次男の姿もなかった。

会見では再発防止特別チームの報告・提言を踏まえ、性虐待問題の存在を認めて謝罪し被害者救済も約束する一方、加害者ジャニー喜多川の名に由来する社名「ジャニーズ事務所」の変更はないとした。

会見には約３００名の記者が訪れ、ジャニーズ側は４時間にわたって全ての質問に答えた。質問内容は玉石混交で冗長な会見になりつつも、メディアへの圧力や東山の性虐待疑惑などに関する重要な言質も引き出されている。

［ジャニー喜多川性虐待問題の変遷2］

2021年

1月2日　元ジャニーズJr.の前田航気が『ARAMA！ JAPAN』記事の中で、ジャニー喜多川の性虐待の存在を語る。

2022年

11月13日　元ジャニーズJr.の岡本カウアンが、自身のYouTubeチャンネルでガーシーこと東谷義和と生配信を行い、15歳の時にジャニー喜多川の自宅で性虐待を受けたことを告白。

2023年

3月7日　イギリス公共放送BBCが『PREDATOR〈プレデター〉J-POPの捕食者 秘められたスキャンダル』でジャニー喜多川の未成年性虐待問題を特集。3月18日には日本からも視聴できるBBCニュースで放送された。

3月9日　『週刊文春』が3月9日発売の3月16日号より、ジャニー喜多川の性虐待告発キャンペーンを23年ぶりに再開。

3月17日　BBC『PREDATOR〈プレデター〉J-POPの捕食者 秘められたスキャンダル』レポーターのモビーン・アザードとディレクターのメグミ・インマンが「公益社団法人 日本外国特派員協会（FCCJ）」でオンライン会見を開く。

4月12日　岡本カウアンが「公益社団法人 日本外国特派員協会（FCCJ）」で記者会見を行う。

4月19日　「ジャニーズファン」と称する者ら有志が「PENLIGHTジャニーズ事務所の性加害を明らかにする会」を設立。

5月11日　『News23』（TBS系）がジャニー喜多川の未成年性虐待を報じる。

5月13日　岡本カウアン、藤島ジュリー景子社長と面談したことを発表。

5月14日　藤島ジュリー景子社長、謝罪動画と文書を発表。

5月16日　岡本カウアンと橋田康が立憲民主党の国対ヒアリングに出席しジャニー喜多川の性虐待を告発。

5月17日　NHKが『クローズアップ現代〝誰も助けてくれなかった〟告白・ジャニーズと性加害問題』を放送。

5月21日　『サンデーLIVE!!』（テレビ朝日系）で東山紀之がジャニー喜多川性虐待問題に言及。

5月25日　BS-TBSの『報道1930』がジャニー喜多川の未成年性虐待を特集。

5月26日　ジャニーズ事務所、性虐待問題を受け「心のケア相談窓口の開設」「外部専門家による再発防止特別チームの設置」「社外取締役の選出」を行うことを書面で発表。

5月30日　橋田康が「公益社団法人日本外国特派員協会（FCCJ）」で記者会見を行う。直後に藤島ジュリー景子社長から橋田に連絡が入り、同日夜両者が面談。

6月5日　立憲民主党がジュリー社長に求めていたジャニー喜多川の性虐待問題をめぐる党会合出席とヒアリングでの説明を、ジュリー社長が拒否。

6月12日　橋田康、岡本カウアン、二本樹顕理、志賀泰伸が発起人となり、児童虐待防止法改正を求めるオンライン署名を開始。6月5日、与野党6党に3万9326筆の署名を提出。

6月17日　二本樹顕理が立憲民主党の国対ヒアリングに出席し性虐待を告発。

6月20日　『news zero』（日本テレビ系）で櫻井翔がジャニー喜多川性虐待問題に言及。

5月30日　橋田康と岡本カウアンが、自民党の「虐待等に関する特命委員会」の非公開ヒアリングに出席。

6月28日　『報道特集』（TBS系）がジャニー喜多川の未成年性虐待未成年性虐待問題を報じる。

6月30日　立憲民主党の国対ヒアリングに中村一也が出席し、性虐待を告発するとともに、ジャニーズ事務所に対し記者会見を開くよう求める。

フジテレビ株主総会で、株主がジャニーズ性虐待問題へのフジテレビの姿勢を批判。

『ニュースウオッチ9』（NHK）がジャニー喜多川の未成年性虐待問題を報じる。

ジャニー喜多川の未成年性虐待問題について意見した音楽プロデューサー松尾潔が、所属するスマイルカンパニーから契約解除される。
7月5日　服部良一の次男で俳優の服部吉次が、8歳だった1953年から2年半、ジャニー喜多川から性虐待を受けていたことを告白。
7月8日　二本樹顕理がジャニーズ事務所の再発防止特別チームのヒアリングをZOOMで受ける。
7月14日　元タレントたち7人が「ジャニーズ性加害問題当事者の会」を結成。代表は平本淳也。
7月15日　服部吉次、友人の松﨑基泰とともに記者会見を開き、ジャニー喜多川による性虐待を告白。
7月18日　「ジャニーズ性加害問題当事者の会」が意見交換会を開催。
7月25日　「ジャニーズ性加害問題当事者の会」のうち4名が国連人権理事会のヒアリングを受ける。
7月26日　ジャニー喜多川の性虐待問題などを踏まえ、政府が若者や子供の性被害防止の緊急対策を取りまとめる。
7月27日　中村一也が弁護士とともに立憲民主党の国対ヒアリングに出席し、児童虐待防止法の改正を求める。
7月28日　「ジャニーズ性加害問題当事者の会」のうち3名が国連人権理事会のヒアリングを受ける。
8月4日　国連人権理事会「ビジネスと人権」作業部会が記者会見を開き、性虐待問題が事実であることを認める。
8月7日　石丸志門が立憲民主党の国対ヒアリングに出席。
8月9日　岡本カウアン、自叙伝『ユー。ジャニーズの性加害を告発して』（文藝春秋社）を上梓。
8月14日　平本淳也と石丸志門が弁護士同席のもと、ジャニーズ事務所の再発防止特別チームのヒアリングを受ける。
8月21日　石丸志門が蓮舫参議院議員と面会し性虐待問題を国会で取り上げるよう陳情。
8月29日　ジャニーズ事務所の再発防止特別チームが記者会見を開き、ジャニー喜多川による性虐待問題が事実であることを認める。
8月30日　石丸志門と大島幸広が立憲民主党の国対ヒアリングに出席。
9月4日　「ジャニーズ性加害問題当事者の会」が記者会見を開き、ジャニーズ事務所に対して被害者救済を要請。
9月7日　ジャニーズ事務所が記者会見を開き、ジャニー喜多川による性虐待の存在を認め謝罪し、被害者救済を約束する。

第II部まとめ

２０２３年３月、イギリスの公共放送ＢＢＣがジャニー喜多川の性虐待問題を報じた。これをきっかけに、長年封印され忘れられていたこの問題がにわかに関心を集め、テレビでも報じられるほどになった。沈黙を続けてきた被害者も次々と口を開き始めた。

欧米を中心に、かつては見過ごされてきた未成年に対する性虐待に厳しい目を向ける流れが強まっており、その文脈の中でのＢＢＣという「黒船」襲来であった。既に当事者のジャニー喜多川が他界し今更感がなきにしもあらずな一方、他界によりやっとジャニー喜多川のくびきから解放され、今こそこの問題に向き合う「機が熟した」ともいえる。

ジャニーズ事務所は、国内においては権威・権力とコネを結びメディアを支配して、何をやっても許される無敵状態を築いてきた。ＢＢＣの報道後もこれまでやってきたように、そういった力で抑え込めると考えたのだろうが、黒船に忖度はなかった。７月にはさらに強力な第２の黒船、国連人権理事会「ビジネスと人権」作業部会がやってきて、被害者とジャニーズ事務所代表者から聞き取りを実施した。

作業部会の出した声明は、被害者が数百人にも及ぶ性虐待の存在を認め、長年見て見ぬふりをしてジャニーズを守ってきたメディアや企業の責任にまで言及する内容だった。これはジャニーズにとって大変厳しいものである。とはいえ国内だけなら、これまで通り封じることもできたかもしれない。しかし声明はジャニーズに対する国際的な評価に他ならず、ジャニーズは海外で未成年性虐待問題を長年放置してきた人権侵害の問題企業と見なされることになった。さっそく参加国からの問題視により、24年間つとめてきたフジテレビのバレーボールワールドカップ大会サポーターからジャニーズがはずされる事態が起こる。これは海外がらみの仕事が困難になる大きな予兆であり、今後外資系企業、海外展開し海外からの評価を気にする日本企業がジャニーズと距離を置き、スポンサー離れが進んでいくことが予想された。まだまだジャニーズべったりの牙城ともいえるテレビ局も、これまでのようにスポンサーを引っ張れないとなれば、ジャニーズ離れを始めるだろう。

さらに8月29日、ジャニーズが委託した再発防止特別チームが会見を開くが、その内容も国連作業部会の声明を追認しそれに基づいて再発防止策を提言する、ジャニーズにとって厳しいものだった。再発防止策の中にはジュリー景子社長の退任も含まれていた。

そして9月7日、再発防止特別チームの提言を踏まえたジャニーズ事務所の会見が開かれる。すでに9月5日に藤島ジュリー景子社長と白波瀬傑副社長が引責辞任しており、会見にはジュリー代表取締役とともに東山紀之が新社長として登場した。性虐待問題の存在を認め謝罪し被害者救済を約束、さらにメディアの忖度もやめさせることを明言するなど大きな進展もあった半面、社名は変えず、社長を退任したもののジュリーが株を持ち続け代表取締役として残るのでは解体的出直しにならないと見做された。また、ジュリーの経営者としての無能さ、覚悟の無さも露呈した。結果としてはこの会見は失敗に終わり、潮目が変わって雪崩を打ったようにスポンサー離れ、ジャニーズ叩きが始まった。さすがに危機感を抱いたジャニーズ側は9月19日に取締役会を開き、一転、社名変更を示唆しているが、やることが余りにも後手後手で起死回生は難しそうに見える。そうこうする間にも、タレントたちの価値は棄損していく一方だ。今後この難局に、裸の女王様ジュリーがどう対処していくのかは、ジャニーズ史上最大の見どころとなりそうである。

そしてことはジャニーズだけを血祭りに上げれば済むものではない。性虐待の隠蔽や様々な圧力を可能にした裏には、マスメディアや広告代理店、国家権力の存在があったはずで、解明されるべきはその癒着構造である。特にマスメディアは、対岸の火事としてジャニーズを叩くのではなく、まずは自社がいかにジャニーズと癒着し懐柔されてきたかを検証すべきであり、それができないのであれば、第三者委員会に調査を委ねるべきであろう。

いささか長いあとがきにかえて――

ジャニーズ追及28年の体験から、昨今のジャニーズ問題をめぐる狂騒を嗤（わら）う

松岡利康

本年（2023年）3月7日、英公共放送BBCのドキュメント映像『PREDATOR』が放映されて以降、すでに故人であるジャニー喜多川の「名誉」は地に堕ちた。ギネスブックからも記載を抹消されたという。わが国もこの半年余

り日々マスメディアを中心に狂騒状態にあり、ジャニーズに関する報道を見ない日はない。以下、第I部の記述と重複する部分もあるが、四半世紀にわたりジャニーズ問題に関わってきて、今思うところを申し述べておきたい。

私たちはなぜ、ジャニー喜多川による未成年性虐待とジャニーズ事務所の横暴を追及してきたのか？

1995年、発行予定の書籍『SMAP大研究』がジャニーズ事務所により出版差し止めにされて以降、ジャニーズやこの創始者ジャニー喜多川について私たちは告発系、スキャンダル系の出版を続けてきた。『週刊文春』が生前のジャニー喜多川による未成年性虐待を追及するまでに実に15点の書籍を刊行し、文春に繋げた。『週刊文春』という、日本を代表する雑誌、その母体の文藝春秋社もまた、芥川賞・直木賞を実質的に主催するほどの日本を代表する出版社だ。告発を始める前に連絡があり、私たちよりももっと大手の雑誌がジャニー喜多川による未成年性虐待を追及することを聞き、内心嬉しかった。それまで私たちが書籍でやってきたことが報われた気がした。

爾来、告発系、スキャンダル系の出版は継続してきていたところ、3年前（2000年）に突然、極秘にしてほしいが英BBCがジャニー喜多川による未成年性虐待告発のドキュメントを制作するので手伝ってほしいという連絡が、BBCの日本のエージェントを務めていた女性から連絡があった。前年ジャニーは亡くなっているし、死人に鞭打ってどうなのか。手伝ってほしいと言われても、私たちは被害者ではなく、私たちの生業は出版社であり、私たちが出版してきた書籍や資料などを送り、また体験から知りえたことをレクチャーするぐらいだった。それでも少しは役立ったのであれば損得なしに嬉しい。謝礼など一切受け取っていないし、また要求もしていない。

私たちが最も精力的に出版していた時期は1990年代の後半だった。孤独な戦いだった。当時、これは「蟻が象に立ち向かう」ようなものだ、しかし「針の一穴」でダムが決壊することもあるのだ、と強がってはいたが、四半世紀を経て、今のような情況になるとは予想だにしなかった。

しかし、微かながら期待もあった。本書冒頭でも記述し繰り返しになるが、『SMAPへ——そして、すべてのジャニーズタレントへ』を出版した2005年、これまでに私たちは、とある大手パチスロメーカーを告発する書籍を4冊出版し、これが刑事告訴され、また賠償請求3億円もの巨額民事訴訟も起こされた。出版差し止めはなされ、私は逮捕、半年余りも勾留された。結果は懲役1年2カ月（執行猶予4年）の有罪判決、また600万円余の賠償金を課せられた。

その後、舞台は暗転する。ロイター通信が、件のパチスロメーカーのフィリピンでのカジノ建設にまつわる政府高官への贈賄容疑を追っているので協力を要請された。ロイターの記者はたびたび本社の在る関西まで足を運んでくれた。これに応え、私は所有してきた資料のコピーを渡し、パチスロ・パチンコ・ゲーム業界の事情をレクチャーした。こうしたことで、件のパチスロメーカーの創業者社長は海外で逮捕され、その前後に社内で実の息子や妻、子飼いの社長らによるクーデターにより、自らが作り育てた会社から追放されるという事態になった。

ちなみに、本件を指揮した神戸地検特別刑事部長は、のちに大阪地検特捜部長に栄転するが、「厚労省郵便不正事件」に関与し証拠隠滅の科で逮捕され失職している。

ＢＢＣから協力要請があった時、このことが過った。結果はご覧の通りである。――

最大の問題はジャニー喜多川が死んでいることだ

異常な未成年性虐待事件で、最も悪いのはジャニー喜多川であることは言うまでもない。しかし、彼はすでに亡くなり、「死人に口なし」といわれるように、今後真偽を見極める際に、大きな障害となるだろう。「被害者」と偽り賠償金を請求してくる輩が出てこないとも限らない。この点で、ジャニー喜多川が亡くなるまで黙認し放置してきた責任が、ジャニーズ事務所、マスメディア、広告出広企業にもある。

今はジャニーズ事務所ばかりが責め立てられているが、同等にマスメディアや広告出広企業も責められるべきだ。彼らは責任をジャニーズ事務所にばかり押し付けているような感がある。みずからに責任が及ばないように、これでもかとジャニーズ事務所を責めているが、長年細々とながらジャニー喜多川やジャニーズ事務所を追及してきた私たちには違和感がある。当初は、「おお、やってくれているね」と思っていたが、次第次第に違和感を覚えていった。

ジャニーズ事務所の責任

創業者で、亡くなるまで社長を務めた者の性犯罪である。事務所や親族（藤島ジュリー景子）の責任がどこまであるのか、判断は難しい。社長を引き継いだジュリーがどこまでジャニーの性犯罪を認識していたのか。

創業者社長の性犯罪で、これを会社として黙過・黙認、隠蔽していたのであれば、一定の責任は当然免れない。会社として相当の資本や資産を蓄積してきたのだから、不動産の一つ二つ売却してでも、ケチらず100億円でも200億円ぐらいポンと出して、これで真の被害者へ補償し、残ったならば再発防止の基金にでもしたらいいだろう。

おそらくお嬢様として育ち修羅場の経験がないジュリーの今現在の精神状態は尋常ではないことは想像がつく。それにつけ込んで責め立てたり法外な要求をしてはならない。しかしわが国を代表するエンターテインメント企業のトップとして、ここは真正面からぶつかるべきだ。要はジュリーが血の通った人間として誠実に対応すべきとしか言えない。それにしても、危機管理に不慣れな点は見苦しい。

マスメディアの責任

周知のようにマスメディアは、この問題について、文春、それ以前の私たち鹿砦社、35万部のヒットを記録した北公次の『光GENJIへ』を出版しパイオニアの「データハウス」、時に告発記事を掲載した『噂の眞相』など告発系、スキャンダル系の書籍を出したり記事を掲載したりし、メディア人であれば100％に近くジャニーズ事務所という「少年愛の館」で、未成年性虐待が行われてきたことぐらい知っていたはずだ。

マスメディア（人）には、これを黙過・黙認し放置（隠蔽）してきた重大な責任がある。「知らなかった」とか「責任がない」などとは言わせない。

4時間余りの長時間にわたった9月7日のジャニーズ事務所の記者会見での質疑応答を見たが、気分が悪くなった。マスメディア（の記者）は、時に横柄で、これまでジャニー喜多川の未成年性虐待を黙過・黙認、放置（隠蔽）してきた反省がほとんど感じられず違和感ばかりが募った。記者会見としては異例で、4時間という長時間を費やした。ジャニーズ事務所側としては、短時間で打ち切って反感を買うよりも、マスメディアの記者たちに、喋るだけ喋らせ「誠意」を見せようとの作戦だったのだろうか。

次ページの画像を見ていただきたい。一つは現在先頭になってジャニーズ追及を行っている朝日新聞社系列の『週刊朝日』（２０１９年７月26日号）の表紙と、民間企業ではないが法務省の肝入りで制作された映画『少年たち』（製作総指揮・ジャニー喜多川）のフライヤーと推薦のツイッターだが、シュールと言おうか、失笑をさえ禁じ得ない。特に映画『少年たち』を推薦する法務省のツイッターは性犯罪を後押しするようなもので法務省の見解をぜひお聴きしたいものだ。

　こうしたジャニー喜多川の性犯罪を、ちょっと調べればすぐ判るものを、調べもせずに安易に持て囃したことこそ厳しく糾弾しなければならないだろう。

　３月７日から９月７日までと、これ以降も、マスメディアによるジャニーズ事務所追及の記事が、どんどん溢れた。３月７日以降、少なくないマスメディアの記者らから問い合わせなどあった。ＮＨＫの記者など２人、わざわざ東京から関西まで来てくれ、それはニュースや『クローズアップ現代』で放映された。若い記者は、私たち老人と違い発想も違い、やる気が感じ取られた。実際に、これまでにない展開が開けた。しかし、これを「メディア・スクラム」というのか、どこの社でも日々ジャニーズ事務所追及やジャニーズ関連の記事が溢れるとウンザリする。辟易感といおうか違和感といおうか、こうした気持ちはどこから来るのだろうか？

広告出広企業の責任

　これまで主にテレビを中心に、日本を代表する多くの企業がジャニーズタレントを起用してきたが、ここにきてジャニーズ事務所との契約打ち切りを決定したというニュースが続々報じられている。沈みつつある泥船から逸早く逃げ出し、知らぬ存ぜずを決めようとの感がして嫌な気分になる。

「YOU、やっちゃいなよ」

これもおかしな話だ。ジャニー喜多川による未成年性虐待の実態は、ネットで容易に調べられる時代、検索して、かつてのデータハウスや鹿砦社などの書籍を取り寄せて読めば、わけなく判るはずである。大金を投じて広告を制作するのだから、これぐらいはやるべきだったのではないか。

告白者／被害者、そして賠償金や利権に蠢く者たち

このかんジャニー喜多川による性被害をカミングアウトする人たちが続々登場して来ている。賠償金の支払いをジャニーズ事務所が公にした以上、今後も増えるだろう。まずはこの真偽をきちんと審査し決めなければならない。似非も出てくるだろうが、ここは厳しく排除すべきだ。

また、巨額の賠償金が予想され、さらに再発防止のための基金も囁かれる中で、今後これに群がる者が必ず出てくるだろう。先に述べたように、ジャニーズ事務所は、道義上それ相当の賠償金は拠出すべきだが、会社とは離れた公正・公平な組織で厳密に審査し判断すべきだということは言うまでもない。それはすでに、「被害者救済委員会」として開始されているが、混乱したジャニーズ事務所が下手に「被害者」と称する者と直接交渉すべきではなく、100億円なら100億円と一定の金額をジャニーズ事務所に拠出させ、ここから厳密な審査を経て真の被害者個々人に渡すべきだろう。

大金の臭いがする所には必ず似非被害者やよからぬ人物が寄ってくるのが常だ。これは断固排さなければならない。

ここで懸念するのは、「PENLIGHTジャニーズ事務所の性加害を明らかにする会」なる「ジャニーズをこよなく愛する者たち」と称する者たちである。彼ら／彼女らがジャニーズファンではなく、むしろKポップファンで、韓国の慰安婦支援団体の流れを汲み、さらには、いわゆる「しばき隊」に繋がる者たちだということが明らかにされている。私たちは2016年から大阪・北新地で「しばき隊」メンバーによって起こされた「大学院生集団リンチ事件（しばき隊リンチ事件）」の被害者支援と真相究明に関わった。李信恵ら、この凄惨なリンチ事件の加害者、これに直接・間接的に繋がる人物が複数、「賛同人」に名を連ねている。被害者支援、真相究明、これに関連する複数の訴訟に昨年末まで実に7年間も関わり、関連書も6冊出している。なので、彼らの素性や背景、繋がりには、それなりに詳しいと自負する（「李信恵」「しばき隊リンチ事件」で検索すれば事件の概要は判るだろう）。

彼らは「当事者の会」にも近づき入れ知恵しているという情報が入ってきているが、これが事実であれば、こういう活動家とは即刻手を切るべきだ。プロの活動家にとって、政治運動を知らない素人らは赤子の手を捻るようなもので、必ず食い物にされる。おそらく今後、巨額の賠償金や利権のおこぼれにありつこうと、こうした徒輩が蠢くものと思われる。くれぐれも要注意だ（「しばき隊リンチ事件」については、私たちが出版した6冊の本、とりあえず『暴力・暴言型社会運動の終焉』一冊でも読んだら概要は判るだろう）。

私たちなりのジャニーズ問題の〈集大成〉

本年3月7日以降、主だったマスメディアの多くが、ジャニー喜多川による未成年性虐待とジャニーズ事務所の横暴についてヒトとカネを使い大掛かりな取材に動き出した。日々、新聞もテレビも、ジャニーズに関する記事やニュースで溢れ返っている。もう私たちの出番でもないだろう。私たちの役割は終え、（ご都合主義ということはあるが）大手メディアに繋げた。3度の出版差し止めにも屈せず、地道にジャニーズ告発の本を出し続けた甲斐があろうというものだ。少しは報われた感がする。

筆者も老境に入り、体力的にも新たな取材に動けなくなった。目の疾患も酷くなって本書の編集作業にもかなり苦労した。おそらく本書がジャニーズに対する告発系、スキャンダル系の最後の書籍となるだろう。これまで四半世紀余り28年にわたる出版活動の〈集大成〉のつもりで執念で取り組み大部の本になった。取材には動けなくなったが、今でもこういう本を出せるのはまだ私たちしかいないという自負はある。

本書では、ジャニーズ事務所が創業者・ジャニー喜多川の未成年性虐待問題で初めて記者会見し公式に謝罪した2023年9月7日までの記述でとどめている。ジャニー喜多川の性犯罪告発は現在進行形で展開中だ。今後、ジャニーズや芸能界がどうなっていくのかわからないが、もうジャニーズというタブーはなくなったのだから、大小問わず出版やメディア、ジャーナリズムに関わる人たちには本書を超えるジャニーズ告発本をどんどん編纂し発行してほしい、と切に願う。

（本書では本文中敬称を略した）

［追記］

本書の校了日の10月2日、ジャニーズ事務所が記者会見し、今後の方向性を発表した。東山紀之、井ノ原快彦、弁護士ら4名が出席、ジュリーは欠席し書面を井ノ原が代読した。ジュリー欠席の理由は、みずから言うところでは「パニック障害」ということだが、おそらく、これまでこれほどの修羅場を経験していないことから精神的に限界だったのではないかと推察される。

発表された概要は、

1　ジャニーズ事務所は「SMILE-UP.（スマイルアップ）」と社名変更した上で、被害者への補償業務のみを行い、これが終了したら廃業する。

2　タレント業務を行うエージェント会社としては、新会社を設立し社名はファンクラブから公募する。

3　9月30日までに被害を受け付けたのは478名、うち補償を求めたのが325名、11月から補償を開始する。

等々といったものだった。

今後、どう推移していくのか、注目していかねばならない。

ジャニーズ帝国60年の興亡

2023年11月1日　初版第1刷発行

■編著者　鹿砦者編集部
■発行者　松岡利康
■発行所　株式会社 鹿砦社（ろくさいしゃ）
（本社／関西編集室）〒663-8178
兵庫県西宮市甲子園八番町2-1-301
TEL 0798-49-5302
FAX 0798-49-5309
（東京編集室）〒101-0061
東京都千代田区神田三崎町3丁目3-3-701
TEL　03-3238-7530
FAX　03-6231-5566
URL　http://www.rokusaisha.com/
E-mail　販売● sales@rokusaisha.com
E-mail　編集● editorial@rokusaisha.com
■装　丁　鹿砦社デザイン室
■印刷／製本　中央精版印刷株式会社

ISBN978-4-8463-1529-0　C0095